# 在幼儿园，和孩子一起阅读

孙莉莉 著

中国轻工业出版社

图书在版编目（CIP）数据

在幼儿园，和孩子一起阅读／孙莉莉著．—北京：中国轻工业出版社，2023.12（2025.5重印）

ISBN 978-7-5184-4521-9

Ⅰ.①在… Ⅱ.①孙… Ⅲ.①阅读课–学前教育–教学参考资料 Ⅳ.①G613.2

中国国家版本馆CIP数据核字（2023）第153603号

保留所有权利。非经中国轻工业出版社"万千教育"书面授权，任何人不得以任何方式（包括但不限于电子、机械、手工或其他尚未被发明或应用的技术手段）复印、拍照、扫描、录音、朗读、存储、发表本书中任何部分或本书全部内容（包括但不限于光盘、音频、视频等）。中国轻工业出版社"万千教育"未授权任何机构提供源自本书内容的电子文件阅览、收听或下载服务。如有此类非法行为，查实必究。

责任编辑：张天怡　　　责任终审：高惠京
策划编辑：高　君　　　责任校对：刘志颖　　　责任监印：吴维斌

出版发行：中国轻工业出版社（北京鲁谷东街5号，邮编：100040）
印　　刷：中国电影出版社印刷厂
经　　销：各地新华书店
版　　次：2025年5月第1版第2次印刷
开　　本：787×1092　1/16　印张：19.25
字　　数：220千字
书　　号：ISBN 978-7-5184-4521-9　　定价：79.00元
读者热线：010-65181109
发行电话：010-85119832　　010-85119912
网　　址：http://www.chlip.com.cn　http://www.wqedu.com
电子信箱：1012305542@qq.com
版权所有　侵权必究
如发现图书残缺请拨打读者热线联系调换

250555Y1C102ZBW

# 序 言

2011年12月，《早期阅读与幼儿教育》作为安徽少年儿童出版社"让理论看得见"丛书（虞永平主编）中的一本专业图书出版了。这本书的写作和出版，给我带来了巨大的收获。

第一，依据丛书整体策划方案，这本书写作的初衷，就是把当时比较主流的早期阅读理论、儿童文学理论、幼儿园课程理论加以整合梳理，用尽可能通俗易懂的语言将理论与实践案例结合起来，向以幼儿园教师为主的阅读对象，介绍早期阅读理论及其在幼儿园教学和课程设计中的运用。因此，我必须大量地阅读和思考这些理论著作与相关实验报告，然后进行系统的梳理。为此，我颇费工夫，但也从中学到很多。

第二，如果仅仅转述别人的理论，那么一来无法实现理论和实践的联结，不能对一线教师的具体教育教学行动给予有效的指导；二来也难以体现作品本身的原创性。因此，在写作进行到第三个月时，我果断删掉了已经写好的大约6万字内容，从走进幼儿园开始，切实和一线教师一起用理论指导教学实践，用理论解释实践困惑，让理论看得见。在这个过程中，我得到了大量鲜活的教学案例，也看到了从理论到实践过程中教师可能遇到的问题，进而摸索出了一些让理论和实践在教学现场达成一致的方法。我想，是写作让我更加深刻地理解了教师的教学行为和他们对理论指导的渴望。

第三，除了写作带来的理论学习和实践探索的乐趣与收获之外，这本书出版后还得到了中国台湾地区儿童文学泰斗级人物林文宝教授的肯定，他鼓励我报考台东大学儿童文学研究所。最终，我得以在林文宝教授的指导下深造并撰写博士论文。可以说，这本书功不可没。

第四，这本书出版后，我得到了不少朋友的肯定和善意的指导，也因此结识了很多研究者、幼儿园教师、阅读推广人、图画书创作者和出版人。记得在一次研讨会上，一位高校教师看到发言秩序册上有我的名字，就主动走过来和我打招呼，问我："你就是《早期阅读与幼儿教育》一书的作者孙莉莉吗？很高兴见到你，我一直把这本书作为'幼儿园语言和早期阅读'这门课的教材。"还有一位阅读推广人对我说，是这本书引领他走上阅读推广的道路，并且在他遇到困惑的时候，帮他找到了答案。这些谬赞令我感动，更给予我继续学习、研究和探索的力量。总之，这本书带给我的收获远胜于我所付出的努力。

在《早期阅读与幼儿教育》出版后的十多年里，我继续从事早期阅读、图画书相关理论的学习和实践工作，并一直希望有机会修订这本书，直到2019年，我才下定了决心。一来是因为这几年的学习和实践，让我对早期阅读和幼儿教育有了新的认识，例如，由我策划引进并翻译的美国幼儿教育专家薇薇安·嘉辛·佩利（Vivian Gussin Paley）的一系列作品让我更深刻地认识了儿童在阅读时可能产生的独特的想法；我开始拥有图画书创作的经验，从而更加理解一本图画书在进行表达时的限制以及大量可阐释地带的存在；我阅读的大量儿童文学和儿童文化著作，也让我有了更多的思考。二来则是因为我计划开始动手写作另一本书《打开绘本看课程》，在那本书中，更多地从教研实践的角度讨论绘本与幼儿园课程的关系，而一些关于绘本与教学的基础问题则在这本书中有较为详细的讨论。我不想将这本书中的内容在那本书里重复，而这本书又绝版已久，所以我决定增补修订这本书，重新出版。

作为《早期阅读与幼儿教育》一书的修订版，本书第一章和最后一章做了较大的改动，增补了我近年来的思考与实践，并在最后附上了三篇已发表的论文。此外，在参考书目和资源方面，我尽可能地增补一些近年来出版的新书和新的信息，供大家参考。

在撰写《早期阅读与幼儿教育》一书时，我的儿子刚好上幼儿园的中班、大班，我在他的班上做了很多教学实验，他也是我的"首席"幼儿阅读反应研究对象，而今他已经19岁了，已成为一个热爱阅读并有着很强的批判思考能力和表达能力的青年。但是，我依然记得6岁时的他问我："妈妈，曹操是好人还是坏人呢？刘备是好人还是坏人呢？为什么图画书里的好人和坏人一眼就能看出来，可是那些大人书里的人就很难看出来呢？"这是一个需要"让理论看得见"的好问题，涉及文学、哲学、伦理学、历史学、社会学、法学等诸多领域……当时，我没办法回答他，只是说："这是一个好问题，你觉得呢？"（一个狡猾大人的万能回复）他回答我说："可能是因为图画书中的故事都很短，大人的书却都很厚很厚。"现在，这个19岁的大学生肯定会有自己的答案，这个答案可能是长篇大论，也可能是更多的阅读和思考，但无论如何，我都感谢所有和他一起阅读的日子，感谢我们一起读过的所有图画书、小说、戏剧作品和诗歌。是这些作品和共读的经历，造就了今天的他、今天的我以及未来的我们。

作为家长，我们可以见证孩子的全部成长；但作为幼儿园教师，我们大多只能见证孩子三年的成长。回想起我1997年在北京师范大学实验幼儿园实习时带过的小班孩子，他们现在应该已经过了而立之年，也可能有了自己的孩子。而那些我儿子班上的参与我的阅读研究的小朋友，现在应该也都开始了他们的大学生活。我想，他们不一定记得自己的幼儿园老师，不一定记得老师给他们读过的每一本故事书，更不会记得有一个坐在他们中间，给他们讲故事，听他们讲故事，看他们画图画，不停地录音、记笔记的"怪阿姨"，但是，有故事相伴的童年将会是他们一生成长的基础。

我至今还记得，那个听我讲《小锡兵》的故事，听到泪眼婆娑的小朋友；记得那个听我讲完《一片披萨一块钱》后，流着口水说我也想吃比萨和蛋糕的小朋友……我相信，经常给孩子读故事的老师，内心是柔软的，经常听老师读故事的小朋友，世界是广阔的。他们在童年时听过的故事，不一定能成为高考时作文写作的素材，但肯定可以成为他们迈进阅读大门的阶梯，成为他们通向更广阔世界的指路明灯，而那些带着孩子们阅读的老师们，则是他们人生路上最早的点灯人。

最后，感谢在本书修订过程中给予我帮助和指导的林文宝教授、虞永平教授，以及所有给予我鼓励和支持的朋友们。

孙莉莉
2023年5月31日于北京

# 目 录

导言　关于早期阅读，我们应该了解什么　/ 001

## 第一章　走进早期阅读的视野

一、"早期阅读"的官方表述和实践误读　/ 006

二、心理学对早期阅读的诠释　/ 008

（一）对早期阅读的理解　/ 008

（二）早期阅读的基础　/ 010

（三）对自主阅读的理解　/ 011

三、儿童文学对早期阅读的诠释　/ 025

四、幼儿园教育对早期阅读的理解和阐释　/ 028

（一）关于目标　/ 028

（二）关于内容　/ 037

（三）关于组织和实施方法　/ 040

（四）关于评价　/ 040

五、阅读推广人对早期阅读的诠释　/ 041

（一）阅读推广活动的目的　/ 042

（二）阅读推广活动的次数　/ 043

（三）阅读推广活动的体验 / 044

（四）阅读推广活动的群体 / 044

（五）阅读推广活动与日常课程融合 / 045

## 第二章　走进幼儿的阅读世界

一、幼儿与阅读 / 052

　　（一）幼儿是如何学习语言的 / 052

　　（二）幼儿是如何学习阅读和书写的 / 054

　　（三）阅读发展与口语发展的关系 / 057

　　（四）图画书阅读的一般发展 / 060

二、幼儿是怎样阅读图画书的 / 061

　　（一）幼儿图画书阅读的要素 / 062

　　（二）幼儿图画书阅读机制研究 / 065

三、幼儿阅读理解过程研究及其带给我们的启示 / 070

　　（一）开放性讨论 / 073

　　（二）完整的故事讲述 / 074

　　（三）改编、续编和创编 / 074

　　（四）表演故事 / 076

## 第三章　走进图画书的世界

一、图画书是什么 / 085

　　（一）图画书的叙事本质 / 086

　　（二）图画书的儿童立场 / 098

　　（三）图画书的对话本质 / 102

（四）图画书的愉悦本质 / 104

二、无字书 / 107

　　（一）无字书的特点和价值 / 107

　　（二）无字书阅读的价值 / 109

　　（三）孩子是怎样阅读无字书的 / 111

　　（四）无字书阅读的观察与指导 / 115

三、可预测图书 / 119

　　（一）什么是可预测图书 / 119

　　（二）可预测图书的类型 / 119

　　（三）如何阅读可预测图书 / 121

四、非故事类图画书 / 124

　　（一）什么是非故事类图画书 / 124

　　（二）为什么要给幼儿读非故事类图画书 / 125

　　（三）非故事类图画书和资讯类图画书的信息组织方式 / 125

　　（四）关于非故事类图画书，教师应该了解的知识 / 128

　　（五）如何指导幼儿阅读非故事类图画书 / 129

## 第四章　早期阅读教不教

一、以培养早期读写能力为目的的阅读活动 / 146

　　（一）回顾一下"早期读写能力" / 147

　　（二）培养早期读写能力的教学活动的内涵 / 148

　　（三）一个教学实例和思考 / 149

　　（四）阅读预备策略的教学策略 / 157

　　（五）活动的评价 / 166

二、以丰富文学体验为目的的阅读活动 / 169
    （一）基本理念 / 169
    （二）活动形式 / 172
    （三）观察幼儿对于文学作品的反应 / 177
    （四）教师职责 / 183

三、力图在兴趣和技能上取得平衡的教学 / 186
    （一）编码取向的教学 / 186
    （二）来自全语言取向的批判 / 188
    （三）平衡的呼唤 / 190

## 第五章　以图画书作为课程资源的活动

一、从全语言的视角看早期阅读 / 203
    （一）儿童是如何学习的 / 203
    （二）师生在学习中的地位和角色 / 206
    （三）语言课程的内涵 / 207

二、假如我们"不教"幼儿阅读 / 210
    （一）幼儿发起的读写活动 / 211
    （二）教师发起的读写活动 / 216

三、以图画书作为资源展开的生成课程 / 223
    （一）体验性是生成课程的核心特点 / 223
    （二）师生关系是生成课程的基本保证 / 224
    （三）课程目标不是知识的掌握，而是经验的拓展 / 224
    （四）生成课程不是无目的地跟随，而是在共同建构中引导 / 224

## 四、创设支持幼儿主动阅读的班级图书角 / 239

（一）开始规划你的班级图书角 / 240

（二）合作建设班级图书角 / 245

（三）维护一个积极有效的班级图书角 / 246

## 五、作为"蓄水池"的幼儿园图书馆和图画书资源库 / 249

（一）幼儿园常见的图书角困境 / 250

（二）让图书馆活起来 / 251

（三）让图书馆成为班级阅读蓄水池的方法 / 252

## 六、对图画书进行资源化管理以支持幼儿园课程建设 / 257

（一）用管理数据的方式管理图画书信息资源 / 257

（二）图画书编码的过程，就是全园教师业务学习的过程 / 258

（三）把图画书和参考课程、以往教学内容进行关联 / 259

（四）建设一个开放的、具有支持性的系统需要一群热爱读书的人 / 260

附录 / 263

参考文献 / 293

后记 / 295

# 导 言

## 关于早期阅读，我们应该了解什么

如果你想在班级中开展早期阅读教学，或者想将早期阅读引入日常课程安排，那么你可能要面对一连串的问题：孩子多大开始阅读好呢？不识字也可以阅读吗？怎样给孩子选书呢？是给孩子一字一句地读文字，还是边读文字边讲图画呢？怎么才知道孩子是否读懂了这本书呢？阅读需要学习吗？孩子需要学习哪些阅读技能？早期阅读需要教吗？我该教什么，怎么教呢？……所有这些困惑，都来源于一个问题：学龄前儿童是如何进行阅读的？在进入这个主题之前，我们先来看一篇教师的教学日记。

这已经是我第五次阅读《我不知道我是谁》①了，但我仍然忍不住笑得前仰后合。明天我要在午饭前，把这本书读给孩子们听，孩子们一定也会喜欢这本书的。不过，我还是有点担心：这个故事不像一般的故事那样只有简单的开头、发展和结局，而是有着大量的铺叙和兔子达利B的自言自语；这个故事从表面上看就是兔子达利B在晕头转向地问"我是谁"，但是内容丰富且有深度。孩子们能理解吗？我应该如何向孩子们朗读这本书？我是不是可以把这本书的阅读变成课程的一部分呢？

中一班小霞老师

---

① 该书由英国的乔恩·布莱克（文）、德国的阿克塞尔·舍夫勒（图）著，邢培健译，其简体中文版已于2020年由爱心树童书出品，海豚出版社出版。

让我们来认识一下小霞老师。小霞老师毕业于某大学学前教育专业，从教生涯只有短短的两年。然而，作为一名有着良好教师素养和探究精神的年轻教师，她虽然缺乏教学经验，但是乐于学习和思考。就像阅读本书的你一样，她也开始关注早期阅读，期待与孩子在阅读过程中共同成长。在这本书里，小霞老师会不断地提出问题和想法，将和研究者（也就是我）共同学习的内容与自己的教学体验、教学经验相结合。或许，小霞老师提出的问题也是你脑海中的问题，小霞老师得到的启发也会对你有所帮助。

我相信，当你拿着一本自己喜爱的图画书准备与孩子分享时，也有过和小霞老师一样的困惑。选择—判断—计划—实施—调整，这些都是需要你做出的教学决策。而所有这些决策，都与你如何看待早期阅读，如何理解它的价值和目的有关。每个教师可能都会有一套关于早期阅读的理论，它也许来自专业书籍，也许来自个人经验；可能有理有据、目的明确，也可能是模糊和无意识的，但是它会作为一种潜在的意识影响教师的教学决策。一些研究者甚至认为，教师所具有的关于阅读的价值观和个人经验要比教师所受过的专业训练对其教学决策更具有影响力（Bunting，1988；Lortie，1975）。

尽管如此，当教师面对教学问题时，还是不能仅凭直觉来做出教学决策。教师对阅读的本质了解得越多，对学生的阅读（学习）过程了解得越多，教学效果就越会得到提高（Beck，1989）。在培养学生们的阅读技能方面，教师应该是专业人士，因此，如果你是一名准备将早期阅读作为班级教学内容的教师，或者你在实践早期阅读教学过程中充满了各种困惑和疑问，那么本书正是为你而写的。

在本书中，你将会了解到，什么是早期阅读（见第一章）和幼儿是如何学习阅读的（见第二章）。你面对的问题不是"我该如何教"，而是"我该如何帮助我的学生学习"。作为教师，你需要知道3—6岁幼儿的一般发展水平。比如，当你给3岁的小班幼儿选择一本图画书时，你知道，隐晦的寓言、线索过多或过长的故事并不适合他们；当你准备给五六岁的大班幼儿选择图画书时，他们已经具备的较为复杂的思维会让你放弃那些线索单一、情节简单的生活故事，而趋向于选择情节更丰富的童话。你也需要知道3—6岁幼儿对图画有着怎样的偏好，对于叙事结构有着怎样的理解。除此之外，你还需要知道你所在班级里每个幼儿的需要，知道他们关于某一本书所要阐述的主题或内容已经具备了哪些经验，以及他们在阅读时的不足和长项，以便因材施教。当然，你还应该知道哪个幼儿需要特殊的支持或更多的挑战。

理论总是在一定程度上让人感到困惑。那些专业的术语、冰冷的数字及由一些条件明确限制的结论，容易让我们不知所措。但是，理论的魅力也正在于它的思维方式不同于我们日常的视角和思考，它会让我们跳出日常的琐碎更加整体和宏观地看待问题，从而创造性地找出具体问题的解决方案。因此，了解研究者对于早期阅读的教与学做了哪些研究和提出了什么理论，可以帮助我们更好地理解我们所从事的工作的整体风貌，并且尽快地直抵问题的核心部分。本书将为你列出当前国内外早期阅读研究范畴中一些比较典型的、主流的或前沿的研究和结论，如读写萌发理论、精细阅读加工策略、平衡教学法及全语言理论等。

之后，我们将专题讨论你可能使用的阅读材料——图画书（见第三章），包括故事类图画书和非故事类图画书。面对如此丰富的早期阅读材料，你可能会欣喜不已，也可能十分困惑，但对这些或有趣、或优美、或震撼心灵的作品，你首先要学会喜爱它们、欣赏它们和珍视它们，然后将它们完美地呈现在孩子们面前。当然，只有喜爱是不够的。我们将为你介绍早期阅读材料的一些基本规律和赏析的基本要素，以帮助你快速地发现和幼儿一起阅读一本书的重点、不同种类的图画书可以支持幼儿的哪些学习以及如何将其运用到不同的幼儿园活动中。比如：如何创作图画书，应该如何阅读无字书，可预测的图画书可以支持幼儿的哪些阅读学习，非故事类的图画书可以怎样被运用到课程中，等等。

理论从来不是为了束之高阁或者炫耀而存在的，其最重要的价值是可以印证并且指导实践。因此，我们必须将儿童学习与发展的理论、早期阅读教学的理论、儿童文学创作和赏析的理论与我们的教学实践相联系，分析如何将这些与早期阅读相关的理论应用到教学实践中。当前，幼儿园中已经开展了各种各样关于早期阅读的实践（见第四章）。然而，它们并不尽如人意。实践和理论之间的落差，为我们提供了一种永不停歇的动力，让我们有机会不断地做出探索和尝试，在实践中蜿蜒前行。所谓的创新，不是为了表演给别人看，而是为了不断地探索适应幼儿学习需要的教学形式，帮助幼儿在有限的童年时光里更加幸福和充实地成长。因此，我们观察实践、讨论实践、分析实践，并且批判实践，不断地重构我们认为更加美好的阅读花园，让幼儿可以在其中充分绽放。单纯阅读一本图画书的活动，以图画书作为课程资源展开主题探究的活动，以图画书作为教材学习前阅读策略的活动……我们是从中选择一种活动作为我们的主要教学模式，还是兼容并包、博采众长呢？在分析了若干个案例之后，相信每位读者都可以做出自己的选择，但前提是要思考：我们如何理解幼儿、理解阅读、理解课程。

你将在本书中看到，小霞老师在我的帮助下开展了一些班级阅读活动。我们强调幼儿生活的整体性，以及幼儿园教学活动的生成性和完整性，因此，早期阅读活动也应该是丰富多样的，和幼儿的生活、游戏、学习活动紧密结合并完美融合。将早期阅读活动融入幼儿的完整学习是本书追求的目标，同时本书也相信，优秀的图画书可以在幼儿感兴趣的众多话题或关键经验上为教师提供教学素材和活动内容（见第五章）。

教师是幼儿发展的关键要素，教师与幼儿之间的关系既可以是显性的教学和指导，又可以是隐性的支持和影响。懂得后退一步的教师是拥有智慧的教师，忍住不教的教师是真正充分信任孩子的教师。当我们学会用环境支持幼儿的发展时，我们的"隐形""后退"才能带给幼儿真正的"主动"和"发展"。

早期阅读是幼儿学习和发展的需要，他们需要在阅读中发现乐趣、发现自己、发现别人和发现生活。早期阅读不应是一系列强调阅读技能学习的课程，而应被视为幼儿学习与发展的一般性活动，这就要求我们必须将通过家园协作为幼儿提供阅读环境与指导作为工作内容。因此，本书的每一章都提供了相应的家园合作策略和案例，以帮助你时时刻刻牢记家庭在幼儿发展中的意义，并在各个环节争取家庭的支持和合作。

通过阅读、反思、实践和分享，本书将帮助你逐渐成为一名拥有丰富的早期阅读理论知识和教学实践经验的幼儿园教师；同时，也希望你能成为一名主动学习和思考幼儿教育相关理论的学习型教师，以及具有专业精神的教师。所谓专业精神，就是指教师在面对教育教学问题时，能够积极主动、创造性地运用适当的理论来解决（即选择、判断、实践、反思和调整）问题，并相信通过改变相应的条件就能够改变结果，而不是被单个的问题迷惑或者被局部的难题打倒。

现在，让我们一起开启这段有趣的早期阅读之旅吧！让我们跟着小霞老师一起提问、思考和发现，分享她作为年轻教师在成长中的焦虑和欣喜！

## 第一章

# 走进早期阅读的视野

## ——什么是早期阅读

**本章将会讨论：**

- "早期阅读"的官方表述和实践误读
- 心理学对早期阅读的诠释
- 儿童文学对早期阅读的诠释
- 幼儿园教育对早期阅读的理解和阐释
- 阅读推广人对早期阅读的诠释

## 一、"早期阅读"的官方表述和实践误读

> "早期阅读"这四个字本身就让我困惑。对我来说,阅读就是看到字,并理解它的意思的过程。通过这个过程,我知道了我阅读的是什么。可是,孩子们不认识字或只认识很少的字,他们看图画的过程也是阅读吗?他们听我讲故事的过程也是阅读吗?这个"早期"是指比正式的阅读开始得更早,还是指在他们人生最开始的时候阅读呢?
>
> 中一班小霞老师
> 9月15日

1998年,来自美国国家科学院,由美国哈佛大学著名儿童语言学家凯瑟琳·斯诺(Catherine Snow)领衔提交的研究报告——《预防阅读困难:早期阅读教育策略》[①](*Preventing Reading Difficulties in Young Children*)——引发了国际间的早期阅读革命。该报告指出:儿童早期是读写学习的关键时期,早期读写能力的发展预示着儿童入学以后读写能力的高低(Dickinson & Snow, 1987; NAEYC, 1998; Whitehurst & Lonigan, 1998, 2001; Strickland, 2001)。研究者们从预防阅读困难的角度出发,指出:儿童早期语言和阅读的条件、环境、能力,与他们未来的阅读能力以及所有的学业成就存在着很高的相关性(Snow et al., 1998)。儿童早期口语词汇的丰富性和复杂程度以及早期阅读行为的建立,如动机、兴趣、习惯、方法等,是预测他们未来阅读能力发展的重要指标,也是通过早期检测发现儿童是否可能存在阅读困难的指标(Pan et al., 2002)。

我国2001年颁布实施的《幼儿园教育指导纲要(试行)》(以下简称《纲要》)在语言领域中明确提出了"喜欢听故事、看图书"的目标,并要求幼儿园"培养

---

① 该书的简体中文版已由南京师范大学出版社于2006年出版。

幼儿对生活中常见的简单标记和文字符号的兴趣""利用图书、绘画和其他多种方式，引发幼儿对书籍、阅读和书写的兴趣，培养前阅读和前书写技能"。《纲要》首次将早期阅读单独提出来作为语言发展目标的重要组成部分，表明国家政策层面对早期阅读价值的重视，也对我们的幼儿园教育教学提出了方向性的要求。

研究者基于研究实证提出的某一种理论假说，或者政策制定者基于某种理论和当时的社会条件而确立的某一种政策或者导向，构成了教育实践的某种决策基础。然而，实践中还存在着大量对理论或政策的误读。有人认为：既然早期阅读这么重要，而阅读的基础就是识字，那么国家政策大力提倡早期阅读，自然也就意味着应该让孩子提早识字。于是，各种"早识字、早阅读、早成才"的广告层出不穷，让教师和家长深感困惑。

华东师范大学的周兢曾经对此种误读现象表示过忧虑，她说："当提及培养幼儿的自主阅读能力的时候，我非常担心的一个问题是这个概念被歪曲和滥用。最近几年，我国幼教界出现了一股'早期阅读热'，不少人将'早期阅读'与'早期识字'等同起来，加上诸多商业运作的原因，出现了识字课本和识字读物满天飞的现象。这样的'早期阅读'教学必将对幼儿的发展产生严重的不良影响，必须引起我们幼教工作者的重视。这里我郑重声明一点，我们所说的幼儿自主阅读，绝不是指幼儿识了一些字就可以自己阅读的意思。"

学者们的担心不无道理。近年来，虽然"反对幼儿园教学小学化"几乎已经成为一种行业共识，但我们在坊间依然可以看到以早期阅读为名鼓吹幼儿大量识字、写字的广告，并且在家长群体中拥有大量拥趸。

在幼儿园里，虽然教育行政主管单位对幼儿园的办园行为有着较强的规范力度，但仍然有一些园长和老师对坊间流传的说法和国家政策的矛盾感到困惑。比如，有些以早期阅读为课程特色或者特色课程的幼儿园，担心教学中是否应该出现读写活动，以及如何实施这些读写活动而不至于触碰"幼儿园教学小学化"的红线。

幼儿园课程中是否应该安排专门的早期阅读课程，如何看待幼儿的前阅读和前书写活动，早期阅读活动与幼儿园的基础课程有何关系，早期阅读活动需要怎样的环境支持……这些问题都取决于教师对早期阅读的理解，以及对儿童阅读价值和发展历程的掌握。只有了解早期阅读的本质、幼儿的读写能力发展过程和规律以及早期阅读、儿童文学与儿童发展之间的关系，幼儿教育工作者才能深刻地理解早期阅读的意义和价值，进而在幼儿园日常教学中更好地支持幼儿的阅读和书写活动。

## 二、心理学对早期阅读的诠释

早期阅读研究涉及多个学科领域，不同领域的研究者提供了不同的研究视角。我们先来看看心理学家是如何讨论早期阅读的。

### （一）对早期阅读的理解

心理学家认为，语言是人类特有的、系统性的、用于人与人之间交往的工具，它包括一系列有规则的声音符号系统（口头语言）和代表这些声音符号的视觉符号系统（书面语言）（Glazer & Burke，1994）。其中，对声音符号系统的运用就是听和说，对视觉符号系统的运用就是读和写。阅读是一种从书面语言系统中获得含义的过程，书写则是借助书面语言与他人沟通的过程，阅读和书写是"塑造、阐释和传达文字含义的两种行为方式"（Mclane & McNamee，2000）。

安德森等人（Anderson et al.，1985）曾经形象地将阅读行为与交响乐的表演相比较，认为这两者之间有三点相似：第一，和交响乐表演一样，阅读是一个整体性的活动，包括许多小技能，如区分字母、辨别词语等，但每次使用一个小技能时并不能构成真正意义上的阅读，只有将各种小技能通畅有机地结合起来使用才算是真正的阅读。第二，成功的阅读来自长期的练习，正如演奏乐器一样。事实上，这样的练习贯穿人的一生。第三，正如音乐的乐谱一样，同一篇文章可以有多种理解。对文章的解释是由阅读者的背景、阅读的目的和阅读的环境决定的。[①]

在《心理学大辞典》中，阅读被定义为"一个人依靠头脑中的原有知识主动

---

① 周兢. 早期阅读发展与教育研究［M］. 北京：教育科学出版社，2007.

获取信息，并从文字中建构意义的过程"。这个定义强调了个体的原有经验是阅读理解的基础，主动的态度保障了阅读的持续，掌握文字符号是阅读的条件，唯有如此才能够从中获得信息。阅读既是一个人接收、加工书本上的信息的"自下而上"的过程，也是一个人选择自己头脑中已有的知识或经验对阅读到的信息进行加工的"自上而下"的过程。心理学为我们模拟了一个成人阅读的过程：首先是视觉系统接收文字信息（看见文字），然后在大脑中进行一个快速而复杂的处理过程（包括解码文字和调动经验等内部动作），大脑的语言中枢和思维中枢都会参与其中，之后阅读者才能获得刚才阅读的那段符号（文字、图标、公式、数字）的意义。

什么是幼儿的阅读呢？或者说，早期阅读和一般的阅读概念相同吗？它与成人阅读的区别和联系是什么？

北京师范大学心理学院的伍新春指出：心理学术语中的"阅读"主要是指对文字的阅读，但是，在儿童早期，图画书是他们的主要阅读对象，早期阅读必须研究儿童对图和文的阅读。这就使得早期阅读既具有一般阅读概念的普遍性，又具有其特殊性。

要理解早期阅读，我们可以先从它和心理学上所定义的"阅读"的相似点出发。

首先，和成人阅读一样，早期阅读必须以读者（儿童）先前的知识经验作为基础。最适合学龄前儿童的读物，是与他们的日常生活密切相关的题材和内容，以便奠定幼儿对读物内容理解的基础。

其次，早期阅读应该是一个积极主动的过程。阅读过程是不能被强迫，更不能被代替的，阅读必须是个体自愿、自主的过程。所以，从某种意义上来讲，早期阅读最核心的目标是培养小读者亲近书本的意愿。

最后，早期阅读是指学习基本的图文识别能力。一般来说，幼儿天生就具有一定的图像知觉能力，但知觉水平是有高低的，同时受到所处文化的影响，并非所有幼儿都能从图画中提取关键信息，并快速、有效、创造性地进行加工。要获得这些能力，幼儿需要拥有丰富的阅读环境、大量的阅读经验和有效的阅读指导。

因此，早期阅读是婴幼儿借助图像、成人的讲述以及文字来理解以图画为主的婴幼儿读物，且以成人伴随阅读为主要形式，以提高阅读兴趣、积累阅读经验和进行阅读交流为目的的一系列活动。

这里的"早期"包含两层含义：第一层含义是指在正式阅读之前的阅读，它强调婴幼儿的阅读不可能完全独立进行，需要在成人的帮助下，通过听、看、聊等方式合作进行，其过程也不同于学龄儿童以文字为主的阅读；第二层含义是指人生早期的阅读，它强调由于幼儿的生活经验、语言经验、审美经验等相对匮乏，因此他们阅读的内容、形式以及阅读理解的程度都具有特殊性，需要成人为其提供适合他们理解和欣赏的阅读内容及形式。

## （二）早期阅读的基础

3—6岁幼儿应当具备的早期阅读基础如下。

### 1. 积累较丰富的口语经验并具有对语音的敏感性

幼儿日常口语词汇的积累，将有助于他们理解阅读材料中的书面语言。大量研究表明，儿童口语的丰富性与母亲（主要养育者）的口语词汇丰富程度呈高度相关。

### 2. 具有学习并欣赏书面语言符号的动机

这取决于幼儿能够在日常生活中经常见到周围的成人进行读写，从而产生模仿的意愿。成人为幼儿朗读有趣的故事，激发他们对阅读产生浓厚的兴趣；成人为幼儿提供丰富的读写环境，让幼儿随时可以接触读写材料，同时又不强迫幼儿进行读写。这种宽松且具有支持性的环境，使得幼儿既有模仿的榜样，又有探索和犯错的机会，还有成人的不断鼓励，从而促使幼儿产生主动学习和欣赏书面语言的动机。

### 3. 具有对文字的敏感性并积累有关文字的一定知识

成人在启发和辅助幼儿阅读时，对语音、文字、图画等进行有目的的引导，可以增强幼儿对文字和有关文字知识的敏感性，有助于提高幼儿对学习文字的兴趣。美国幼儿教育专家薇薇安·嘉辛·佩利在她一生所实践的"故事说演教学法"[①]中极力倡导教师逐字逐句记录孩子所说的幻想故事，并在记录的过程中就用词是否准确、断句是否合理以及一些简单的词汇拼写等问题与孩子不断沟通；然后，朗读记录的故事给孩子听，并请孩子把自己的故事表演出来。这一极具特色的教学方法，虽然没有特别强调读写能力的学业目标，但能很好地增强孩子对于文字和有关读写知识的敏感性。

识字是流畅阅读的基础，但对学龄前儿童而言，即使能够掌握大量的汉字，可以将"音"和"形"对应起来，但由于知识经验的缺乏，他们也难以理解文字真正的含义，尤其是难以将文字还原到语言情境中进行整体性地理解。也就是说，在童年早期识得大量文字的孩子，实际上可能是"识字不识文"。增强儿童对文字的敏感性，不代表让他们大量孤立地识记文字，而是将文字作为一种与生活密切相关的现象加以关注和理解，在阅读的过程中发现文字的意义。

## （三）对自主阅读的理解

在心理学视野中，早期阅读的核心在于学龄前儿童"早期自主阅读能力的培养"。那么，什么是"自主阅读"呢？

"自主阅读"概念主要应用于基础教育阶段的语言教育领域，一个比较通用的定义是指读者以自主的行为方式和认知特征进行的阅读活动。个体在阅读过程中的自主性主要体现在两个层面：行为层面和认知层面。行为层面的自主性强调个体对阅读过程和阅读环节的充分占有；认知层面的自主性又有两层含义，一是指个体支持和调控自己的阅读行为时的认知背景（包括阅读思维、方法、策略等），二是指对文本内容的认知自主，即个体对文本的自主解读（包括个性化解读、批判性解读和创造性解读）。

早期阅读活动的主要任务不是培养幼儿成为具有自主阅读能力的阅读者，而是培养他们初步具有自主阅读的意识和能力基础。我国学者吸收国际早期阅读领域的研究成果，考虑汉语的特点和儿童的阅读规律等问题，经过初步研究认为，

---

① 佩利. 塔利老师的教室：孩子们，我们来说故事[M]. 杨茂秀，译. 昆明：晨光出版社，2019.

汉语儿童早期自主阅读的核心能力主要包括以下三个方面。

### 1. 口头语言与书面语言对应的能力

文字，是以语音为中介，与语义相对应的。当我们看到一个具有实体对象的文字时，如汉字"杯"，我们的头脑中首先反映出来的是它的读音"bēi"，然后，通过这个语音调动自己的日常生活经验，一个杯子的形象就会出现在我们的脑海中。由于个人经验的不同，这个杯子的形象也各不相同。反之，当我们看到了一个实物"杯子"且需要描述它时，我们会说出"bēi zi"这个口语音节，然后脑海中才会出现"杯子"这两个汉字。这时，语音就作为中介，让我们把字形与语义对应了起来。

儿童将口头语言与书面语言对应起来的能力，包括对语法的敏感性。比如，"妈妈送我去幼儿园"和"我被妈妈送到幼儿园"是两种不同的语法表达形式，它们需要儿童调动自己的口语语法经验来完成对这些书面语言的认知加工过程。

口头语言与书面语言的对应，还需要儿童调动自己原有的心理图式进行完型，才能达成对语义的理解。比如，"看见蝴蝶，丽丽跑"和"看见黄蜂，丽丽跑"具有同样的语法结构，要理解它们的意思，儿童必须想象出这两句书面语言所描述的景象：第一幅画面是丽丽看见美丽的蝴蝶，非常开心地去捕捉蝴蝶的样子；第二幅画面是丽丽看到可怕的黄蜂，害怕地逃跑的样子。儿童必须具备书面语言视觉化的能力，才能准确地理解书面语言的意义。

由此可见，丰富的、具有支持性的口语环境会促进幼儿口语经验的积累，而口语经验奠定了儿童早期阅读的基础。

### 2. 书面语言的视觉感知辨别能力

学习书面语言的途径与口头语言不同，很大程度上是通过视觉的方式进行的。对汉语这样一个特别的语种来说，视觉感知是每一位阅读者阅读学习的重要方式。因此，幼儿的早期阅读应当在以下几方面做好准备。

#### （1）在图画书阅读中增强视觉感知辨别能力

成人应有意引导幼儿大量阅读图画书，对书中图画的背景、人物（神态、动作、表情）、图画的颜色、构图等给予关注，帮助幼儿提高在图画中提取主要信息和发现细节的能力。

例如，在图画书《大猩猩》①中，作者安东尼·布朗（Anthony Browne）熟练精准地运用色彩和线条表现出小女孩对于父爱的渴望与幻想。在下图中，作者运用电视机投射下的光芒，将小女孩置于一个看似光亮的小区域，而周围阴暗的墙纸背景和仿佛怪兽变形的墙纸图案与之形成了对比，凸显了小女孩的寂寞和恐惧。小女孩所倚靠的墙壁，一侧是规整刻板的线条，一侧是扭曲混乱的图形；一侧是笼罩在阴影下的柔和的马卡龙色，一侧是黑白色。大量充满极端对比的视觉元素，既让读者感受到人物内心的冲突，又预示着后续情节中现实与虚幻的冲突。

这本书的另一大特色在于隐藏其中的大量细节，如无处不在的大猩猩图案、以猩猩形象出现的世界名画、被剪成猩猩形状的灌木等，它们既能带给阅读者无限的惊喜，又能恰到好处地表现主人公的感受。此外，还有翻转的门把手、父亲口袋里的香蕉等元素。读者每发现一个细节，对故事的意义就会加深或者改变一些理解。这样的阅读材料，可以让幼儿在愉快的阅读中增强视觉感知辨别能力。

还有一些图画书，其设计初衷就是帮助幼儿提升观察能力，因此，作者会运用颇具游戏意味的设计，让小读者带着任务观看、寻找。"视觉大发现"系列图书就需要小读者运用视觉线索解密。在另一本图画书《小侦探找一找：谁是假装

---

① 该书由英国的安东尼·布朗著，林良译，其简体中文版已于 2021 年由启发童书馆出品，河北教育出版社出版。

的？》①中，每一页都需要小读者理解指令要求，并依据要求认真观察细节，从而找到角色。比如，要回答"谁刚和猫咪玩过？"，小读者首先需要在头脑中建构一个和小猫玩可能发生的场景，然后敏锐地发现图中有一个脸颊受伤的小女孩，进而做出猜测。

图画书为幼儿设置了一个必须仔细观看画面的任务情境，有的观看是摆脱背景的干扰，锁定前景提供的信息；有的观看是通观全局，把握画面整体的信息；有的观看是联系前后页的信息。这些对视觉信息的观看，都是幼儿未来阅读文字书籍，在大量文字符号中获取信息的有益准备和练习。

（2）在日常生活中关注文字和符号的作用

阅读不仅发生在书本中，日常生活中各种的标志、广告牌等随处可见的文字和符号也能帮助幼儿意识到它们具有传达意义的作用，从而积累初步的符号经

---

① 该书由法国的奥利维耶·塔莱克著，武娟译，其简体中文版已于2022年由童朵文化出品，上海文化出版社出版。

验，并尝试根据符号的要素做出判断。

卫生间门上的男女标志是一个有趣的符号现象。餐厅、场馆一般都有独特的卫生间标志，这些标志虽然有着不同的文化意蕴，但都包含某种表意的共性。和幼儿讨论这些生活中常见的标志，并对它们所代表的事物的特征进行交流，可以很好地帮助幼儿理解符号的意义和产生过程。教师也可以带领幼儿自制一些标志，例如允许和禁止的标志、转向标志，等等。这类活动在幼儿园非常常见，它们就是早期的符号学习。

（3）对汉字构成规律的敏感性

汉字的构成有着独特的规律。比如，汉字的偏旁部首就是不同于其他语言的构成方式。单独识认汉字，理解偏旁部首的规律，这对幼儿来说具有较大困难，而一些低幼图画书的主题相对简单，所使用的文字相对集中，往往更能促使幼儿发现汉字构成的规律。例如，图画书《小泥人》以一个小泥人的口吻，讲述了如何用泥土和水制作泥巴小人。书里面出现了大量与"三点水旁""提手旁""足字旁"有关的汉字，如"滴""拼"和"跳"。在这样的情景中，教师引导幼儿发现汉字偏旁和语义的关系就显得自然而有趣。因此，在帮助幼儿学习阅读图画书时，教师可以引导他们通过视觉途径关注汉字构成的规律，联想某个符号特征与语义之间的联系，从而为幼儿成长为更好的读者做准备。

3.流畅阅读者的策略预备能力

幼儿并非流畅的阅读者。即使是认识了不少汉字、能够读报纸的幼儿，也不是流畅的阅读者，因为他们对阅读内容并没有也不可能真正地理解。要成为一名流畅的阅读者，需要各方面的准备，其中最为重要的是整合阅读内容的阅读策略准备，这是学前阶段儿童需要学习的，也是他们自主阅读能力准备的组成部分。

成为流畅阅读者的策略预备能力，主要是指在理解阅读内容时发挥作用的几种初步技能。

### （1）反思

反思是指幼儿在听故事、看图画书的过程中及之后，对故事事实性信息的把握，即故事里有哪些人物，发生了什么事情，人物遇到了什么问题，先怎么样、再怎么样、最后是如何解决的。这种对阅读内容的反思过程及能力，有利于幼儿对阅读内容的理解。

幼儿在阅读图画故事书时，为了最终获得故事的完整意义，需要在作品的带动或在成人的引导下培养反思能力。接下来，我们看一看刚刚开始接触阅读教学的小霞老师设计的集体阅读活动（见表1.1），分析她是如何通过图画书帮助幼儿获得初步的反思能力的。

在这个活动设计中，小霞老师通过有目的的提问，帮助幼儿梳理故事情节，培养幼儿根据主要线索在教师问题的支架下进行反思的能力。因为这个活动是为中班幼儿设计的，所以反思主要集中在对事件的进展和转折点的感知上，并未涉及人物的情感、态度等方面，也没有涉及故事的主要矛盾和次要矛盾。随着幼儿年龄的增长和阅读经验的丰富，反思的广度和深度也会有所变化。

### （2）预测

读者在阅读时会运用原有生活中相关的知识、经验、意义，以及从文本中提取的形象化信息，帮助自己预测文本中即将出现的词语或情节。优秀的读者阅读时会持续进行预测，并检验自己的预测是否正确。当他们从文本中收集到新的信息时，还会纠正自己的预测。预测这一阅读策略有助于读者激活原有知识，进行有目的的阅读，提高阅读理解水平。

幼儿在积累了一定的聆听故事、阅读图书的经验后，就有可能在听到或看到类似的内容时对事件的发展和人物的取向做出推测。这样的预测能力，可以帮助幼儿在未来的阅读学习中比较快速地理解阅读内容。幼儿认读文字或者书写文字等书面语言的学习，也需要这项技能的参与。

大部分蕴含故事情节的图画书，都可以作为发展幼儿预测能力的材料。我们以经典图画书《母鸡萝丝去散步》为例，说明成人是如何帮助幼儿感受阅读中的预测策略的（见表 1.2）。

表 1.1　小霞老师的教学笔记

| 图画书介绍《狮子烫头发》 | 爱漂亮的狮子原来可没有一头卷发，它想突破现有的造型。受到海浪的启发，狮子想变成"波浪头"，于是去求助好朋友——聪明的狐狸，想让狐狸帮助它把头发变得又长又卷。狐狸开动脑筋，想了很多办法，又是用风，又是用水，但总是不成功。不过，狐狸可不是那么容易放弃的，它最终还是找到了解决问题的办法。 | |
|---|---|---|
| 活动步骤 | 教师的提问设计 | 幼儿的反馈 |
| 首次阅读之后，教师带领幼儿回顾故事内容 | 问题一：狮子为什么想要换发型呢？［回想事件起因（编者注）］ | 狮子看到海浪很漂亮，也想有海浪一样的头发。 |
| | 问题二：狮子请谁来帮忙？狐狸第一次想了什么办法，受到什么启发？结果如何？第二次呢？［回想事件进展（编者注）］ | 狐狸来帮忙。它一开始看到风能让水出现波纹，就和小动物一起吹，想把狮子的头发吹成弯的，但没有成功。第二次，它看见水滴落到湖里，能让水出现波纹，就让狮子淋雨，结果没有成功，狮子还生病了。（教师总结） |
| | 问题三：狐狸最后想到用电来制作卷发造型，是受到什么的启发？［反思事件转折（编者注）］ | 它看到狐狸太太做的烤甜饼，卷卷的，就想用烫的方法把狮子的头发烫弯。 |
| | 问题四：假如请你给狮子帮忙，除了这些方法，还可以尝试什么方法呢？［想象和创新（编者注）］ | 我可以用电吹风和发卷，我妈妈就是这么做的。<br>我用一个弯弯曲曲的假发就可以了。<br>我用弯弯曲曲的绳子把头发绑起来，头发就可以变成弯弯曲曲的了。 |
| 延伸活动一 | 我是小小发型设计师。<br>(1) 看看镜子中的自己，说一说你喜欢自己现在的造型吗？为什么？<br>(2) 如果换你来设计，你想要怎样的造型呢？试着说一说并画下来。<br>(3) 想一想，在你的家人中，你最想为谁做造型设计呢？为什么？说一说并画下来。 | |
| 延伸活动二 | 你和我，哪里不一样？<br>(1) 看着镜子中的自己并画一幅自画像，然后上台说一说自己在哪些地方和别人不一样，你最喜欢自己的哪一个地方。<br>(2) 画出一位你最想要画下的同学的样子（不要告诉对方），等大家都画好后，先让大家猜自己画的是谁，再公布答案，并说一说为什么要这样画。 | |

**表 1.2　小霞老师的教学笔记**

| 图画书介绍《母鸡萝丝去散步》 | 母鸡萝丝在晚饭前出去散步，饥饿的狐狸暗中跟上了它。母鸡萝丝全然不知危险就在身后，悠闲地"走过院子""绕过池塘""越过干草堆""经过磨坊""穿过篱笆""钻过蜜蜂房""按时回到家，吃晚饭"。这几乎是全书的文字，但是，图画书讲述的故事并不这么简单。这本书的图画为读者讲述了另一个惊心动魄的故事。母鸡萝丝在经过每个地点时，狐狸都对它发动了袭击，但没有一次成功。 |||
|---|---|---|
| **活动步骤** | **教师的提问设计** | **幼儿的反馈** |
| 阅读前的提示语 | 我今天要和小朋友们一起阅读一本非常有趣的图画书。在我们第一次阅读的时候，小朋友们要认真听，更要认真看。你们的耳朵要听我讲母鸡的故事，你们的眼睛除了看母鸡之外，还要看它背后的狐狸。[在阅读前，向幼儿提出要求，让幼儿带着双重任务进行阅读，提示幼儿关注文字和图画的关系。（编者注）] | |
| 第一页（对开页） | 教师朗读文字："母鸡萝丝出门去散步。"之后，提问："你们除了看见母鸡，还看见了谁？谁能说一说，这是一只什么样的狐狸？狐狸心里在想什么？接下来可能会发生什么？"[提出预测任务，搭建预测支架（编者注）] | • 狐狸。<br>• 狐狸在流口水，狐狸很饿。<br>• 狐狸想吃母鸡。<br>• 狐狸会去抓母鸡。 |
| 第二页 | 教师朗读文字："它走过院子。"之后，提问："你们猜得很对。[提示幼儿在进行预测的同时，还要进行验证（编者注）]狐狸真的扑过去，想要吃母鸡。可是你们看，地上有什么东西？狐狸如果扑过去，会发生什么？它能吃到母鸡吗？[提出预测任务，提供预测线索，示范预测方法（编者注）]" | • 地上有铲子、猪八戒用的那个爪子（耙子）。<br>• 狐狸会扎在上面，流好多血。<br>• 会摔倒。吃不到母鸡。<br>• 能吃到。<br>• 母鸡会发现的。母鸡会跑的。 |
| 第三页 | 教师回应并提问："有的小朋友猜对了。狐狸一下子扑到了地上的耙子齿上[用讲述的方式纠正幼儿的词汇，验证预测（编者注）]，耙子把一下子弹了起来，打到了狐狸头上。倒霉的狐狸，这次袭击没有成功。母鸡萝丝根本没有发现狐狸跟在它背后，继续往前走。我们看看，母鸡接下来要去哪里，还会发生什么事情。[提出预测任务，反复提示预测线索——去哪里、发生什么（编者注）]" | |

（续表）

| 活动步骤 | 教师的提问设计 | 幼儿的反馈 |
| --- | --- | --- |
| 第四页 | 朗读："绕过池塘。"教师提问："母鸡绕过池塘，这时狐狸在做什么？它这次袭击能成功吗？你从哪里看出来的？可能会发生什么？[提示根据图画进行预测和验证（编者注）]" | • 扑母鸡。<br>• 不会成功。肯定不会成功。因为它不会成功。<br>• 会掉进池塘里。因为太近了。 |
| 第五页 | 教师："你们都猜对了[验证预测（编者注）]。狐狸扑向了母鸡，但是又没有成功。狐狸掉进了池塘里。接下来又会发生什么事情呢？母鸡会去哪里？狐狸还会继续袭击它吗？狐狸能成功吗？我们一起来看看这本书的标题页[提示另一种预测方法，根据全景图对全书的进展进行预测（编者注）]。在这一页上，你们找到院子了吗？找到池塘了吗？还能找到什么地方？我们一起来猜猜看，母鸡下一步走到哪里，狐狸怎样对它发起袭击，结果却发生了什么。"（后略） | • 找到院子了，还有池塘。<br>• 还有草堆，还有蜜蜂房，有拖拉机、风车、石头房子、牛棚、马房、小房子、山羊、山羊的家。 |
| 阅读后总结 | 这本书读完了，母鸡萝丝按时回到家里吃晚饭，可是倒霉的狐狸非但没有吃到母鸡，反而把自己弄得伤痕累累。我们一边阅读，一边猜接下来会发生什么，这样阅读有趣吗？[明晰预测经验（编者注）]小朋友们在阅读区自己阅读这本书或者别的书的时候，也可以试着向旁边的小朋友提问，一起猜一猜接下来会发生什么。[鼓励幼儿迁移经验，主动运用学到的阅读策略（编者注）] | |
| 后续活动 | 略 | |

在这个阅读活动中，教师运用提问和示范的方法带领幼儿阅读图画和文字。比如：提出预测问题（结构——到哪里、可能发生什么），提示预测线索（图画线索——耙子、草堆、全景图等），验证预测，运用多种方法进行预测，等等，帮助幼儿理解预测的含义，鼓励幼儿迁移阅读策略。

在图画书阅读中，成人可以通过提问和示范等方法，帮助幼儿积累预测的经验，掌握预测的策略。

### （3）提问

在整合的阅读理解过程中，幼儿还需要具备质疑阅读内容的经验，即在听完故事或者看完图书之后，问一问为什么这个人会这样做，为什么这件事情会发生。养成思考"为什么"的习惯，有助于幼儿在阅读时找到事件发生发展的某种原因，比较深入地理解阅读内容。

如果说，反思的阅读策略主要指向文本的表层结构，有助于读者对文本基本信息（如时间、地点、人物、事件、经过、结局等）的理解，那么提问策略的重点则在于对文本中的深层内容提出问题和进行澄清，并结合读者的原有经验，提出独特的看法。我们还以《狮子烫头发》为例，看看教师是如何在第二次阅读时，鼓励幼儿进行提问、澄清和质疑的（见表1.3）。

表1.3　小霞老师的教学笔记

| 第二次阅读 | 活动目标：<br>• 鼓励幼儿对故事提出问题，并在教师的帮助下澄清问题；<br>• 鼓励幼儿对故事情节、人物、事件等提出自己的看法，表达疑问和回应别人的疑问。 ||
|---|---|---|
| 活动步骤 | 教师的提问设计 | 幼儿的反馈 |
| 阅读前的分享 | 我们已经阅读过《狮子烫头发》了，在故事中，狐狸想出了很多办法，帮助狮子实现变卷发的心愿。今天，我们再次阅读这本书，小朋友们在阅读的过程中要好好想一想，狐狸使用了哪些方法，为什么没有成功。 | |
| 问题一 | 狐狸想的第一个办法是请小动物们一起帮狮子吹头发，他们一起用力吹之后，发生了什么？狮子做了什么？小动物们是什么表情？狐狸有什么表情？狐狸当时是怎么想的，狮子是怎么想的？ | • 狮子难过地逃跑了。它肯定不好意思了。它眯眼了。<br>• 小动物们都在笑，它们觉得狮子很傻。它们觉得狮子真可笑。<br>• 狐狸在想办法。狐狸不高兴，因为它没有成功。 |
| 问题二 | 狐狸想出的第二个办法为什么没有成功？我们来试一试，往盆里浇水会发生什么？为什么往头上浇水没有作用？往头上浇水会发生什么？狐狸怎么想错了？ | • 盆里的水会动，头发会变直。<br>• 头发变弯的是水里的狮子，不是真的狮子。<br>• 狐狸让水里的狮子头发变弯了，但是没有让真的狮子头发变弯。 |

（续表）

| 活动步骤 | 教师的提问设计 | 幼儿的反馈 |
| --- | --- | --- |
| 问题三 | 请你们说一说，狐狸用玉米和雷电给狮子烫头发能成功吗？为什么？你有哪些问题？ | • 狮子会不会被电死？<br>• 玉米是怎么变成爆米花的？<br>• 狐狸没有皮筋，没法烫头发的，我妈妈的发卷要用皮筋的。 |
| 总结 | 我们今天提出了很多问题，也回答了很多问题。这次，是老师向故事书提问题，请小朋友们和故事书一起回答。下一次，老师希望小朋友们自己对故事书提出问题。如果你对故事书中有什么不明白的地方，都可以提问。 | |

质疑和提问是进行自我检测的有效方法，也是对阅读内容理解程度进行监控的有效手段。提问策略能帮助幼儿将注意力集中在重要的信息上，并确认自己是否已经了解了文章的意义。同时，它也有助于幼儿获得良好的提问技巧，培养整合文章观点的能力。在针对这种策略实施的教学中，教师可以通过一些提示词的运用来帮助幼儿发展提问的能力，最典型的是"6W"，即谁（who）、什么（what）、何时（when）、何地（where）、为何（why）、如何（how）。

一般而言，在首次阅读时，读者关注的是故事的基本事实和基本情节走向，因此我们可以使用谁、什么、何时、何地、发生了什么、结局如何等问题帮助幼儿进行反思、整理，把握故事的整体结构；而在随后的反复阅读中，我们可以通过事情是如何发生的、主人公为什么这样做、为什么这样想、可能产生什么结果等问题，帮助幼儿更加充分地阅读，养成边阅读边思考的习惯。

随着幼儿阅读经验的丰富，我们可以进一步增加提问的深度，把问题指向没有被描绘出来的情节，比如："如果发生了……，情节会怎样变化？"我们可以通过刻意修改一个或几个情节条件，让故事发生转向，从而让幼儿体验对故事的操纵（详见后续的"假设"策略）。另一个提高难度的提问是："假如你是……，你会怎么说/做。"这一问题将幼儿置于故事情节中，以角色的身份进行思考和判断，或者以多个立场、不同的角色身份进行思辨。

"提问"是幼儿常用的一种阅读策略。通常教师先向幼儿示范提问，请幼儿做出回答，然后由幼儿逐步模仿教师的提问尝试提出问题。当幼儿逐步掌握提问的技巧后，他们也就掌握了表达自己对作品的观点、态度的一种手段。可以说，幼儿不仅通过提问来理解作品，也通过提问来批判作品和表达感受。

需要注意的是，这里的"提问"指的是一种通过问题帮助自己理解阅读对象（文本），从而进行理解监控和深度批判性阅读的阅读策略。教师所进行的提问，是为了向幼儿示范这种策略，而不是为了获得幼儿的答案。因此，我们没有讨论常见的"开放性问题"和"封闭性问题"的话题。即使指向事实层面的、可以在文本中找到唯一答案的封闭性问题，也可以由教师进行示范，当然，其目的是让幼儿学会用提问的方式寻求答案，帮助自己专注于文本。后续再谈及教学策略时，我们将对开放性问题和封闭性问题展开讨论。

### （4）假设

假设是与想象联系在一起的。在聆听了故事或者阅读了图书之后，我们可以启发幼儿提出假设：如果换一个条件（如时间、地点、情境、事件等），故事里的角色会怎么样？事情会朝着什么样的方向发展？假如这样会如何？假如那样又会如何？当幼儿掌握了这些假设的策略之后，他们就可以将其迁移到未来书面语言的学习中。

我们再以小霞老师的阅读教学为例（见表1.4），看看她是如何在阅读过程中启发幼儿提出假设的。

表1.4　小霞老师的教学笔记

| 图画书介绍《农夫去旅行》 | 农夫的女工去度假了，农夫也决定去度假，可是谁来照顾他的牛、马、鸡、鸭呢？于是，农夫决定带上他所有的动物一起去度假。他们在旅途中遇到了很多麻烦，不过，最终农夫还是来到了沙滩上。 |
|---|---|
| 分析和设计 | 在阅读中不断提出假设，是帮助幼儿展开想象、创造性阅读的有效手段。但是，什么样的图书适合向幼儿提出假设呢？在什么地方提出假设呢？我想要在故事的开头、关键过程、转折点和结局四个地方分别引导幼儿提出假设。假设的方向可以涉及时间的改变、地点的改变、人物的改变和事件的改变四个方向。<br>［小霞老师的分析很好，找出了提出假设的关键点。值得注意的是，这种活动不适合在初次阅读的时候使用，一般被用于幼儿比较熟悉且非常喜欢的图画书中。最好使用线索比较单一、故事情节比较简单的图画书进行集体活动，为幼儿示范假设，并在幼儿的日常阅读中，在不打扰幼儿阅读欣赏的前提下，鼓励幼儿做出合理且丰富的假设。（编者注）］ |

（续表）

| 活动步骤 | 教师的提问设计 | 幼儿的反馈 |
| --- | --- | --- |
| 阅读前[提出要求（编者注）] | 小朋友们都很喜欢《农夫去旅行》这本书。今天，老师要和小朋友们做一个有意思的尝试，我们试试改一改这个故事。 | 幼儿听到要他们改编故事，有的很感兴趣，有的不知所措。 |
| 阅读以回顾故事 | 一起再次阅读这本书，一边读，一边提示幼儿关键点。例如，农夫为什么要去旅行？因为女工要去度假，那么，假如女工没有去度假，农夫会怎么生活呢？农夫和他的动物终于上路了，他遇到的第一个困难是什么？假如警察不让他通过，他会怎么办呢？第二个困难是什么？……此时不要求幼儿立即回答，只是做出提示。 | 有的小朋友立刻就想做出回答，但是回答都是非常简单的，如不去度假、回家等，没有展开想象，而是以回答问题为目的。 |
| 画假设示意图 | 农夫的农庄 → 度假农庄（假如女工不去度假／假如帐篷能支起来／假如警察不许动物上路／假如酒店不许农夫过夜）<br><br>用图画和文字的形式，帮助幼儿梳理出可以进行假设的部分，分小组就自己的部分提出假设。开展故事接龙活动。 | |
| 活动评价和反思 | 评价：<br>　　幼儿对这种新奇的活动非常感兴趣，尤其是在故事接龙部分，每个组都争取讲出更加离奇的情节，增加别的组续编的难度。<br>反思：<br>　　活动的难点在于如何激发幼儿展开想象，由于幼儿生活经验较少，很难结合生活经验创编。因此，在开展相关图画书阅读和假设改编时，可以辅以相关的主题活动。如果将这个图画书假设改编活动融入与旅行相关的主题活动中，幼儿先积累和反思相关的经验后，再就这个图画书的内容展开改编，可能就会有更好的教学效果，幼儿的经验也有一个较好的整合空间。 | |

在示范假设策略的使用时，教师可以选择那些形式或故事情节本身就具有开放性结构，允许读者有不同理解方式的作品，如《三只小猪的真实故事》《灰王子》《三只小狼和一只大坏猪》《白雪公主和77个小矮人》等具有现代风格的经典童话。这些作品本身就是对经典童话的颠覆性假设：假如由狼来讲述三只小猪的故事，会怎样？假如受尽欺负的不是女孩子而是男孩子，会怎样？假如小狼改邪归正而作恶的是猪，会怎样？假如白雪公主不需要王子来救，会怎样？这种打破对原有经典童话的思维刻板印象，提出新的可能性的作品，可以很好地示范和激发小读者对于作品的破坏性理解，当然，前提是小读者已经熟悉了原有的经典作品内容。

另一种常被用来示范假设策略的材料是以假设为线索的图画书，如"要是你给老鼠吃饼干"系列丛书、《我的花园》《幸运的内德》。故事在进行中不断向读者提问，如果这样会怎样，如果不这样会怎样，然后揭晓答案。教师可以依据作品的节奏和孩子一边猜测、提出自己的假设，一边看作者如何设计问题，引导读者思考；然后依据孩子的能力，仿照作品进行延伸创作。与前面的两种假设不同，小霞老师尝试进行的是对作品进行切割，打破故事唯一的可能性，让孩子体会到自己可以对故事进行操控；经典童话的后现代改造是通过改变一些既定的条件（如性别、权利、善恶、立场等），在观念上颠覆原有作品；而这种借由作品自身的开放性和假设线索进行的阅读与仿编活动，可以让孩子掌握一种叙事方式，树立成为讲故事人的信心。

在心理学研究的视界里，早期阅读是儿童学习阅读，获得自主阅读能力的预备性阶段；是预防阅读困难的有效手段；是整合幼儿读写经验的有效途径。研究者认为，对学龄前儿童而言，通过阅读进行学习不是主要目的，主要目的应是学习阅读本身。这种学习并不是指专注于文字的学习，因为认识文字符号只是阅读技能的一部分，并不是阅读技能的全部。同时，研究者强调，阅读的过程就是积累阅读经验的过程，无论是口语经验、口语经验与书面语言经验的结合，还是预备性的阅读策略的获得，都是通过大量阅读获得的，而不是通过教授间接经验获得的。

## 三、儿童文学对早期阅读的诠释

与心理学研究看重阅读过程中的内部加工不同的是，儿童文学领域更看重阅读过程中读者的情感体验。方卫平在其主编的《幼儿文学教程》中指出："儿童阅读能力发展的第一步就是发现文字可以传情达意。对幼儿来说，当他们惊讶地意识到那些各种形状的线条组合能够把想说的话记下来，能够讲一个又一个好听的故事时，他们就会产生去学习它们的兴趣或力量。"[①]

美国研究者玛丽·伦克·亚隆戈（Mary Renck Jalongo）认为："阅读能力似乎受到了冰山原理（iceberg principle）的作用，即知识和技巧只是冰山可见的顶端，位于表面下面的性格和感觉会产生不爱阅读的人口。换句话说，它造成知道如何阅读，却拒绝阅读的学习者。"在儿童文学研究者的眼中，早期阅读的关键在于儿童所阅读到的文学作品和在阅读过程中体验到的愉悦感受，以及由这种感受引发的持续、主动、投入阅读的动力。

人们相信，儿童文学在儿童发展中扮演不可或缺的重要角色，而对幼儿来说，最适合他们的儿童文学形式就是图画和文字共同讲述故事的图画书。阅读图画书的经验，能够促进幼儿在社会性、个性、智能、文化和审美方面的发展。图画书中的故事，能够使自我中心的幼儿开始探索人际间的关系以及他人在事件背后显示出来的动机，增进其社会化过程；图画书传达了自我接受的概念，并且为刚刚开始学习如何处理强烈情绪的幼儿示范了妥善处理情绪的策略。图画书提供了丰富的信息，也向幼儿提出了很多值得思考的问题，因此有助于幼儿智能的发展。通过图画书，幼儿认识了其中所描述的家庭、环境和文化，认识了自己所处的世界以及自己不熟悉的世界。因此，图画书有助于幼儿了解文化的特性以及文化的多元性。此外，图画书包含了文字和插图，因而可以促进幼儿审美和读写能力的发展。

玛丽·伦克·亚隆戈认为："图画书的目的在于吸引孩子从事文学活动，以及图画书是孩子们获得读写能力的主要资源。"这两点都应该受到足够的重视，

---

[①] 方卫平. 幼儿文学教程[M]. 北京：高等教育出版社，2012.

而非仅仅重视其中一点。幼儿最初的文学经验必须是享受（enjoy）的。"享受"强调的是积极地参与、强烈的兴趣和沉浸其中的感受，这与当前学前教育强调的"直接感知、实际操作、亲身体验"的学习观相一致。幼儿一旦被文学活动吸引，能够享受其中，就会有耐力去解决问题，无论在字词层面，还是在情节的理解层面，都将能通过这种实践活动获得控制技巧，从而提升相关的成就。虽然幼儿通过阅读图画书确实可以实现重要的学习目标，但是学习过程必须是以享受为出发点，而不是以枯燥乏味或者成人导向的课程为开端。愉快的感觉首先说服幼儿去注意，然后去倾听和讨论，接着从记忆中去回想和连接，最后去阅读并理解一个让他喜爱的故事。

享受是能力提升的要素，以技巧为目标的阅读活动必须经由享受的体验才可能实现。那么，文学的享受表现在哪里呢？儿童文学的专家们提出了以下内容（Nodelman & Reimer，2003）：

- 自我陶醉在文字中
- 理解正文和图画
- 发展成为读者和作者所需要的全部技能
- 想象新的影像和探究新的想法
- 分辨人物的特性
- 由于共鸣而感受到其他人的生活和想法
- 享受一个精心创编的故事并且与人分享
- 了解一件艺术作品的格式、架构和形态
- 再次欣赏令人感到舒服、熟悉和喜爱的作品
- 联想书本的内容并推理相关信息
- 察觉到图画书如何由各方面结合成为一件完整、有意义的作品
- 喜欢历史并扩展对文化的洞察力
- 辨认出作者和绘者的独特风格
- 与别人分享文学经验
- 学习如何以谈话的方式反映出书本的内容
- 反映出个人与生活的联结

通过以上描述，我们可以看出，文学对幼儿的吸引来自作品本身的想象力，更来自文学与生活的密切关系。其最大的吸引力在于文学能让幼儿确认其熟悉的事物，还能以出乎意料和极富创意的方式重组幼儿的想法，从而丰富幼儿的洞察力。在一个迅速变化的社会中，感受力、想象力、自发性、适应性和洞察力等品质如同知识和技巧一样，需要长期培养（Jalongo，2003b）。当幼儿成为说故事者、文字作者以及阅读日益复杂的印刷品和非印刷品形式的媒体的读者时，图画书是刺激幼儿创造性思考过程中的主要资源。

我国儿童文学学者朱自强[1]指出，图画书阅读具有帮助儿童成长，发展儿童语言、思维、情感以及想象力等作用，其独特价值如下。

◇ 培养良好的"图像"读者

在幼儿尚不能独立阅读文字之前，图画书的图画是激活幼儿语言潜能的良好媒介，它为幼儿通向语言世界搭建起桥梁，也就是以图画为中介，搭建起幼儿口语经验和书面文本之间的桥梁，帮助幼儿调动自己的口语经验来理解文学作品。

◇ 培养幼儿的图像阅读能力

图画本身也需要阅读，图画书同时在培养幼儿的图像阅读能力。朱自强认为，良好的"图像"读者是不能依赖影视图像（电视画面等）来培养的。与图画书中有引申意味的深度图像阅读相比，影视图像的阅读是平面化的、没有深度的阅读。

"学会阅读图画书的图画的读者，会对影视作品的图像具有一种判断力。他们会很喜欢阅读（观看）影视作品的图像，但是，他们很可能不依赖、不沉迷影视的图像，因为他们知道还有另一种充满魅力、有着'魔法'的图像——图画书的图画，而且因为曾欣赏图画书的图画，他们还同时体验到了文字语言所构筑的奇妙的文学想象世界。对这样的读者，我们似乎可以少一点担心，不会担心他们因为沉迷于电视图像而造成语言、思维能力、判断力、想象力的退化。"[2]

朱自强还指出，图画书阅读"给儿童以身体阅读的乐趣"。一些特殊材料、

---

[1][2] 朱自强. 儿童文学概论[M]. 北京：高等教育出版社，2009.

特殊设计的图画书,让幼儿能够通过触摸、倾听甚至嗅觉等途径感受图画书和图画书所描述的故事,这不仅增加阅读的趣味性,还向幼儿暗示"身体的行动能够使一个新的世界向自己敞开"。能够与读者互动、对话的优秀图画书,可以让小读者主动参与图画书的阅读中,因此也最能看出小读者对文学积极的、能动的、创造性的反应。

在儿童文学的视界中,早期阅读不仅能够提升幼儿的读写能力,使之具有读写技巧,更重要的是,早期阅读为幼儿提供了持续阅读和成为成功的阅读者的动力。这种动力的源泉就是对文学作品的喜爱和享受。而作为教师或者家长,其作用在于持续提供维持这种喜爱和享受的材料与环境,而不是在这种喜爱和享受之外的对于技巧的过度要求。儿童文学非常看重成人在幼儿欣赏文学作品中的作用,认为"幼儿的阅读在很大程度上需要成人的直接指导和共同参与,因此是一种成人朗读、幼儿听赏的活动"①。可见,在儿童文学视域中的"早期阅读"是一种更为广义的、包括听读理解在内的、更看重幼儿对文学作品的欣赏和理解过程的内部活动。

## 四、幼儿园教育对早期阅读的理解和阐释

幼儿园教育是指以幼儿园为主要发生场所,对适龄儿童实施有目的、有组织、有计划地促进其全面发展的保育教育行为。幼儿园一般会依照国家的相应法规政策和地方教育行政的相关规定,选择或生成适宜的课程,利用生活活动、游戏活动和有组织的教学活动来实现教育目的。

从幼儿园教育的视角来分析早期阅读活动,可以从目标的确立、内容材料的选择、组织实施方法以及评价几个角度来进行分析。

### (一)关于目标

2001年教育部印发的《幼儿园教育指导纲要(试行)》(以下简称《纲要》)

---

① 方卫平. 幼儿文学教程[M]. 北京:高等教育出版社,2012.

第一次明确地把幼儿早期阅读方面的要求纳入语言领域发展的目标体系，显示了对儿童早期阅读的提倡和重视。但它只提出将早期阅读作为语言领域发展的目标之一，以及简要的内容和要求，并没有给出具体的指导建议。

2012年教育部印发的《3—6岁儿童学习与发展指南》（以下简称《指南》）进行了更加详细的论述。《指南》仍以五大领域来组织幼儿的核心发展经验，其中，在语言领域的说明中明确指出以下内容。

为幼儿提供丰富、适宜的低幼读物，经常和幼儿一起看图书、讲故事，丰富其语言表达能力，培养阅读兴趣和良好的阅读习惯，进一步拓展学习经验。

应在生活情境和阅读活动中引导幼儿自然而然地产生对文字的兴趣，用机械记忆和强化训练的方式让幼儿过早识字不符合其学习特点和接受能力。

可见，无论是《纲要》还是《指南》，国家指导性文件均明确提出"早期阅读"，但并不意味着早期阅读将作为一个单独的、专门的学科进入幼儿的生活。早期阅读既有独特的学习任务，又有与其他学习内容密不可分的联系。

张明红在《给幼儿园教师的101条建议·语言教育》一书中指出："早期阅读活动也是幼儿语言教育的形式之一，主要是为学前儿童提供阅读图书的经验、早期识字经验和早期书写经验。""培养幼儿欣赏学习作品的行为并不是早期阅读活动的目标。但是，早期阅读活动的凭借物是各种各样的图书，其中必然包括很多幼儿诗歌、散文、童话、故事等。教师在组织早期阅读活动时，就可以采用适当的方式，提升幼儿欣赏文学作品的能力。"

张明红将学前儿童语言教育总目标具体分解到每一个年龄阶段中，将总目标分级为：谈话活动、讲述活动、文学作品学习活动、早期阅读活动和听说游戏活动。其中，早期阅读活动的目标分解为以下三个年龄层次。

小班发展目标

✧ 喜欢看书，对文字感兴趣
✧ 学习看书的基本方法，会一页一页地翻书，能看出图画的主要变化
✧ 喜欢听成人讲述和朗读图画书的内容
✧ 对文字感兴趣，能在成人的启发下认读最简单的文字
✧ 爱护图画书

中班发展目标

◆ 知道图书的构成，有兴趣模仿制作图画书

◆ 初步了解汉字的由来和简单的汉字认读规律，并有主动探索汉字的愿望

◆ 喜欢描画简单的图形，能有序地书写图案符号，保持正确的书写姿势

◆ 能集中注意力倾听成人讲述和朗读图书内容，理解书面语言

大班发展目标

◆ 对阅读文字感兴趣，主动学认常见的文字

◆ 喜欢按一定规则画出图形，写简单的字，握笔姿势正确

◆ 知道图画书中的画面与文字的对应关系，开始有兴趣阅读图画书中简单的文字

◆ 会用规范的笔顺书写自己的名字

西方国家比我国更早地将早期阅读列入早期教育的发展目标中，接下来通过比较美国和英国对于早期阅读目标的描述来思考我们对于早期阅读的理解。

美国对早期阅读目标的描述如下。

■ **0—3 岁儿童阅读能力要求**

◆ 能够通过封面认识不同的图书

◆ 会假装自己在读书

◆ 知道书应该怎么拿

◆ 开始建立跟主要的养育者共读图书的习惯

◆ 通过发声游戏感受语言节奏的快乐和语言游戏的滑稽等

◆ 能够指认书本上的物体

◆ 对书中的角色做一些评论

◆ 观看图书上的图片并且意识到图片是真实物体的一种表征

◆ 能够聆听故事

◆ 会要求或建议大人为自己阅读或书写

◆ 可能开始关注某些特定的印刷字词，如姓名等

◆ 逐渐有目的地涂涂写写

- 有时候似乎能够区分图形和文字的差异
- 能够写出一些类似字的符号，也能像用书面语言写作那样涂涂写写

### ■ 3—4 岁儿童阅读能力要求

- 理解母语文字是一种特殊类型的视觉图像，每个字都有其独特的命名
- 能够辨认周围环境中的一些印刷文字
- 读故事书的时候，知道朗读者念的是书上的印刷文字
- 懂得不同形式的印刷品可以用来表现不同功能的书面语言信息（例如，超市购物清单与餐馆的菜单看上去就是不一样的）
- 能够注意语言中可以分解也可以重复的语音现象，例如"Peter, Peter, Pumpkin Eater"（《彼得，彼得，吃南瓜的人》）中的 Peter 和 Eater
- 说话时能够使用新的词汇及句法结构
- 能够理解并遵从口头指令
- 能敏锐感知一些故事中事件发生的顺序
- 表现出对图书和阅读的兴趣
- 聆听故事时能够将故事里的人和事与自己的真实生活经验联系起来
- 在所提的问题和评论中表现出对故事内容的理解
- 展示自己的读写倾向，吸引他人对自己注意："看！这是我编的故事。"
- 能够辨认大约 10 个字，特别是自己的名字
- 会将涂涂写写当成一种有趣的活动
- 可能开始关注常用词的声母或韵母

### ■ 5—6 岁儿童的阅读能力要求

- 知道一本书的组成部分及其不同功能
- 聆听熟悉的书面语言内容，或者读自己"写"的文字内容时，开始点认对应的文字
- 逐渐可以"读出"熟悉的书面语言内容，但不一定照字面一字一字地念
- 能够辨识并读出所有的大写和小写的字母
- 知道一个词的书写顺序表征口语中这个词的语音表达顺序

- ◇ 已经知道词的组成中每个字母与语音的对应关系
- ◇ 开始通过部分特征辨认一些常见的字词
- ◇ 在口语中使用新的词汇与语法结构
- ◇ 能够在口语表达中恰当地进行口头语风格和书面语风格的转换
- ◇ 能够发现简单句的句式表达错误
- ◇ 可以将阅读的书面语言内容与日常生活经验连接起来,也开始尝试把日常生活经验用书面语言方式表现出来
- ◇ 能够复述、扮演或表演完整的或是部分的故事情节
- ◇ 注意倾听教师给全班念的故事
- ◇ 能够读出一些书的书名和作者的名字
- ◇ 熟悉一些不同的文体（如故事、说明文、诗歌,或是日常生活中的印刷品,如标志、符号、标签,等等）,听完一个故事后,能够正确回答相关问题
- ◇ 能够根据故事的插图或是部分情节预期故事的发展或者结局
- ◇ 知道口语词汇是由一些音素按照特定顺序构成的
- ◇ 听到"dan, dan, den"这组声音,可以辨认出前两个是相同的而第三个是不同的
- ◇ 能够把声音的片段合成一个有意义的单字
- ◇ 给一个单字的音,可以念出另一个有同样韵母的单字
- ◇ 能够自己写出许多大写与小写的字母
- ◇ 能凭语音敏感性和有关字母的知识拼出字词（可能是自己的创意）
- ◇ 可以不依常规地用书面方式表达自己的意思
- ◇ 开始积累一些拼写规范的字词
- ◇ 感觉到书写与规范书写的差别
- ◇ 可以写出自己的姓和名,以及部分同学的名（或者小名）
- ◇ 能够书写26个英文字母中的大部分,并能听写一些单字

英国基础教育阶段（3—5岁）课程指南中对早期语言发展目标的描述如下。

■ **语言交流的早期学习目标**

交流的方式方法

◇ 运用词汇、手势、目光接触和面部表情等身体语言进行交流

◇ 运用伴有身体语言的简单陈述和提问

◇ 运用音调、韵律和词汇使别人清楚自己的意思

◇ 有信心向他人讲述自己的需要和兴趣

◇ 运用简单的语法结构

◇ 常采用"在哪里"或"什么"的形式提出简单的问题

◇ 在别人说话时自言自语,而不是与人交流;运用动作而非言语向他人演示或解释

◇ 与他人交往,协商制订计划、进行活动,在会话中能轮流发言


接受性语言

◇ 倾听喜爱的童谣、故事和歌曲,跟唱或说重复语句,期待着重要事件的发生

◇ 理解简单指示

◇ 在一对一或小组活动中,当谈话内容引起自己的兴趣时,能仔细倾听

◇ 在听故事时注意力逐渐加强,记忆的内容逐渐增多

◇ 描述故事的主要场景、事件和主要人物

◇ 追问事情为什么发生并给予解释

◇ 发起谈话,注意倾听并考虑对方的观点

◇ 喜欢倾听和运用口头及书面语言,在游戏和学习中能较容易进行

◇ 持续注意倾听,对所听到的内容进行评论、提问或采取行动

◇ 饶有兴趣地倾听,对故事、歌曲、其他音乐韵律和诗歌做出反应,并能创编自己的故事、歌曲、韵律和诗歌


词汇

◇ 单独运用熟悉的词汇,表达想要或不想要的事物

◇ 用词汇描述对他们来说重要的人或物

- ◇ 随着经验的积累，词汇量不断增加
- ◇ 开始用言语声明自己对某一事物的所有权
- ◇ 通过各种活动，尤其是通过分类和命名，扩展词汇
- ◇ 运用词汇和言语模式，并且在运用过程中阅读经验的影响逐渐增强
- ◇ 扩展词汇，并探究新词的读音和意义

表达性语言

- ◇ 用一些简单的单词和短语和/或身体语言与非常熟悉的人交流
- ◇ 开始用较复杂的句子
- ◇ 逐渐增多词汇来表达思想观点
- ◇ 在陈述之间建立联系，能始终围绕一个中心主题或意图
- ◇ 能连贯一致地讲述一个简单的故事，解释或提问
- ◇ 运用语言的目的逐渐增多
- ◇ 非常有信心地同不是很熟悉的人交谈
- ◇ 讲话清晰并带有自信和控制，如运用礼貌用语"请""谢谢"，且能专注地倾听

■ **语词思维的早期学习目标**

- ◇ 运用动作，有时伴有有限的言语，但大多数是与"此时此刻""此情此景"有关的
- ◇ 谈论活动过程，反思并完善自己所做的事物
- ◇ 通过谈话赋予物体和事物以新的意义，将它们作为其他事物的象征
- ◇ 通过谈话在一些观念之间建立联系，解释已经发生的，预测未发生的
- ◇ 运用谈话、动作和物体激活已有经验
- ◇ 开始运用语言而非动作来回顾、反思、重新排列以往经验，在自己经历的重要事件与故事中的重要事件之间建立联系，注意事件发生的顺序以及一件事是如何发展为另一件事的
- ◇ 通过建立因果联系、排序、分类，开始在自己的经验中发现规律
- ◇ 开始运用言语营造假想的情景

- 运用语言想象再造角色和经验
- 运用交谈来组织、澄清、思考某些观点、情感和事件

■ **在字母与读音之间建立联系的早期学习目标**

- 喜欢韵律和有韵律的活动
- 能区分不同的声音
- 对韵律和头韵有所意识
- 识别口语中的韵律
- 完成一个押韵的系列
- 倾听并说出单词的首音,认识哪些字母代表哪些读音
- 听说单词的首音和尾音,以及单词中的短元音
- 将读音与字母相联系,命名并读出字母
- 运用读音知识书写简单的规则单词,并尝试复杂的单词

■ **阅读的早期学习目标**

- 倾听并参与讲述故事,朗诵诗歌,这可以在一对一活动中也可以在小组活动中进行
- 对图书中的图解以及环境中的印刷文字表现出兴趣
- 开始意识到故事的结构
- 有最喜爱的图书
- 爱护书籍
- 建议故事如何结尾
- 知道通过文字可以传递信息
- 以正确的方式拿书、翻书
- 理解一个单词的内涵
- 所喜欢的图书范围逐渐扩大、开始认识一些熟悉的单词、知道可以从书籍和计算机中获得信息
- 探究、尝试某些读音、单词和文章
- 根据故事中的语言规律以正确顺序复述故事

- 独立阅读一系列熟悉的单词和简单句
- 知道文字传递意思，在英语中应从左向右、从上往下读
- 理解故事成分，如主要人物、事件顺序、开场白以及如何在非小说类文章中寻找有关"在哪里""谁""为什么""如何"的问题

### ■ 写作的早期学习目标

- 有时在绘画中赋予某些记号或痕迹以意义
- 赋予标记以意义
- 开始能将一句话断开，只说几个单词
- 将书写作为记录和交流的手段
- 运用语音知识书写简单的单词并尝试写较复杂的单词
- 尝试不同目的的写作，并采用不同的格式，如清单、故事和指示
- 书写自己的名字和其他事物，如标签和标题，并开始造简单的句子，有时能用上标点符号

### ■ 书写的早期学习目标

- 进行需要手眼协调的活动
- 运用需要一只手操作的工具和器械
- 用大肌肉画线和圆圈
- 操作物体时逐渐加强控制
- 开始能做逆时针动作，并能反向画垂直线
- 写出的字母开始能被辨认出来
- 能用钢笔写出可识别的字母，而且其中大部分都是正确的

通过罗列三个国家的早期语言学习、早期阅读学习目标，我们可以看出，幼儿教育工作者眼中的早期阅读是建立在幼儿口头语言发展的经验之上，以丰富幼儿的早期阅读经验、发展幼儿的早期阅读态度、培养幼儿的自主阅读能力和阅读习惯为目标的，是幼儿整体发展的重要组成部分，既与其整体发展密切相关，又不能代替整体或某一部分的发展。幼儿早期阅读水平的提高，既是语言发展的重

要组成部分，又是促进语言发展的手段之一。阅读学习与口头语言学习相互交织，密不可分。

为了便于幼儿教育工作者通过各种活动促进幼儿的发展，研究者根据幼儿发展的关键领域、核心经验设立了多个领域、多个层次的目标，但实践者在实践中必须清醒地认识到，一个或者一组活动并不能立刻和准确地达到这些目标。目标的实现是长期的、渐进的、相互关联的。早期阅读活动的目标达到也具有这样的特点，即我们不能期待通过一个或一系列活动达成某一态度、技能的目标，而是需要长期的、持续的、多种手段、多种途径的共同作用，通过教学、环境、家园互动等多种因素的相互作用，增强幼儿的阅读动机，提高幼儿自主阅读的预备能力，培养幼儿的阅读习惯。

## （二）关于内容

通过对以上早期阅读目标的分析，我们可以看出，幼儿园早期阅读活动所使用的材料大致可分为以下三类。

### 1. 日常生活中常见的符号

此类材料广泛地存在于幼儿的日常生活中，与幼儿的生活息息相关。幼儿在日常与父母、同伴和教师的交往中，会无意识地发现和运用这些符号、文字。教师应主动在幼儿的生活环境中创设有意义的符号环境，并鼓励幼儿参与设计、制作相应的符号标识，如游戏区域中的材料存放标志、进入区域的规则标志、每天入班签到表的设计、饮水如厕记录表格、卫生间相应标识，等等。实际上，随着幼儿园课程改革的推进，很多幼儿园都强调幼儿主动学习、深度学习的课程理念，幼儿有更多的机会使用自己创造的符号，辅助自己的思考和行动，让标志的认识和使用成为日常学习的组成部分。

### 2. 不是专门为儿童创作的书籍、报刊

我们经常可以看到，在幼儿园教室里摆放着并非专门为幼儿设计的画报、期刊、报纸等材料。这些材料来自幼儿能够真实接触到的成人生活，但又因为有着

文字和经验上的障碍，让幼儿感到既神秘又好奇。教师往往不会将此类材料作为组织集体教学活动的直接材料，而是将这些材料投放到相应的游戏操作区域中。这些由教师精心挑选的家居、美食、种植类画报，以及科普期刊、育儿杂志、地理杂志等，因为有大量图片，可以引发幼儿探索求知的渴望，进而引发一系列可供讨论和探索的话题、行动。又因为这些材料不作为集体教学材料使用，因而幼儿有更大的探索和诠释的自由度。幼儿会自己反复观看，也会和同伴展开讨论，还会将其作为进行艺术创作、建构游戏、假想游戏等活动的素材。

幼儿的世界并非与成人的世界完全隔离，恰恰是成人世界那些略有陌生的新奇事物通过书籍报刊的形式引发了幼儿探索的热情，并且能够和他们的日常生活经验建立联系，成为他们观察日常生活，并从中获取可模仿、可探索经验的有益刺激。幼儿在观看这一类文本材料的时候，可能会有大量自己根据图画做出的解释，有时甚至是误读，但正是这种出于个人生活经验的解释，恰好能表现出他们对于成人世界文化的独特看法，以及幼儿文化对于成人文化的再加工。教师观察幼儿在阅读后产生的对话、游戏等行为，可以成为幼儿园课程生成的极好机会。而幼儿这种自主地跨越幼儿文化和成人文化的阅读经验，可以直接衍生出一系列后续的行为，也让他们建立起阅读和行动之间的联系。

### 3. 为幼儿创作的图画书和文学作品

有人将图画书定义为专门为不识字的读者创作的文学作品，这显然是将图画书的范围狭窄化了。尤其是随着图像阅读的兴起，越来越多的读者出于各种目的加入图画书读者的行列。但是不得不说，很多图画书作者在创作图画书时是有着对读者特定年龄的预期的。也就是说，确实有一部分图画书是专门为不以文字为主要阅读媒介的小读者创作的。这样的图画书"必须具有构思良好的情节、主题、背景和人物……必须在文字和图画之间做到巧妙的一致性，好让那些还不能流利阅读的读者能够听懂故事。图画书以表达力强的插图来达到让幼小读者了解故事的目的。书中的文字通常不一定要陈述故事中的动作、过程和意图，作者、插画家和读者应能超越文字来分享一些共同的愉悦经验"[①]。

---

① 方卫平. 幼儿文学教程 [M]. 北京：高等教育出版社，2012.

图画书是一种以图画为主要表意元素的图书，它是儿童图书中的一种重要门类。广义的儿童图画书包括各种含有插图的、专门为儿童创作和设计的书籍，狭义的儿童图画书则主要是指专门为儿童创作的、由图画和文字共同讲述一个完整故事的图书。

在这里，我们要强调的是，图画书是一种图文合作的艺术表达形式或者说是出版品形态，它并不是按照传统的儿童文学分类标准划分出的体裁，而是覆盖了包括儿歌、童话、神话传说、生活故事等在内的多种传统儿童文学体裁的表现形式。图画书的出现，在很大程度上是为了满足读者的视觉需求，也是为了服务于读者的能力水平。可以说，幼儿阅读图画书的过程，就是他们在与符合自己能力水平的材料互动的过程，他们在成人的辅助下逐步建构自己对于儿童文学作品的理解。

早在20世纪30年代，中国现代学前教育初创期的代表人物张雪门先生就在其《儿童文学讲义》一书的儿童文学材料分类中单列出了"图画故事"一种，并说明"至于图画故事，则以其切合于这一时期的需要，故不嫌性质重复，而特列为一种"。

张雪门先生所论述的儿童文学的选择标准十分值得我们参考。他认为，儿童文学的选择标准应顾及儿童和文学两方面。儿童方面，要考虑什么材料才是适合儿童的兴趣、能力和教育的；文学方面，要考虑怎样的材料才具有真正的文学的内质和外形。二者都应考虑，不可偏废。只考虑前者，文学就变成了工具而失去了真正的生命；只考虑后者，姑不论未来的影响，当下就很难引起儿童的兴趣。

张雪门先生认为，适合儿童兴趣的文学作品应该是富于动作的、合于新奇的、出于自然的；符合儿童能力的文学作品应该是具有正面本意的、有地方性的、线索单一的、开场直入的、富有象声词的；合于儿童的教育的文学作品应该是富于积极行动的，充满乐观精神的，唯美的，满足儿童此一阶段好奇、想象、求知、滑稽等心理需求的，结局美满的等。张雪门先生总结道："明白言之，就是合乎儿童发展上需要的就是好材料，不论其形式是多么的简单，内容是多么的荒谬，换言之，材料的本身无论如何的丰富，如何的含有诗意，如果不合于儿童现时发展上需要的，便不是我们所取了。"

## （三）关于组织和实施方法

狭义的早期阅读活动是指由教师组织的、在教师指导下的阅读活动或者读写活动，而广义的早期阅读活动是指在教师提供的丰富的阅读材料和环境中，以幼儿为主体进行的一切与阅读、书写、文学赏析有关的活动。本书所讨论的早期阅读活动，倾向于采用广义的早期阅读活动概念，不仅讨论教师组织的活动，更关注教师对幼儿发起的阅读活动的回应，尤其关注教师创设阅读环境和阅读机会的过程。后续章节将对这一话题逐步展开讨论。

## （四）关于评价

活动的评价，一般应从活动目标设计是否合理，活动内容、材料选择是否适宜，活动组织实施是否灵活多样，师幼互动是否充分，是否能调动幼儿的学习动机或者满足幼儿的学习兴趣等多方面进行评价。早期阅读活动的评价也不例外，其特别之处可能在于阅读材料（主要指图画书）的呈现方式与一般游戏活动材料不同。

图画书不同于幼儿园中的自然物、游戏材料，它们总是经过教师的精心选择后才会进入幼儿的视野。同时，图画书本身具有的多义性又让早期阅读活动的设计或展开具有很多不确定性或者多元性。图画书，有时是教师组织文学赏析活动的材料，有时是进行艺术赏析和创作活动的材料，有时又是教师组织科学数学活动的材料……还有时是区域活动中引发幼儿自主探索和讨论的一种材料。也就是说，图画书阅读活动可以出现在各个领域、各种形式的学习中。当我们进行评价时，评价的可能是专门的早期阅读活动，也可能是具有早期阅读元素的其他教学活动，更可能是一种早期阅读环境和机会的供给，也就是对阅读环境的打造。

对于活动、机会和环境的评价这一话题，我们将在后续章节中专门展开讨论。

## 五、阅读推广人对早期阅读的诠释

在早期阅读慢慢进入公众视野的过程中,"早期阅读推广人"这一角色起到了不可低估的作用。他们不遗余力地向读者推荐早期阅读理念、国内外优秀的图画书作品以及优秀的图画书作家。

在阅读推广人的眼中,推广早期阅读、亲子阅读、儿童阅读,不仅仅是让更多的孩子看到优秀的图画书,还是提高整个国民素质、整体儿童文学创作、出版、欣赏水平的巨大工程。

著名阅读推广人阿甲曾在文章中说:"阅读领域里存在许多问题。在成人中,我们有太多会认字却不阅读的人;在大学生中,我们有太多只为功利目的而阅读的人;在中小学生中,许多孩子只为考试而读书;而在低幼儿童中,孩子的阅读几乎与识字等同,充其量再增加一点认知的内容。"

这种对于国人阅读状况的忧思,促使阿甲以及众多阅读推广人选择了从幼儿、学童开始,从图画书开始,通过生动有趣、最能调动孩子阅读积极性的图画书,帮助孩子从小爱上阅读,养成终生阅读的习惯。

阿甲还说过:"'没有时间教育孩子就意味着没有时间做人。'这是国外一位幼教专家的话语,而我更愿意把这句话改为:'没有时间教育孩子就意味着没有时间重新做人。'"很多阅读推广人都期待用儿童阅读带动成人阅读,让成人从带着孩子读图画书慢慢转变为自己爱上图画书,自己爱上阅读。

在阅读推广人的眼中,亲子阅读是一个双向互动的过程。成人,是儿童接触图画书、接触阅读的中介。无论是为儿童朗读、和儿童共同阅读,还是和儿童就阅读的主题展开讨论,其知识经验、人生观、世界观都无可避免地影响着儿童的阅读质量和阅读经验的获得。同时,正是因为成人有机会与儿童共同阅读优秀的儿童文学作品,使得成人也有机会重新就一些问题进行思考,给自己一次"重新做人"的机会。因此,推广儿童阅读,可以说是"小手拉大手"的工程,是促进全民阅读的手段。

阅读推广人非常重视亲子阅读的理念和技巧。在向社会传递"好读书、读好书、读书好"的理念时,还起到了缓解家长育儿焦虑、传播高品质生活观的作用。

也有人指出了关于儿童阅读、儿童阅读推广中的三个隐忧。一是阅读书目的过度依赖，可能会湮灭阅读个性。很多家长找阅读推广人要"书单"，这一方面反映了家长的育儿焦虑，也体现了集体的功利主义教育态度，家长总是期待能给孩子"正确的"教育，不敢用自己的品位来影响孩子的阅读。实际上，无论家长得到怎样的书单，作为孩子与图画书的中介，家长的文化品位都会影响孩子的阅读。二是阅读作业的过分纷繁，可能会引发阅读伤害。很多家长不能理解"阅读是，并且必须是孩子的需要"这句话的含义，将阅读视为"起跑线上"的又一道标杆，因此大量阅读不是出于孩子的兴趣，而是出于家长的需要，人为造成幼儿"怕读书"的后果。三是阅读数量的过多追求，可能会导致浅尝辄止。很多家长对孩子"反复阅读一本书"的现象感到担忧，生怕孩子沉迷于某一本书，而失去了大量阅读的机会，"因为一棵树，而放弃一片森林"。实际上，这还是出于一种竞争的焦虑，忽视孩子本身的阅读需要，将需要强硬地转变为任务，最后让需要变成不需要。虽然这些讨论并不像前文所讨论的儿童心理学、教育学研究者、儿童文学研究者那样直接触及早期阅读的本质，但其关注的重视阅读主体的感受、阅读主体持续阅读的主观动力、阅读材料的适宜性以及阅读心理环境的维护同样是值得我们思考的问题。

在对图画书的认识上，很多阅读推广人和推广机构都有着丰富的经验，他们不仅对图画书有更丰富和深刻的认识，而且在组织儿童共读活动、亲子共读活动、大型体验活动上都有很丰富的经验，很值得幼儿园教师学习和借鉴。但是，在向阅读推广行业学习的同时，我们也要看到阅读推广机构所组织的共读活动在目的、内容、组织方式等方面都与幼儿园日常教育教学的组织有很大的差别，我们必须根据幼儿园的课程组织特点进行消化。

阅读推广人组织的幼儿阅读活动和幼儿园开展的早期阅读活动有哪些区别？各自的特点和价值何在？

### （一）阅读推广活动的目的

阅读推广活动的目的相对简单，主要是让幼儿喜欢阅读图画书，并且能够沉浸在一种愉悦的阅读气氛中，而这正是幼儿园教师最该向阅读推广活动学习的——回归早期阅读的娱乐性、审美性本质，这也是《指南》中提倡的阅读活动的首要目的。

幼儿园的图画书阅读活动往往不仅是一种愉快的欣赏活动，还可能伴随认知、情感-社会性、阅读准备策略等其他教育目的。但我们应该认识到，这些教育目的的达成必须也只能以幼儿喜欢阅读、乐于参与教师发起的或者自主发起的阅读活动为前提。

此外，幼儿园的图画书阅读活动经常是班级集体进行的，与一般阅读推广机构组织的活动相比，班级规模要大很多，幼儿在观看图画书、倾听别人发言、等候自己发言机会等方面都与在阅读推广活动中的体验不同，纪律约束性可能更强一些。这就要求幼儿园教师思考，是否可以不将图画书阅读活动限制在全班共同进行的活动中，是否可以通过小组阅读进行，例如，在区域活动、图书馆活动中减少听众数量，增加互动机会，更好地关注每位小读者的反应和需要。

## （二）阅读推广活动的次数

阅读推广活动是单次、单一的，幼儿园课程是连续、整合的。与幼儿园课程不同的是，阅读推广机构组织的活动往往是混龄的、单次的，也就意味着参与活动的小朋友之间往往是不认识的，缺乏共同的前期经验，这可能带来更好的互相学习和产生认知冲突、价值冲突的机会，从而让他们的讨论更加富有启发性；也可能促使幼儿需要较长的热身时间才能彼此熟络起来，展开真正的对话。

在幼儿园里，孩子们之间是熟悉的，有着很多相似的前期经验，所以在讨论一个与阅读内容有关的话题时，彼此能够更好地理解，但也可能出现缺乏对话挑战的问题。这就要求教师思考，能否把幼儿的家庭拉入阅读活动中，让幼儿把更多的个人家庭经验贡献到阅读的讨论过程中，贡献更多的差异化经验。

另外，当下比较流行的幼儿园课程设计，往往是围绕一个话题整合其多领域的经验，很多时候，图画书是作为一种学习资源而存在的。教师和幼儿不仅通过阅读图画书获得文学体验、得到情感和审美的愉悦，还要吸取作品中的大量信息，支持其他领域的学习。例如，孩子们在图画书中发现更多的建筑形式、一系列种植经验、不同地方人们庆祝节日的方式，等等。这就要求教师在和幼儿阅读一本书时分清不同阅读阶段中幼儿关注的重点，分清幼儿朴素的阅读体验和教师希望幼儿通过阅读活动获得的经验。也就是说，无论在书籍的选择，还是在活动目的、组织形式等方面的设计上，幼儿园组织的阅读活动都更为复杂和整合。

### （三）阅读推广活动的体验

阅读推广活动注重表层的愉悦体验，幼儿园要考虑延续的学习和反馈。阅读推广活动往往是单次进行的，满足的是小读者在活动进行的几十分钟内的阅读体验，而幼儿园的阅读活动会持续延伸下去，可能延伸到阅读区角，让幼儿有机会在自选活动时间一读再读自己喜欢的书；也可能延伸到表演区、扮演区、娃娃家、艺术表现区、建构区等其他游戏活动区域，让幼儿有机会把在阅读中获得的经验和情感体验，通过自己的方式表现出来，用阅读的经验支持更多的游戏；还有可能根据一次阅读活动中产生的具有教育价值的话题，展开一系列教育活动，例如师幼之间的持续讨论、探究活动、表演活动等。

因此，幼儿园在进行图画书阅读活动设计时，不是只考虑一次集体阅读活动的设计与实施，而是要根据幼儿的阅读反应考虑一系列后续的区域活动和主题延展活动。

### （四）阅读推广活动的群体

阅读推广活动往往是针对混龄群体和亲子群体的，幼儿园课程要关注读者之间当下的和后续的交流。阅读推广活动经常包括亲子阅读活动在内，这也是幼儿园可以学习借鉴的。幼儿园可以通过图画书阅读活动推动家长参与幼儿园课程建设，加强家园联系的工作。不同的是，阅读推广活动往往只关注现场的亲-子、师-幼、师-亲互动，幼儿园则可以把家园互动持续深入地进行下去。如前文所说，如果能通过有效的设计，让家长成为幼儿阅读图画书的支持者，那么幼儿不仅可以有更多与家长一对一的共读经验、更多细致观察画面的机会（这是集体教学中很难实现的）、更多与家长交换意见和观点的机会，还可以将这些在家庭中获得的丰富经验带回到幼儿园班级中，成为班级共读时的重要课程资源。

### （五）阅读推广活动与日常课程融合

阅读推广机构经常会进行与节庆相关的主题性阅读推广活动，他们的活动形式多样，主题鲜明，感染力、娱乐性很强，孩子们往往很乐于参加，这是值得幼儿园学习的。但幼儿园不能把这类活动常态化，幼儿园的图画书阅读活动应该有机地融入幼儿的日常生活中，让幼儿在任何适当的地方都能看到图画书或其他图文材料。例如：每个学习区角或游戏区角都可以有相关的图画书存在；不仅班级教室里有阅读区，幼儿园里还有专门的图书馆或阅读区域，可以供他们学习图书馆的使用规则和方法；他们可以随时进行创作，并将自己的创作制作成书籍；他们有机会把自己制作的书籍进行发表，并获得反馈；他们可以在表演活动、角色扮演活动、科学探索活动等各种活动中得到书籍的支持以及其他相关的支持……这些更加日常化的阅读环境，是阅读推广机构难以做到的，却是幼儿园最应该提供给小读者的。

本章分别从儿童心理学、教育学、儿童文学以及阅读推广的不同角度诠释了不同领域对于早期阅读的理解。虽然研究者的角度和侧重点各有不同，强调的早期阅读的价值各不相同，但其关注读者的主体感受、发展读者的自主阅读倾向、提倡读者兴趣优先的论点都是相同的。这就为我们进一步讨论早期阅读教学在幼儿园中的具体实施奠定了基础——兴趣优先，形式多样。单一的集体教学形式、忽视幼儿兴趣的单方面教学形式，都是不可取的早期阅读教学误区，而基于幼儿读写发展规律、激发主动读写兴趣、积累丰富读写经验、提升早期基本读写能力、满足幼儿文学审美和求知需要的活动，才是我们所追求的。

## 阅读与思考

**推荐阅读**

- 《我的图画书论》［日］松居直著，郭雯霞和徐小洁译
- 《幸福的种子：亲子共读图画书》［日］松居直著，刘涤昭译
- 《幼儿文学教程》 方卫平著

**思考**

### 小霞老师的早期阅读三年计划

作为一个刚开始接触早期阅读教学的年轻教师，小霞老师为自己制订了一个三年"快乐读写"教学计划。由于她所在的班级是中班，因此她只能从中班开始实施，但她的三年计划仍然具有一定的参考价值。她不仅详细考虑了幼儿的阅读发展水平，还将阅读环境的提供、教师的作用以及家园合作考虑进自己的教学方案中。

| 学期 | 阅读发展的总体目标描述 | 教师的角色和任务 | 环境支持 | 家园合作 |
| --- | --- | --- | --- | --- |
| 小班上学期 | • 喜欢倾听故事、朗诵儿歌。<br>• 对图书中的图画以及环境中的图画和标识表现出兴趣。<br>• 开始意识到故事的结构，有开头、经过和结局，表现出对结局的关注。<br>• 有最喜爱的图书。<br>• 爱护书籍。 | • 每天用10~20分钟为幼儿朗读故事。<br>• 选择适合幼儿年龄的绘本作为阅读内容。<br>• 尽可能多地呈现有韵律的儿歌，帮助幼儿在韵律中丰富词汇。<br>• 了解每个幼儿的阅读经验。<br>• 为每个幼儿建立阅读档案。 | • 创设一个温馨的阅读角。<br>• 定期更换新的阅读材料。<br>• 设计一个适合幼儿高度的读写墙。<br>• 用图片等形式将给幼儿讲的故事、幼儿的读写活动成果展现在读写墙上。 | • 通过环境和家长会，向家长介绍早期阅读的意义、价值和基本方法。<br>• 鼓励家长成立亲子阅读会，定期向家长读书会推荐亲子阅读书目。 |

（续表）

| 学期 | 阅读发展的总体目标描述 | 教师的角色和任务 | 环境支持 | 家园合作 |
|---|---|---|---|---|
| 小班下学期 | • 对故事结构有比较完整的预期。<br>• 开始对故事如何结束有自己的想法。<br>• 知道图画和文字可以传递信息，并尝试理解这些信息。<br>• 以正确的方式拿书、翻书。<br>• 对词语的内涵表现出兴趣。<br>• 聆听故事时，能够将故事中的人物、时间等与自己的真实生活经验联系起来。 | • 逐步将图画书阅读和主题教学相结合。<br>• 在一日活动中渗透读写元素，让幼儿有接触读写的机会。<br>• 有意识地将语言教育目标和阅读教学活动相结合。 | • 利用读写墙，并在教室的各个区域挖掘可利用的读写资源，让幼儿在每个区域都可以看到有意义的标识。<br>• 将阅读角的图书提供和主题相关联，培养幼儿有意识地自觉运用阅读角作为学习资源。 | • 指导家长进行更加有意义的亲子阅读活动，通过园所活动和家庭教育的互动，让读写活动成为园所教育和家庭教育的纽带。<br>• 设计家园联系卡，请幼儿作为一分子参与联系卡的填写。 |
| 中班上学期 | • 所喜欢的图书范围逐渐扩大，开始认识一些熟悉的单词，知道可以从书籍和计算机中获得信息。<br>• 在口语发展的基础上，对书面语言有更多的接触。<br>• 能够认识自己的名字。<br>• 在所提的问题和评论中表现出对故事的理解。 | • 提供多种题材、体裁的阅读材料。<br>• 关注幼儿对于词语的理解。<br>• 提供更多对于词语的讨论和运用机会。<br>• 为幼儿提供更多获取信息和接触图文符号的机会。 | • 鼓励幼儿和家长利用社区图书馆资源。<br>• 为幼儿布置更多的读写任务。<br>• 用幼儿的作品丰富环境，使环境起到分享和沟通的作用。 | • 和家长多多沟通，吸引故事妈妈走进课堂，营造家园共育的阅读环境。 |

（续表）

| 学期 | 阅读发展的总体目标描述 | 教师的角色和任务 | 环境支持 | 家园合作 |
|---|---|---|---|---|
| 中班下学期 | • 根据故事中的语言规律以正确的顺序复述故事。<br>• 理解故事成分，如主要人物、事件顺序等。<br>• 能够对故事中的时间、地点、人物、事件等提出问题并尝试解答别人提出的问题。 | • 给幼儿更多就主题进行讨论、访问、调查、辩论的机会，让幼儿尝试运用语言和符号进行思考、记录和表达。<br>• 开始阅读一些情节更复杂的文学材料。<br>• 增加小组和个别的指导，帮助幼儿在阅读中发展独特的兴趣，并给予有针对性的支持和指导。 | • 将图书角和书写角的功能进一步提升，使之成为幼儿就文学作品展开游戏的场所。<br>• 适当地增加图书数量，尤其是文学色彩强的图书，利于幼儿的扮演和表演活动。 | • 和家长讨论儿童文学与幼儿教育的关系。<br>• 吸引家长为课堂文化贡献力量。<br>• 组织家庭进行绘本剧表演。 |
| 大班上学期 | • 在非故事类文章中寻找有关"在哪里""谁""为什么""如何"的问题。<br>• 将书写作为记录和交流的手段。<br>• 能够在口头表达中恰当地进行口头语言风格和书面语言风格的转换。 | • 增加非故事类图书的阅读和讨论。<br>• 在各个主题中安排读写内容，使读写成为幼儿学习的一种方式。<br>• 鼓励幼儿用多种形式进行与阅读有关的创作活动。<br>• 给幼儿更多交流阅读感受的机会。 | • 在图书角增加非故事类图书。<br>• 支持幼儿的主题探索活动。<br>• 设计具有互动功能的读写墙，使之能支持幼儿对非故事类图书的学习和讨论。 | • 为家长讲解早期阅读和入学准备的关系。<br>• 获得家长的支持。<br>• 扩大幼儿在家里的阅读范围。 |
| 大班下学期 | • 尝试不同目的的写作，并采用不同的格式，如清单、故事和指示。<br>• 书写自己的名字和其他事物，如标签和标题，并开始造简单的句子，有时能用上标点符号。 | • 寻找生活中更多实际的读写机会，让幼儿将所学用于生活，并在生活中学习更多的读写技能。<br>• 激发真实的读写需要。 | • 将阅读环境扩展到家庭和社区，让幼儿有更多在生活中运用读写技能的机会。<br>• 结合入学准备创设环境。 | • 鼓励家长在幼儿入小学后继续进行亲子阅读，分享自己的阅读经验，为以后的新班级留下宝贵的经验。 |

请你参考小霞老师的阅读计划，为自己的班级制订一个早期阅读发展计划吧。这个计划肯定是不完善的，可能随时需要调整，但是制订计划的过程就是你梳理自己对于早期阅读概念理解的过程，也是把早期阅读与幼儿园教育整体目标进行系统思考的过程。

## 家园合作小贴士

### 幼儿园的图画书墙——园长的全园快乐阅读计划启航

早期阅读，首先需要一个阅读的环境，如果孩子们不能接触大量优秀的图画书，早期阅读就是空谈。幼儿园能提供给孩子的图画书毕竟是有限的，假如每位家长都开始重视早期阅读，体验到图画书阅读的乐趣，那么幼儿园的早期阅读教学将是事半功倍的。因此，我决定想方设法把家长拉进我们的快乐阅读计划。

在我的协助下，小霞老师在幼儿园主楼大厅设计了一面图画书墙。把30本经典图画书放在这面墙上。这些书来自幼儿园附近的社区少儿图书馆，也有一些是我提供的，一些是幼儿园购买的。我们请家长在接送孩子时自由浏览这些书。如果想要借回家，就需要交纳每本书50元的押金。借期5天，还书时退还押金。

一开始，很多家长以为我们是在卖书，纷纷围过来看。当知道是可以自由翻阅时，反倒走开了。我们想了一个办法，有时候是由我给即将离园的孩子读书，有时候是请家委会的一两位热心家长为孩子们读书。在他们的带动下，越来越多的家长开始翻阅图书，也有家长在孩子的强烈要求下开始交押金借书了。

我想，既然大家这么喜欢这些书，我们是不是可以多买一些呢？是不是可以每周更换新书呢？我建议小霞老师暂时不要忙着添新书，也不要忙着更换，因为给予得过快，反倒会让大家不珍惜。于是，我们耐心地等着有人提意见。果然，不到一个月，就有家长来提意见了，问我们是否可以更换新书，是否可以增加借阅量和借阅期（一开始，我们只允许借阅一本，借期5天，押金50元）。

这时，我们觉得时机已经基本成熟，于是我和小霞老师一起为全园的家长做了一次讲座，我用图画书墙上的图书为例，为家长们讲解了早期阅读的价值，亲子阅读的意义和一些基本方法。这次讲座非常成功，会后，家长们纷纷要求幼儿园开设图书馆，为幼儿和家长提供更多的图画书阅读机会。还有的家长表示愿意为幼儿购买更多的图画书，建设书香家庭。我们想，这面图画书墙就是我们建设书香园所的第一步，我们会一直保留它，并且会让它的内容更丰富。

# 走进幼儿的阅读世界

## ——幼儿是如何学习阅读的

**本章将会讨论：**

- 幼儿与阅读
- 幼儿是怎样阅读图画书的
- 幼儿阅读理解过程研究及其带给我们的启示

# 一、幼儿与阅读

在幼儿园开设"早期阅读课",是一般教师理解的丰富幼儿早期阅读经验、提高幼儿前阅读能力最重要也是最有效的途径。但幼儿的前阅读能力,真的是在课堂上得到提高的吗?我们需要先对幼儿的口头语言和读写能力发展做一个较为全面的了解。

## (一)幼儿是如何学习语言的

苏联心理学家维果茨基(Vygotsky)指出,书面语言是包括象征和符号的一个特定系统,是由次于口头语言的第二位象征意义逐渐变成直接的象征意义。也就是说,从书面语言到其所反映的实际意义之间,需要由口头语言(语音)作为中介。书面语言是符号的特定系统,这些符号代表口头语言的声音和符号,口头语言则代表真正的实体和它们之间的关系;当作为中介的口头语言逐渐消失,书面语言才逐渐变成直接象征实体和其间关系的符号系统。

一般认为,阅读和书写建立在口语发展的基础上,儿童往往是先学会听和说,才能学习读和写。但是,也有研究者认为,阅读和书写不是一个完全从无到有的过程,读写行为是与幼儿口头语言的学习共同产生的。

有研究者认为,幼儿的语言发展过程先是学习用表情和手势与人沟通,接着通过和养育人的互动慢慢学会用口语交流,同时在日常生活中接触周边环境中的文字,意识到文字的作用和意义,进而了解读和写作为沟通的手段,并开始尝试掌握这种新手段。

在日常生活中,幼儿会发现,人们的口头语言往往是与读写行为一起发生的。例如:幼儿在生活中会关注到成人不仅用手机打电话,直接通过口头语言交流,还会用手机发送短信,用文字进行交流;成人为幼儿讲读图画故事书时,既要述说书中的图画,又要朗读文字,还会用手指点着文字。在这一系列的动作中,幼儿体验着口语和书面语言共同发挥作用,共同传达信息、表达意义。幼儿就是在这些日常的生活经验中,慢慢建立起对于口头语言和书面语言的概念的。

婴儿是用哭泣、发出声音、眼神、微笑、嘴巴的张合以及手、脚的动作等向照顾者表达他们的需要和情绪，或者回应照顾者的语言和行为的。他们喜欢听人讲话的声音，会对熟悉者和陌生人的语音进行分辨。他们开始能对人们说的一些词汇做出正确的理解和反应，这些都可以说是为他们 1 岁以后的正式语言学习做准备。

大约在 1 岁时，婴幼儿说出第一批能让人听得懂的单词发音，也就是能用一个固定的语音指称某一个事物，例如明确地说出"爸爸""妈妈""奶""水"等，这时表明婴幼儿开始说话了。同时，婴幼儿还会结合手势或动作来表达自己的意思。1.5 岁左右，幼儿开始出现由两个或三个词组成的句子，如"妈妈吃果""开灯亮"等。这时，他们的句型开始发展了，词汇量也在逐渐增加，句子开始慢慢变长。

2 岁左右的幼儿所说的语句大部分是完整句，他们能仔细倾听人们讲话并给予适当反应。他们开始表现出对语音的敏感性，在听儿歌时能关注到押韵的音。2 岁多的孩子在听到"爸爸""妈妈""娃娃""袜袜""叮叮"时，会表现出对于不同尾字母音的惊讶。因此，这时的孩子开始对儿歌、绕口令感兴趣，并且愿意重复尾字母音韵相同的句子和词汇。

3 岁左右的幼儿所说的句子基本上都是完整句了，句法发展的过程是从简单句到复杂句，他们慢慢学会使用问句、否定句、疑问句等句型；开始喜欢听故事，开始具有一定的故事结构意识，想知道故事的发展和结局。他们的语音意识进一步增强，喜欢跟着念儿歌，不仅关注押韵，还关注儿歌的节奏。

3 岁以上的幼儿已经能逐渐察觉到什么时候该说什么、对谁说话使用什么腔调、遵循什么规则等，他们在摸索语言运用的规则，并且通过不断的犯错来寻找正确的方式。我们可以明显地看到 3 岁以上的幼儿在听大人讲故事，自己讲故事和给比自己小的孩子、自己的玩具讲故事时，使用不同的词汇和语调。他们一方面在模仿成人的讲述，另一方面也用自己的方式诠释故事。

到了四五岁时，大部分幼儿已经能与成人自由交谈，明确地表达自己的意愿和立场，同时可以觉察到别人可能有不同于自己的立场，因而能根据听者的不同能力或态度来调整自己说话的内容、腔调和方式，以达成更加有效的、更加有利于自己表达的沟通。

一般生理和心理正常的幼儿，大都在出生四五年内，在自然的生长环境中，不需要特别的教学或训练，就可以顺利地获得听和说的能力。幼儿口语的发展与学习，可以说是一个自然前进的过程，其水平的差别主要体现在外界环境刺激的丰富和互动经验是否充分上。研究表明，母亲口语词汇的丰富程度和母婴口语交流的质量会影响幼儿词汇量与语言运用能力的发展。因此，在家庭和幼儿园为幼儿提供丰富的语言刺激、宽松的语言环境是支持幼儿习得口头语言的最佳途径。

幼儿语言的学习是无法脱离语言的功能而存在的，他们的语言发展就是学习语言所指示的意义，也就是说，幼儿是在真实的语言交往中获得语言所代表的功能的。

韩礼德（Halliday，1975）指出，幼儿口语包括：用来满足需要、完成某件事或获取某物的工具的语言；用来叫别人做某件事或控制别人的行为的规定的语言；用来与他人相处、建立与他人的社会关系以及协调和表达友谊的互动的语言；用来表达个人的内在的情感和想法，借以建立自我认同、自尊、自信或归属感的个人的语言；用于趣味和想象的扮演，玩声音和押韵的语言游戏的想象的语言；用来提问或发现事情，借以探究和认识外部世界的探究的语言；用来与人沟通事情或传递信息的资讯的语言。

韩礼德对幼儿语言功能的描述告诉我们：幼儿的语言发展是由于他们需要使用语言；他们对语言有兴趣；以及语言对于他们具有实在的意义。因此，幼儿学习说话必须是在一个真实的语言场景中，而不是把语言作为一项脱离生活而存在的技能进行学习。

## （二）幼儿是如何学习阅读和书写的

幼儿的阅读和书写也与口语发展具有同样的过程（Temple，Nathan，Burris，& Tample，1988，p.10），幼儿必须置身在语言或文字被有功能地使用的环境中，有机会配合他人各种不同的需要和目的，使用和发挥语言或文字的功能，才能学习说话、阅读及书写。例如，幼儿之所以会主动读出交通标志、路牌、食品和玩具包装袋上的文字，是因为那些文字对于他们具有实际意义，并且是他们所熟悉的。

因此，我们在幼儿园和家庭中，对幼儿进行早期阅读和书写的教育或培养，其目的应定位于帮助幼儿对文字和语言更加敏感；能够更加主动地配合自己的目的，有效地运用口头语言和书面语言；成为更有沟通能力的社会成员；成为更有兴趣的学习者；并能够积累丰富的阅读和书写的愉快经验。

"读写萌发"（Emergent Literacy，EL）的概念最早是在1966年由新西兰奥克兰大学的玛丽·克莱（Marie Clay）在她的博士论文中提出的。从20世纪70年代起，美国开始发展这方面的研究，80年代蔚然成风，随之，世界各国都有研究者对其进行相关的研究。读写萌发的研究，往往关注幼儿的观点，而不是成人的想法，注重了解幼儿的读写发展过程。研究者们主要从以下四方面来论述读写萌发。

### 1. 读写学习始于生活

我们在生活中可以观察到，幼儿在学习语言的同时也会对生活中常见的文字、符号、标志产生兴趣并能够辨认，如常见的交通标志、汽车品牌等。这些事物不仅能够引起幼儿的兴趣，还能成为他们游戏和书写的主题，他们会在游戏中开始尝试涂画甚至书写相关的标志，这些最初的读写经验就是在生活中进行的读写萌芽。

古德曼（Goodman，1986）指出，幼儿开始接触环境中的文字，并且在持续与文字互动的过程中，逐渐建立其有关阅读和书写的五个发展基础：

- ◇ 知觉环境中的文字，探索和发现文字的意义、特征和规则
- ◇ 通过接触图书、杂志、邮件等文字载体的经验，意识到文字的沟通功能
- ◇ 在涂涂写写的过程中逐渐认识各种书写的功能和格式
- ◇ 了解口头语言与书面语言关系的发展
- ◇ 形成对书面语言的元认知，试着分析和解释书面语言是如何运作的

对于汉语儿童的研究（吴敏而，1993）表明，在文字的用途方面，幼儿能知道生活中常用物品上的文字与该物品有关，而且会利用文字与物品的关系猜测文字；在阅读文字的规则方面，4岁的幼儿能熟悉中文的阅读顺序规则，并具有一字一音的概念；在汉字特征方面，4岁的幼儿有字形辨别和从字中找出部首的能

力，而且逐渐能够看得出写颠倒的字是错误的字，这表明他们已经具有汉字整体结构的概念。

### 2. 读写学习是人际互动过程

幼儿读写的发展，是通过在真实生活环境中真实地使用文字和符号而获得的一系列复杂的社会心理语言活动，是与他人的交流互动分不开的。幼儿的阅读和书写往往开始于对成人的模仿，或由成人发起的活动。当幼儿看到成人阅读和书写并尝试去模仿时，给幼儿一些有关阅读和书写的任务，他们就会参与到阅读和书写活动中。互动性还表现在，尽管幼儿并不是真的在阅读和书写，成人也会给予他们正向的鼓励，因而能促进他们更多地发生模仿阅读和书写或者假装阅读和书写的行为。此外，幼儿的早期阅读是为了从阅读材料中获取信息，建构意义；早期的书写活动也是为了表达想法或者传递信息，这种从真实目的出发的活动本身就体现了幼儿的读写学习是在互动过程中完成的。在人际互动中促进阅读和书写行为的过程，是幼儿早期阅读和书写的社会基础。

### 3. 幼儿主动参与读写学习

幼儿阅读和书写的学习是一个主动建构的过程，幼儿是主动的参与者和建构者。在幼儿口语的学习中，他们经常发生各种语音和语法上的错误，这反映出他们正在试图通过交流来探索语言的知识，并学习语言的规律。例如：四五岁的幼儿经常会说一些"新词"，而这些新词可能是自造词，也可能是误用，他们会说"这是一个广大（伟大）的英雄"；除了词汇，还有语法结构的误用，如"虽然（因为）我没有吃，所以我不知道是什么味道的"等。在和人交往的过程中，这些错误会被逐步纠正，幼儿也就会逐渐获得口语的语法规则。同样，幼儿在阅读和书写时也会发生大量的错误，这表明幼儿不断地试图用他们对语法和语义的知识和规则来探寻文字的意义，或者根据字形的线索寻找文字的意义，或试图建构或呈现字的特征，有时甚至为了保留自己所使用的规则和维持上下文的连贯意义，读错本来认识的字，这就是幼儿主动探索阅读规则的过程。

### 4. 阅读和书写是相互关联发展的

读写萌发的观点认为，读和写应该被视为一体，幼儿的阅读和书写是同时相互关联发展的，而不是先学习阅读，再学习书写。书写者是借着建构文字，来建构意义；而阅读者是借着建构被预期的意义，来建构文字。

## （三）阅读发展与口语发展的关系

一般传统的观点认为，阅读是一个将书面符号进行解码（decoding）的过程，首先将文字符号解码为读音，然后将读音与已有的经验相对应，获得意义。它涉及对书面符号命名的能力。因此，传统观念认为，阅读必须是从认识字开始的，将单个字组成词语，由词语组成句子，当幼儿能够认识文字时才能开始阅读。而从读写萌发的观点看，阅读不仅仅是解码的过程，还是一个获得信息和传达信息的过程，信息包括符号、图案、标志和文字。当幼儿注意环境中的符号、图案、标志及文字，并运用生活经验和知识去推测、辨识、思考这些信息的意义时，阅读就开始发展了。

我们经常会发现，拥有良好阅读习惯或者有较丰富的阅读经验的幼儿，也有着较好的口语发展水平。研究者也呈现了相关的研究结论。例如，有研究发现，幼儿的口语发展和他们接触图书的经验呈明显的正相关，语言发展的阶段越高，其接触图书的经验也越多（Chomsky，1972）；阅读的幼儿经常来自语言丰富和使用许多口头语言的家庭，这些幼儿倾向于使用描述性的语言和复杂的语言结构（Snow & Perlmann，1985）。这些研究向我们呈现了一对相互促进的关系，丰富的口语环境可以促进幼儿去阅读，而丰富的阅读经验也可以提高幼儿的口语水平。这是因为语言可以帮助幼儿学习如何发现周围世界的意义，而阅读书中的语言可以带领幼儿超越他们原有的语言形态，获得更为丰富的词汇和语法结构以及表达方法。图书不仅能够提供丰富的词汇，而且能够提供使用词汇的适当的语言情景。幼儿在一个语境中学习语言的使用规则，再将语言应用到现实生活中，这就是一个获得恰当的语言使用能力的过程。

一名4岁幼儿在阅读了《阿比忘了什么》之后，对其中的句子"阿比的心好像绑上了千斤石块，装进了黑色的口袋，沉入大海"不理解，问妈妈："阿比为什么要把心绑上石块,沉入大海呢?"这个疑问来自幼儿对于修辞手法的不理解,也来自他对于故事情境的不理解。在阅读完整个故事时,尤其是当阿比解决了问题——"这下口袋打开,希望浮上来"之后,幼儿慢慢理解了作者使用的比喻和对主人公心情起落的描写。在阅读图画书一个月之后,当妈妈告诉他,爸爸出差在外,不能回来和他一起过生日时,他沮丧地说:"我的心绑上了千斤石块,沉入大海。"可是,当妈妈告诉他,爸爸虽然不会回来,但是会买一辆自行车作为他的生日礼物时,他又脱口而出:"这下,我的口袋打开,希望浮上来。"

在阅读中,幼儿不仅扩展了有关词汇和语法的经验与知识,更在具体的情境中学习词汇和语法的运用,从而形成完整的经验,可以有效地将语言迁移到生活的具体场景中去运用。

英国《0—3岁教养方案》(Birth to Three Matters)指出,成为一名熟练的"交流者"的四大要素是:

- ◇ 团结——善于社交,能有效地交流,发展积极的人际关系
- ◇ 发现声音——使用语言时有能力、有信心
- ◇ 倾听和回应——能恰当地倾听和回应他人
- ◇ 表达思想——交流想法、影响他人,协商并做出选择

这是对0—3岁婴幼儿交流基本能力的描述。对于口语的态度,而不仅仅是技能,成为早期阅读能力发展的最重要的基础。在英国《基础阶段课程指南》(Early Years Foundation Stage,EYFS,2017)中,承接对0—3岁儿童发展的描述,指出儿童应当有机会进行以下活动:

- ◇ 与他人互动——沟通和轮流讲故事
- ◇ 快乐地聆听口语和书面语
- ◇ 倾听时保持注意力
- ◇ 快乐地聆听故事并对故事做出回应——创作自己的歌曲、故事和儿歌
- ◇ 扩充词汇——探索新词的意义和读音
- ◇ 自信、清楚地大声说话
- ◇ 运用语言进行想象,重构角色和经验
- ◇ 运用谈话来组织、理解和清楚地叙述想法

我们可以看到，在读写萌发的视野中，阅读技能的学习不是从幼儿可以独自看书开始的，而是他们从出生时起就在与成人的口语交流中慢慢建立起一系列重要技能。

幼儿是通过主动建构语言来获得语言的，幼儿在语言丰富的环境中可以自由地使用语言，并且得到积极的反馈，进而增进口语的发展；同样，在阅读的过程中，幼儿也是在使用他们已经掌握的语言结构和语言运用的一般知识，检验文本中的字、词是如何在文本中发挥作用、呈现意义的。

根据科克伦（Cochrane）等人在1984年的研究，幼儿的阅读行为发展被分为三个阶段，并且每个阶段都展现出一定的行为特征。

■ **萌发的读者**（Emergent Reader）
  ◇ 有兴趣拿着书
  ◇ 注意环境中的文字
  ◇ 对书中的图画命名
  ◇ 按照自己的说法，重组熟悉的书中故事
  ◇ 辨别出自己的名字
  ◇ 认识一些字
  ◇ 喜爱重复的儿歌和童谣

■ **早期的读者**（Early Reader）
  ◇ 了解文字是有意义的
  ◇ 重组故事时，常依循原作者的文字
  ◇ 要念书给别人听
  ◇ 在各种情况下辨认熟悉的字
  ◇ 知道故事结构的主要因素（如重复的形式、神仙故事、呈现问题的故事）

■ **流畅的读者**（Fluent Reader）
  ◇ 阅读能力建立在先前的阶段之上
  ◇ 能自动处理文字的细节
  ◇ 能独立阅读各种文字的形式（如散文、诗、电视目录、菜单等）

◇ 能以适合文字形式的速度阅读

一般学龄前儿童的阅读水平主要属于上述萌发的读者或早期的读者阶段。我们从这些行为特征中可以看出，幼儿是以自己的方式对语言文字进行探索的，并且逐渐拓展他们的阅读经验，慢慢提高处理更多种类的文本资料的能力。

## （四）图画书阅读的一般发展

阅读是一个相对广泛的概念，幼儿对于各种符号、标志、图画和文字的关注与理解，都可以被纳入早期阅读的视野中。不过，作为我们所关注的早期阅读，还是以图画书为媒介的阅读行为为主（本书将在后面的章节中对幼儿的图画书阅读做出详细的介绍）。莫罗（Morrow）在考察了2岁之前婴幼儿最初萌发的阅读图画书的行为后，认为从出生到2岁，婴幼儿呈现出如下阅读萌发规律。

- 出生至3个月：对于书的反应是不确定的，常喜欢咬书和拉扯书页，有时则安静地看书。
- 3—6个月：较能投入地看书，开始注意看图画，常抓起书试着放进嘴里。
- 6—9个月：可能试着翻书页，可能发出声音或用动作显示自己的投入和愉快，开始较喜欢以前给自己念过的书。
- 1岁：更投入地听故事书，可能争着要自己翻书页，喃喃发声像是在念书，常主动寻找书上自己熟悉的东西。
- 1—2岁：能分辨一本书的前面和后面，开始辨认书中角色的名字，常会主动看图述说。

萨尔兹比（Sulzby，1985a）研究幼儿萌发的阅读行为，观察在2—6岁幼儿阅读自己"最喜欢的故事书"时，请幼儿"念你的书给我听"这一过程中，发现幼儿用来念书的话明显不同于他们平常说话的结构和语调，幼儿念书的话可以被看作其最初的阅读行为。萨尔兹比通过研究发现，可以将2—6岁幼儿以口语阅读图书的行为分成下列几个发展阶段。

- 注意图画，但未形成故事：幼儿指着图画，述说所画的物品名称（命名），将每一页当作是独立的,常跳着翻页,而不是联结成一个故事。
- 注意图画,形成口语的故事:幼儿跟随着图画,以好像某个人在说故事的字句和语调,将整本书述说和联结成一个故事。
- 注意图画、阅读和说故事的混合:幼儿看着图书念读,有时以一个说故事者的语调念读,有时以一个读者的语调念读。
- 注意图画,但形成书面的故事:幼儿看着图书念读,念读的字句和语调好像在阅读,类似故事中的文字,有时逐字地念。
- 注意文字,此阶段又分成四种行为表现:因注意到书中的文字,而不愿意念读故事;部分地读——使用文字的某些部分,有时着重读几个认识的字;以不大平衡的策略读——常过度省略不认识的字,以自己认识的其他字代替,或是过于依赖自己预测的或记得的字,而不是书上的字;独立地读——能自己念读书上的字。

以上列举的阅读行为发展阶段显示,幼儿阅读图书的发展过程是持续地尝试感知书中的图画和文字。研究显示,幼儿的阅读往往是一个从感知图画到关注文字的过程,随着年龄的增长,其阅读行为逐渐成熟。而这一成熟过程受到阅读兴趣、阅读频率的影响,幼儿的阅读兴趣越高,其阅读行为发展阶段越高;幼儿的阅读频率越高(每天阅读),其阅读行为发展阶段也越高。

## 二、幼儿是怎样阅读图画书的

如果说,幼儿阅读萌发过程研究是将阅读作为一个能力发展的序列进行研究和关注,那么将"幼儿的观察、想象、探究、理解和情感等参与到图画书阅读过程中,成为阅读这一整体中的要素"(康长运,2006)的幼儿图画书阅读过程研究,则是将研究重点放在幼儿图画书阅读的机制上。

各个领域的研究者达成了一个共识,那就是幼儿阅读过程的复杂性至今尚无法让我们对幼儿阅读的过程有一个确定和精准的了解。但是,描述其特征和基本流程,仍然是研究者热衷的挑战。

我们沿着研究者的思路，对幼儿阅读过程的要素和机制进行以下解说。

## （一）幼儿图画书阅读的要素

幼儿阅读图画书是一个复杂的过程，其中，有几个要素值得我们思考。

### 1. 幼儿图画书阅读基于幼儿心理发展的基本规律

幼儿的图画书阅读，必须基于幼儿已有的心理发展水平。

在学龄前阶段，幼儿的无意注意占主导地位，有意注意随着教育的影响逐步发展。图画书生动、形象、具有叙事性的画面引导幼儿主动调动自己的有意注意，将注意力维持在追寻图画书意义的过程中。这个过程需要幼儿不断组织和控制自己的有意注意。

学龄前儿童的记忆发展，以短时记忆为主，缺乏主动的记忆策略。在图画书阅读过程中，幼儿必须不断借助图画的形象，在寻求图画意义的过程中将图画和语音相联系，从机械记忆慢慢转化为逻辑记忆，从而形成真正的长期记忆。

心理学认为，人的思维分为例证性思维和叙事性思维两种模式。例证性思维又叫作命题性思维，是哲学、逻辑学、数学和物理学等科学的思维方式。这种思维模式的目的在于给人的认识提供一种理论化的、形式化的解释，一种普遍抽象的例证。而叙事性思维就是讲故事。不同于命题性思维是独立于特定场景而存在的这一特点，叙事性思维是依赖特定情境的经验，这种思维方式一定是在某些特定的时间、地点发生的属于特定人物的事件。如果说正常成人的思维包括这两种模式，那么儿童的思维本质上是叙事性思维，儿童的思维具有一种叙事性结构（Bruner，1986）。瑞士心理学家皮亚杰（Piaget）对前逻辑运算阶段儿童的描述，很多都是基于这种叙事性思维模式的。他所描述的具有泛灵思想[①]的幼儿，总是在认知过程中寻找着故事的意义，或者说，是一种故事情节导向的理解过程。

---

① 皮亚杰发现，3~6岁的儿童在心理发展方面存在一种倾向，即认为自己周围很多物质是有生命、有意向认知的活的生命体。

学龄前儿童的这些心理发展特点,刚好和图画书的具体形象性、叙事性相契合。这些发展着的心理能力促使幼儿有阅读图画书的需要,而图画书的阅读又反过来促进和加强这些能力的发展。因为幼儿在阅读图画书的过程中受到图画书的吸引,会主动发展相关的认知能力,所以图画书阅读从根本上讲是符合幼儿发展需要并能促进幼儿发展的。

### 2. 幼儿图画书阅读是幼儿主动建构和重组经验的过程

幼儿阅读图画书的过程,不仅仅是主动调用心理能力的过程,也是主动调用原有经验进行意义理解的过程。我们从低幼儿童的阅读中可以看到,当幼儿在阅读一个与自己生活密切相关的主题时,会主动通过动作、语言等将故事内容联系到自身。我们看到,2岁的幼儿在阅读《我要拉屁屁》一书时,会用手指自己的屁股或者便盆,说明幼儿是在运用自己的生活经验来解释图画书的内容,同时通过将书中内容还原到生活经验来进一步维持自己和图书的对话与交流。

以下是我用"小鸡和狐狸"① 系列无字书对5岁的幼儿1、幼儿2和4岁幼儿3进行的看图讲述测验的笔录节选。从笔录的例子中可以发现,不同的阅读经验使得幼儿对于相同的阅读材料产生了完全不同的理解和反应。

幼儿1:"(前略)公鸡、熊和小狗追啊追啊,终于找到了母鸡和狐狸。可是,

---

① 该系列丛书由法国的比亚蒂斯·洛迪格著,其简体中文版已于2020年由接力出版社出版。

母鸡不和公鸡回家，它喜欢狐狸的家。狐狸的家里有好喝的牛奶。狐狸还给它讲故事。公鸡不高兴了，公鸡和大熊、小狗回家了。"

幼儿2："（前略）公鸡、大熊和小狗上了岸，找到了狐狸的家。它们走进去，看见狐狸和母鸡正在喝咖啡。公鸡说：'老婆，你跟我回家吧。'母鸡说：'我不回家，我要和狐狸在一起住一段时间。它可是我亲爱的爸爸啊。'原来啊，很久很久以前，狐狸捡到了一颗蛋，狐狸本来想吃掉这颗蛋，但是它想，要是能把蛋孵出来，它不就可以吃鸡肉了吗？可是，等狐狸把这颗蛋孵出小鸡以后，小鸡叫它爸爸。狐狸就不忍心吃这只小鸡了，于是把小鸡送回农庄。现在啊，是狐狸来看自己的鸡女儿了。"

幼儿3："（前略）公鸡、大熊和小狗对小鸡说，你快跟我们回家吧。要不然狐狸就会吃了你。可是，小鸡不听话，它还跟狐狸笑呢。这怎么办啊？"

幼儿1明显将自己的生活经验投射到故事中，因为她容易被好吃的食物和好听的故事吸引，所以为小鸡留在狐狸家找到了合理的解释。而幼儿2由于在阅读这本书之前，刚刚阅读了另一本图画书《狐狸爸爸鸭儿子》，这本书讲的就是一只狐狸如何把鸭蛋孵出来变成小鸭，然后舍不得吃掉，反倒成了鸭子的爸爸的故事。因此，幼儿2将他的阅读经验迁移到了新的故事情景中，为情节找到了合理的解释。

幼儿在图画书阅读过程中，一直在自己的图式库中寻找与故事情节相符或相似的原型，以求能解释故事的发展。当找到相似的特征时，他们就会将这些要素归入自己的图式库中，对情节做出解释。当无法解释情节或对于图画书中的要素无法找到相应的图式时，就会提出疑问。当幼儿3无法对故事进行解释时，就索性以提问来代替结论。

幼儿的阅读过程就是一个不断提取原有经验建构意义，使故事合理化，同时又不断重组经验、扩大图式库的过程。

**3. 幼儿图画书阅读是幼儿理解文学作品并与之对话的过程**

幼儿对图画书的理解，可以分为两个层次。第一个是认知层次，即对故事结构的掌握，知道事件的起因、经过、高潮、结果以及主要人物、次要人物、背景等信息。理解这些信息，我们一般就认为幼儿"理解"了故事。

第二个层次的理解指的是幼儿作为小读者推测作者写作的用意或意图，从作者的角度思考，作者想要告诉读者什么。这个层次的理解，就是指幼儿与文本发生了对话。

我们经常可以看到，一些寓意深刻的图画书往往能够打动成人，这是因为成人理解了作者的创作意图。而这个层次的理解，是因为成人有着与作者相同或相似的人生经验，能够洞悉作者在创作时的感受和情绪。经典图画书《猜猜我有多爱你》曾打动了无数大读者，而对小读者来说，故事语言的魅力、游戏性的比较所具有的吸引力，要远远大于故事所体现的无限的母爱的内涵。另一本经典图画书《爱心树》也让很多成人为之落泪，因为他们既从书中看到了父母为自己无私的奉献，也看到了自己奔波忙碌的一生，最后却辜负了这份深情。而幼儿往往只停留在对于图画书表层的理解上，能理解小男孩与大树的感情，但无法理解男孩变老之后的情节，当然也就无法为之动容，甚至曲解作者的意图，这就是没有达成与图画书文本的深层对话。这种深层的对话，既需要读者原有经验的支持，也需要读者持续地体会和成人持续地引导。因此，在为幼儿选择阅读材料时，能够感动成人的图画书不一定是适合幼儿的阅读材料，即使是幼儿和成人都喜欢的阅读材料，也可能有着完全不同层面或不同向度的理解。我们既要尊重幼儿对于阅读内容理解的发展水平，又要尊重幼儿与文本对话的个体感受。成人可以参与对话，但不能包办和代替或者主导幼儿与图画书的对话。

## （二）幼儿图画书阅读机制研究

幼儿的一次阅读活动是如何呈现的呢？让我们以几名幼儿的阅读过程为例，考察幼儿图画书阅读机制。

### 小霞老师的教学笔记 1

子明让我给他读《甜猫、酸猴和辣兔》，我问他为什么选这本书，他说："这颜色真好看。"我见他已经在翻看这本书了，就问他："知道这本书讲的是什么故事吗？"子明说："是讲烤蛋糕的故事。老师，快读吧。"于是，我们开始一边看画，一边读故事。当讲到熊奶奶烤了甜猫、酸猴和辣兔三个面包的时候，子明做出一副流口水的样子,他说:"这个酸猴是绿色的,看起来可真酸啊。"

当子明被图画书吸引时,图画的色彩起到了主要作用。对不识字的子明而言,图画先于文字作为文本在他面前展开了。当子明借由教师的朗读进入图画书的情节中时,图画和文字共同发生作用,帮助他建构对于故事的理解。因此,幼儿进入阅读状态的第一步是"被吸引"。被吸引的可能性有很多,有的是因为被图画书的色彩、造型吸引,有的是被图画书的主题吸引。在由幼儿发起的阅读活动中,因为他们首先被阅读材料吸引,因此其主动性得以体现。

### 小霞老师的教学笔记 2

佳佳这次又选了一本芭比娃娃的书,我希望她换一本,因为她这一周只选了芭比娃娃的书。但是,佳佳拒绝换其他的书。我问她:"佳佳,老师今天推荐的那本《猫医生》的书不好玩吗?"佳佳说:"好玩,不过我要看这本。老师,你看,我今天也穿了粉色的袜子。"说着,她用手指着书中芭比的粉色袜子,又说:"老师,你再读一遍吧。我也有这样的芭比娃娃,不是一模一样的,有点像。我妈妈说会给我买这样的。"

佳佳在阅读芭比娃娃的图画书时,关注的不是故事的情节,而是角色的形象。她不断地将自己和书中的角色相比较、对照,又拿自己的娃娃和角色对比,都在一定程度上说明了佳佳试图将自身移入图画书的世界中。

### 小霞老师的教学笔记 3

子明在看了《蜗牛快递》之后,一直在询问:"老师,蜗牛最后怎么长了翅膀呢?它真的飞走了吗?它是不是死了?"这是这本书留给孩子们的一个疑问。孩子们为此展开了激烈的讨论。最后,认为蜗牛死了的一方获胜,子明是这一方的。但子明一直在问:"它是不是真的死了?"还有一次,子明突然问我:"老师,你会不会死呢?你什么时候死呢?园长奶奶也会死吧?"可见,《蜗牛快递》虽然不是一本讨论死亡主题的图画书,但是以死亡作为结局的。子明对自己无法理解和把握的内容表现出了焦虑。

子明在阅读中表现出了困惑,这些困惑并不仅仅来自他对于故事结构的不理解。**他能够根据故事的发展走向，推测出最后作者隐喻的含义——小蜗牛长出翅膀，飞到天堂和妈妈相遇了意味着小蜗牛死了。但是，他却无法解释为什么死了就是上天堂了，翅膀是哪里来的。**因此，幼儿在阅读中不断提出疑问、尝试解释、获得答案，这构成了他们理解的过程。

### 小霞老师的教学笔记4

昨天，正音在听我朗读《最快乐的人》时，表现出了与以往一样的专注。他虽然是一个精力过于旺盛的孩子，但在听故事时总是能够保持专注的状态。听完故事，正音没有像以往一样抢着发表自己的看法，而是嘴里嘟嘟囔囔的，不知道在说什么。

今天，在午餐前，有小朋友要求我再次朗读《最快乐的人》，这时正音发出了异议："我不喜欢那本书，我们读《臭起司小子爆笑故事大集合》吧。"但是，班里绝大多数小朋友都想再听一遍《最快乐的人》，于是我允许正音自己抱着《臭起司小子爆笑故事大集合》阅读，而我为其他孩子们朗读他们喜欢的《最快乐的人》。

之后，我私下问正音："你昨天听故事的时候很认真啊，为什么今天说不喜欢这个故事呢？"正音说："这个故事不好，是给我们讲道理的，让我们小朋友不要贪心。我就是贪心的，我们小朋友都贪心的，没法改的。我不喜欢这个故事。"尽管如此，当我朗读这个故事时，正音并没有真的去阅读别的图书，而是一样专心致志地听我讲故事。

幼儿对图画书表现出好恶，主要是受到四方面因素的影响。第一是兴趣，当幼儿对某一题材不感兴趣时，会表现出拒绝；第二是难度，故事的结构、词汇、寓意、复杂程度等超出了幼儿的理解和欣赏水平时，会遭到幼儿的拒绝；第三是经验，当故事所涉及的经验与幼儿的经验没有或少有交叉点，或有强烈冲突时，例如，幼儿听过两个以上版本的同一个故事，就有可能对新版本的故事表现出拒绝；**第四是投入故事，幼儿在将故事中的经验与自身经验比对，发现自身经验刚好是故事中批评、嘲笑、讽刺或质疑的行为时，会表现出强烈的羞愧感，因此对图画书产生拒绝。**第四种拒绝，正是幼儿阅读图画书过程中情感投入的体现，他们不断将自己的经验和行为与故事中主人公的行为相比对，寻找相似点和不同点。当找到相似点后，他们会将自身与主人公相融合，以主人公的身份进入图画书的世界去展开一段旅程。同时，幼儿又可以随时跳出这个世界，站在旁观者的角度进行评论。

### 小霞老师的教学笔记5

在阅读图画书《乖乖睡好不好》前，我让孩子们看封面，请他们猜测，是谁对谁说"乖乖睡好不好"。孩子们立刻回答："是爸爸对儿子说。"这符合孩子们的一般经验。于是，我开始朗读故事。孩子们听到第六页时被故事的恐怖气氛感染，表现出紧张的神情；听到第八页，看见去厨房偷吃的爸爸时，笑笑发出一声"嗨"，貌似恍然大悟，又有点"鄙视、嘲笑"的意味。不出我的意料，部分幼儿对接下来四页内容的理解出现了一定的困难。第一次听完时，有的小朋友说是康康喝奶，康康吃面包，另外一些小朋友说是爸爸想喝奶、吃面包。再次听故事之后，孩子们都认为是爸爸喝奶、吃面包。之所以出现第一次"没听懂"的现象，估计是因为孩子们基于自己以往的经验，认为一般都是孩子夜里饿了，爬起来找东西吃，他们很难把喝奶、吃面包这件事与爸爸联系起来。

但是在后来的几页中，孩子们在理解爸爸要玩魔方、游戏机、让孩子讲故事、让孩子陪着睡等方面没有困难，估计是因为这里不存在个人经验的障碍，也可能是因为大多数孩子已经明白了——在这个故事中，搞怪的人是爸爸，所以他们能按照这个思路理解后面的情节。

在理解故事的结局时，孩子们明白康康在说谎，但没有理解康康照顾爸爸面子的含义。

幼儿在理解图画故事书时，必须要将个体的经验渗透其中，才能更好地理解故事情节。在这个案例中，孩子们之所以一开始对谁吃面包产生了分歧，是因为经验的作用。而随着阅读的展开，孩子们意识到这个故事的角色是颠倒的，父亲的形象是与实际情况相反的，于是就能慢慢地接受父亲之后的一系列搞怪行为，并且觉得好笑。对于结局，大多数孩子认为是康康说谎，这说明他们理解了故事的表层含义。但是，也有幼儿质疑画面中的妖怪，认为故事只是康康在做梦，而不是真的，真实的情况是与此相反的，这表明他们注意到了图画书超现实的表现手法，试图将现实和虚幻进行区分。但是，大多数孩子没有这种意识，或者说，并不希望将现实和虚幻做明确的区分。在他们的心目中，现实与虚幻在图画书中本身就是一体的。这就是幼儿在阅读中不断解释和说明自己的阅读内容，以求达成认知的平衡，让故事更加合理化的过程。

### 小霞老师的教学笔记6

舟舟和燕妮在读完《和甘伯伯去游河》之后，对上下船的动作非常着迷。他们在阅读区假装划船，舟舟表演甘伯伯，燕妮假装小动物上船。小动物一上船，扮演甘伯伯的舟舟就晃来晃去、前仰后合。两个人在阅读区里晃来晃去，吸引了另外两名幼儿来参与。很快，就有7名幼儿参与游戏。为了不打扰其他孩子，我请他们到阳光房去继续这个游戏，并为他们准备了头饰和可以用作桨的道具。在这个情节简单、对白重复的图画书阅读中，孩子们主动找到了表演的切入点——划船，然后再对照情节将小动物上船的顺序和上船时各自所说的话加了进去。

幼儿有游戏的需要，而游戏的题材除了来自日常生活之外，还有一大部分来自文学作品。文学作品为幼儿的假想游戏、表演游戏提供了丰富的素材。在幼儿阅读了吸引他们的图画书后，将书中新奇、有趣的情节表演出来是阅读活动的后续，更是阅读的有机组成部分。正是这种脱离了阅读行为而进行的表演，使得阅读体验进一步深化，并激发幼儿在表演中思考、改造阅读，用解释、想象、改编等方法使故事更加合理，完成了阅读的再创作过程。

从以上六篇教学笔记中，我们可以将幼儿图画书阅读机制总结为：吸引、移入、质疑、比对、解释和表现（可以是表演游戏，也可以是绘画、美劳活动）。幼儿的一次阅读行为，并不一定经历全部过程，也不一定按照这个顺序进行。我们对这些现象进行描述和总结，是为了探讨幼儿阅读图画书的行为特征，从而给予幼儿更好的支持。在成人的帮助下，让幼儿充分与图画书接触；体会个体在与图画书对话的过程中的情绪感受；对个体经验进行反思和比对；用批判、质疑和解释的方法建构自己对于图画书个性化的理解；用表演、绘画、游戏等方式表现出自己对于图画书的解读。

## 三、幼儿阅读理解过程研究及其带给我们的启示

我们经常会看到这样一种现象,当我们让幼儿讲述或者复述一个他们最近听过或看过的故事时,幼儿往往会侧重于说故事中的主要事件、人物和主题,而缺乏或者忽略次要情节或者细节。为什么会出现这样的现象呢?

一些现代的心理学家根据图式理论提出了"故事图式"的概念。曼德勒(Mandler,1984)认为,故事图式是一种心理结构和加工机制,它是由反映故事内部结构的期待构成的。鲁梅尔哈特(Rumelhart,1975)和索恩代克(Thorndyke,1977)认为,每个故事都有一个层次结构,一个故事一般都由背景、主题、情节和结果组成,再细分下去,背景还包括人物、一个或多个地点和时间,主题则包括一个或多个事件或目标(见图2.1)。

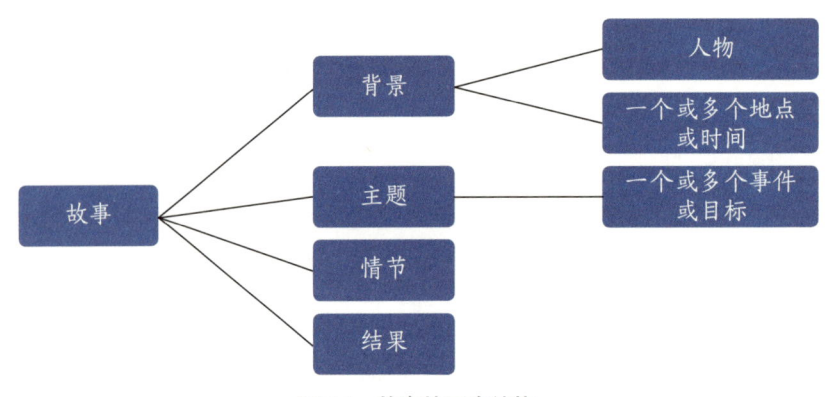

图2.1　故事的层次结构

有研究者认为:"儿童对故事语言的理解主要涉及两种加工过程,一是材料加工过程,二是概念加工过程。材料加工过程是指通过语言本身的信息来理解语言,即利用语音、语义和句法来理解语言。概念加工过程则是指根据主题和先前经验生成假设,预测说者将要说什么。"对幼儿阅读理解过程的研究大多专注于幼儿对于故事情节、结构等方面的加工过程。

儿童的故事图式建构经过了怎样的历程呢?

有研究者指出:儿童大约从1.5岁开始便有听故事的兴趣;到2岁以后,对于听大人讲故事也越来越感兴趣,对故事情节中的人物往往要分辨出谁是好人谁

是坏人，但往往缺乏自信，总在听故事时向大人发问"他是好人吗？"或"他是坏蛋吗？"；3岁左右的儿童开始对故事产生兴趣并能够理解，即儿童可以理解语句和语句之间的关联、关系，并把这种关联、关系作为一个整体来理解，从而把握故事中的主要信息。例如，主要角色是谁？他遇到了什么事情，最后怎样处理的？这说明儿童在听故事时，其心理活动处于积极的活动状态，反映出儿童在故事认知过程中的变化特点。

斯廷顿（Stington）通过研究发现，3—5岁儿童讲故事时就已经能够理解两种场景之间的区别，懂得什么是真的和什么是某人以为是真的之间的区别。这说明，该年龄段儿童开始对故事情节进行理解，而不是简单地记忆和重复。

上述研究表明，儿童随着年龄的增长，对故事的理解能力不断提高。儿童在故事理解能力不断提高的同时，其故事图式的水平也越来越高。故事图式就像树形结构一样，其主干图式上往往衍生出许多分支——子图式，子图式又衍生出更多的细小子图式。对一个图式启用得越多，对故事的理解就越好。故事结构图式在儿童理解故事和记忆故事中产生了重要影响。

格雷泽（Graesser，1980）和根斯贝赫（Gernsbaeher，1990）以及其他一些研究者指出，年幼的阅读者通常缺乏理解文章所需的适当图式。例如，惠利（Whaley，1981）发现，与六年级的儿童相比，三年级的儿童显得更无法预期故事接下来将会怎样展开。其可能的原因是：年幼者不像年长者那样能意识到故事的结构规则。因此，学习阅读还涉及学习运用细节来填充故事结构中的一般性知识（如开头、动作和结尾）。从这些研究中可以发现，年幼儿童还没有形成较好的故事图式，还不能很好地运用已有经验，对故事结构的把握还不是很好，所以导致他们对故事的理解水平较低。

有研究者对国内外关于儿童故事图式的研究做了综述，并得出以下结论：①故事图式影响儿童对故事的注意与理解。头脑中的故事图式控制着我们分配给刺激材料中各成分的注意量，会将注意力集中于重要信息上。对故事的主要角色和主要事件的记忆更为清楚，而对细节和不重要的信息往往可以根据故事图式提供的某种线索或情境进行推理。②故事图式是按照故事的结构顺序来进行存储的，一般故事都要有开始部分、情节的发展部分和结尾部分，并按照层级组织起来的。③故事图式受到年龄和背景知识等因素的影响。一般年龄越小的儿童由于故事经验的缺乏——缺少对故事结构、故事情节的发展过程、故事语言等知识，因此对故事理解水平低下，对故事预测和推理比较困难。

了解这些研究结论并思考其启示，将有助于我们更清楚地了解幼儿阅读理解的特点，以及成人可以为幼儿阅读做些什么。

### 小霞老师的教学笔记 7

孩子们在阅读图画书《城里最漂亮的巨人》时，表现出了很强的参与性，这或许与他们能够找到故事的发展规律，并且主动参与预测有关。故事讲的是巨人买了一身新衣服，却因为遇到了很多需要帮助的小动物，善良的巨人不能袖手旁观，就把自己的新衣服一件件脱下来送给它们，帮助它们渡过难关。当我读到"乔治走过一栋被烧毁的房子"时，超超突然说道："这下又要脱什么了呢？"超超已经意识到，这个故事中的巨人每次遇到有困难的朋友都会出手相助，而他用来帮助别人的就是他新买的那些衣物。

如果幼儿记住的不仅仅是故事本身，还包括那些故事的结构，那么我们是不是可以在幼儿阅读故事之后，把故事结构拿出来和幼儿进行讨论，以便他们对这个框架有更深刻的印象，进而在以后的阅读中帮助他们进行预测和验证呢？如果幼儿阅读理解的过程是一个不断进行假设、验证和预测的过程，那么关于故事结构的图式越丰富，就越能让他们成功地预测和理解。

幼儿用已有的故事图式来帮助自己理解故事的例子有很多，在小霞老师记录的中班幼儿阅读图画书《月亮的味道》[①]时，也出现了类似的情况。

### 小霞老师的教学笔记 8

由于我们班的孩子之前阅读过《拔萝卜》《我的兔子朋友》等几本写作手法相似的图画书，因此在阅读这本书时，大多数幼儿都能预测出接下来会发生什么——有更小一些的动物过来帮忙。但是，也正是因为孩子们已经具有了相关经验，虽然阅读的过程很流畅，但阅读后，几乎没有幼儿再要求我朗读这本书。究其原因，第一可能是同样的题材反复出现，他们已经没有新鲜感了；第二就是他

---

① 该书讲的是小老鼠想要尝尝月亮的味道，但是自己够不到，于是大象、狮子、长颈鹿、狐狸……都来帮忙，最后，小老鼠终于够到了月亮，还把月亮分给大家品尝。

们已经掌握了这种预测方式。我想，我应该在以后的教学中将这几本书作为一个系列来考虑使用。在小班和孩子们阅读《我的兔子朋友》《拔萝卜》，用表演等手段帮助他们充分体验这种叠加的结构，然后在中班上学期再来欣赏《月亮的味道》时，重点在于帮助幼儿明确地掌握这种结构。而且，我可以把中班的教学重点放在仿编和续编上。

英国心理学家巴特利特（Bartlett）认为，我们的长时记忆库中存储了大量的模型或图式，回忆很大程度上是用这些模型或图式进行推理的过程。研究表明，故事图式按照故事结构存储了大量的信息之后，如果所呈现的内容违背了已形成的结构图式，儿童往往就会表现出难以接受或者对故事内容的理解和记忆进行歪曲的现象。小霞老师的教学笔记 5 为我们理解这个观点提供了帮助，同时也为我们提出了问题：应该选择怎样的阅读主题和内容，才能符合幼儿已有的故事图式，帮助他们更好地理解故事？应该选择怎样具有颠覆力量的内容，以扩展幼儿的故事图式，帮助他们获得更加丰富的阅读体验？以及，应该用什么方法帮助幼儿在原有经验的基础上不断拓展自己的阅读经验，建构更加丰富的故事图式，慢慢成为阅读经验丰富的小读者呢？

对于儿童阅读理解过程的研究，对我们的阅读教学有以下几点启示。

## （一）开放性讨论

开放性讨论可以展现幼儿对故事的理解，也可以帮助幼儿提高故事理解能力。不同故事素材对于幼儿的故事理解能力有影响，越是贴近幼儿知识经验的故事，幼儿表现出来的故事理解水平越高。同时，对于故事情节的开放性讨论有助于教师了解幼儿的故事理解能力，也可以帮助幼儿提高故事理解能力。例如，在《乖乖睡好不好》一书的阅读中，教师请幼儿注意分辨每一句话是谁说的、谁提出要做什么、另一个人的反应是什么等问题，将不符合幼儿阅读经验和生活经验的内容提取出来，形成讨论的重点，让幼儿有目的、有意识地思考当前经验和自己故事图式的区别，这可能会促进幼儿对这个故事的理解。

## （二）完整的故事讲述

完整的故事讲述能够帮助幼儿更好地理解故事的发展线索、搭建完整的故事结构以及积累故事素材。虽然激发幼儿主动参与阅读的对话式教学在一定程度上可以帮助幼儿明确阅读思考的方法，为幼儿观察图画、提取主要信息等做出示范，但也存在着一定弊端。将图画书的阅读简化为看图画、猜文字的游戏，容易使一次完整的阅读理解过程变成单幅图的看图说话，使幼儿的阅读理解停留在一幅图的理解上，而不是整本图画书、整部文学作品的故事结构、思想内涵等方面的理解和赏析上。当教师过分强调阅读观察和图文关系理解的技巧上时，往往会忽略幼儿急于读下去的愿望，而正是这种愿望，或者说强烈地想要知道"后来呢"的动机，才是早期阅读需要培养和支持的主要内容；满足幼儿理解完整故事的需要，才是教学的重点。因此，教师在运用开放式的提问、讨论等教学方法时，必须注意区分阅读材料的题材、体裁以及幼儿的阅读进程，以满足幼儿当下的阅读需要为目的，而不是以教授阅读策略和技能为主要目的。

## （三）改编、续编和创编

改编、续编和创编故事能够让幼儿在阅读活动中通过练习增强对故事的理解力。当幼儿能够找到故事可以被改编的点时，说明幼儿发现了故事的关键要素——时间、地点、人物、情节发展的重要条件等，即前文提到过的，幼儿具备了一定的阅读预备策略才能将这些关键点加以改变，从而改编故事。

小霞老师为我们提供了这样一个改编故事的案例。

有一天，超超为我讲了这样一个故事："小鸡和小鸭子是好朋友。小鸡不喜欢吃面包，它把面包丢进河里，是涂着草莓果酱的面包。后来，小鸡过河的时候不小心从小桥上掉下去了。幸好，它丢掉的面包飘过来，它就坐在面包上，高高兴兴地说：'哈哈，面包救了我，我可以一边划小船，一边吃面包。'你知道吗，小朋友在特别饿的时候也喜欢吃他们平时不喜欢吃的东西。所以啊，小鸡就一直吃一直吃。可是，一会儿啊，面包就变小了。这时候，小鸭子游过来了。它把小鸡背到了岸上。小鸡说：'小鸭子，你吃面包吧。'"

超超说，这是妈妈给他讲的故事。于是我问超超："虽然小鸡最后得救了，但是它往水里丢面包还是不好，是破坏环境啊。"超超瞪大眼睛看着我，说："难道你希望小鸡淹死吗？"我说："我当然不希望小鸡淹死，你的意思是不是如果小鸡一开始没有把面包丢到河里，小鸡就会淹死啊？"超超点点头，说："是的，幸亏它乱丢垃圾。""哦，这样啊，可是我觉得一般情况下故事都会告诉小朋友不要乱丢垃圾啊？"我问。超超想了想，说："如果小鸡不掉到河里，那么它丢垃圾就不对了。可是，故事就不好玩了。你想，它掉到河里，还坐在面包船上，还能吃面包船，多好玩啊。"我说："是的，故事很好玩，但是我觉得有点不合理。"超超说："对啊，小鸭子其实一直在旁边的，它看见小鸡掉到水里，本来想救它，可是因为看到它掉在面包船上，所以没救它。我知道了，我知道了。小鸡把面包丢在水里，不是因为它不爱吃面包，是因为它想把面包给小鸭子吃，那不是丢垃圾，是送给好朋友的。""哦，你的意思是，我们把故事改一改，一开始，小鸡就是想把面包送给小鸭子，它把面包放进河里，结果自己不小心掉下去了，幸好有面包船救了它。它还能边划船边吃面包呢。一会儿，小鸭子来了，把它的好朋友送上岸，还得到了面包礼物。是这样吗？""对，对，我的这个故事更好，比妈妈讲的那个还要好呢。"

　　头脑中的故事图式控制着我们分配给刺激材料中各成分的注意量，会将注意力集中于重要信息上。在这个案例中，我们看到超超一开始在叙述故事时，关注的内容除了主要人物小鸡之外，就是故事的高潮情节和主要道具——小鸡落水和吃面包船，而小鸡和小鸭子的关系只用一句话带过。他认为，小鸡落水是故事"最有趣"的地方，却没有关注故事的因果关系，更不去关注故事所体现的主题思想——友谊。中班幼儿往往对故事局部的关注大于对故事整体的理解，超超这样一个具有良好口语表达能力的幼儿也是这样。在和教师的对话中，当教师提出对于主题思想的疑问后，超超开始意识到故事的整体逻辑可能存在问题，为了使故事更合理，他决定改变其中一些条件。他所选取的条件包括主角之间的关系（背景）、主角的目的、做事的方法（主题）以及故事的结局。这种改编是基于小读者对于故事的整体理解而做出的，更加符合储存在小读者头脑中的故事图式，因此他觉得"比妈妈讲的那个还要好"。

值得强调的是,发展幼儿的故事思维不是一个为幼儿建立模式的过程,而是一个打破模式的过程,没有所谓的标准答案,也没有所谓的正确顺序。幼儿需要的是尝试为不同的情境添加能够使其合理化相连的过渡环节,让连接后的情境符合故事逻辑,让故事的发展线索完整、清晰。在这里,改编的新奇性不是重点,发现故事的框架和要素,通过添加和改变情节使其完整和合理,才是改编活动的要点。

## (四)表演故事

表演故事能够帮助幼儿更好地理解故事。图画书是一种用图画和文字共同讲述故事的文学形式,其特点在于图画和文字的相互补充和说明。很多文字不能或者不想表达的信息,都可以通过图画展现得淋漓尽致。而幼儿对于图画的理解,如果能通过语言、肢体动作等进行表现,就会更好地体现出他们对于阅读内容的理解。

小霞老师曾经带领幼儿一起阅读和表演图画书《第五个》[①]的故事。她记录的教学日记如下。

在这本书中只有非常少而且高度重复的文字。图画有着丰富的表现力,却没有相应的文字详细解说。我将幼儿分成四个小组,请每一组的小朋友分别扮演五个受伤的玩具和瓢虫,并为自己的玩具编台词。在每次有一个玩具进入治疗室之后,其他几个剩下的玩具都要用语言或者动作表达自己的心情。我负责扮演医生。

我请第一组表演之后,另外三个组的幼儿立刻提出了不同意见。有的小朋友

---

① 该书由奥地利的恩斯特·杨德尔(文)、德国的诺尔曼·荣格(图)著,其简体中文版已于2020年由爱心树童书出品,南海出版公司出版。

发言说:"小木偶演得不对,它一开始不害怕,它还笑呢,后来才害怕的。""青蛙演得不对,它还吃苍蝇呢,你没吃苍蝇。""小玩具出来的时候都没说话,肯定不对,它们肯定说'我好了,你们别怕啊!'"……接下来,每个小组在表演时,都会在一定程度上丰富角色的台词和表演的内容。有的幼儿说:"一开始,小木偶想着'哈哈,我排在最后一个,真好,你们先看病吧,打针多疼啊',可是后来别人都看完了,它就哭了,它想'我真倒霉,所有人都走了,就剩下我了'。"后来,还有幼儿提出:"教师扮演的医生不能只站在后面,应该喊名字,叫下一位病人进来,因为医院都是这样的。"

在这个图画书故事表演的案例中,我们可以看到随着表演的展开,幼儿对于故事的理解不再停留于表面,而是逐渐深入对于角色的情绪体验中,并且发现了角色情绪的变化。他们还对故事的合理性提出了更多具有建设性的意见。

根据鲁梅尔哈特(1980)、安德森和皮彻特(Anderson & Pichert,1978)、阿尔巴和哈舍(Alba & Hasher,1983)以及曼德勒(1978,1984)等众多研究者对于故事图式的研究,我们可以把故事图式在故事理解中的作用概括为四方面,即选择、抽象、解释和整合[1]。由此,我们可以思考如何运用故事图式帮助儿童理解故事。

这里需要强调的是,无论是通过有目的、有序列地大量阅读图画故事书帮助幼儿逐渐获得故事图式(就像小霞老师发现的,可以将结构相似的图画书作为一个系列进行呈现,帮助幼儿发现其特点并用此规律理解更多、更复杂的故事),还是通过主题探究式的教学活动,使幼儿通过主动阅读掌握故事图式并表现出来,其最终目的都是促使幼儿在阅读中主动思考,而不仅仅是让幼儿掌握一种阅读技能。目前,有些幼儿园在实施阅读教学时,为了能让幼儿明晰图画书的结构,采用结构图、结构表等方式进行教学,其初衷可能是希望帮助幼儿建构和丰富故事图式,但其结果往往是让幼儿把阅读变成技能学习,偏离了学龄前阅读的根本目标——激发兴趣和丰富经验。故事结构教学曾经在中国台湾等地区非常流行,也在中国大陆有比较多的介绍,但有批评者认为,正是这种将在小学进行的

---

[1] 闵兰斌. 3—6岁儿童故事图式建构特征的发展研究[D]. 上海:华东师范大学,2007.

篇章结构教学以扩展故事图式的名义下放到幼儿园，伤害了幼儿阅读的兴趣和主动感知的能力。因此，本书着重对幼儿故事图式建构研究及其启示进行讨论，就是希望读者能了解幼儿建构故事图式的意义和一般规律，并深入思考成人在其中应起到的作用：在适当的时机提供恰当的资源，给予适当的帮助，而不是揠苗助长式地用所谓的教学来代替幼儿经验的积累和阅读能力的提高。

## 推荐阅读

○《幼儿图画故事书阅读过程研究》 康长运著

## 思考

尝试用逸事法观察和记录本班两三名幼儿的阅读过程。

## 家园合作小贴士

为了让家长配合幼儿的早期阅读学习，我们以班级为单位召开了家长会，为家长提供亲子阅读的家长学校课程。举办这种家长讲座的要点就是每次提供一个针对性强的主题，主题不要大，不要高，要切合家长的实际，解决家长的具体问题。从小事入手，从实事入手。

### 如何与孩子共同阅读一本图画故事书

家有小书虫，绝对是一件令人高兴的事情：小书虫的词汇量会很大，也就是我们常说的"很有词儿"；小书虫能安安静静、聚精会神于一本书很长时间，而不是吵吵闹闹、无休无止；小书虫往往见多识广，从书中汲取大量的信息和知识……很多家长都知道家有小书虫的好处，但也为很多有关阅读的问题而苦恼，那是因为他们还不完全理解一本书的阅读过程。

有的家长认为，所谓阅读一本书，就是翻开图书，给孩子读故事的那段时间。如果这样理解，就一定会遇到这些问题：书上的文字那么少，怎么读给孩子呢？读了一遍还不行，总是让我读，什么时候才能自己读书呢？我读得那么辛苦，他到底听懂了没有？……这些是我在讲座时经常听家长提到的问题，这也是家长的固有思维模式——不认识字的孩子只能依赖我们进行阅读。

其实，要解答这些问题，首先必须认清：①一本好的故事书是值得一读再读的，读者也必须在一读再读之后才能完整领略到其魅力，那种孩子读了一遍就能完全理解并被放在一边的图书绝不是好图书，或者说不是适合这个年龄段孩子阅读的图书；②反复阅读不是重复阅读，每次阅读的重点、每次阅读要讨论的问题都是不一样的，把握住第一次、第二次、第三次阅读的对话提问重点，才能更好地帮助孩子养成边阅读边思考的好习惯，才能让孩子逐渐从依赖阅读经由对话式的分享阅读最终过渡到独立阅读；③阅读的目的是理解故事，感受故事，对故事形成自己的看法，为了完成这些目的而进行的阅读才是有价值的阅读，对幼儿来说，希望他们通过一次阅读就能学习做人的道理是不太切实的目标。

如果能对这些问题达到理解和认同，我们就可以探讨一下同一本书在不同阅读阶段的重点。

当第一次拿到一本书时，家长首先应快速通读，大致了解书的内容，这样才能更好地引导孩子进行有目的的阅读。下面，我们就以《愿望树》这本书为例，详细展示一次完整阅读的全过程。

首先，阅读图书的封面是必要的，这样就能帮助幼儿对故事主人公和主要内容或者故事发生背景有大致的印象，形成一定的阅读预期。阅读这本书的封面，我们可以告诉孩子，这本书叫作《愿望树》，它讲的会是谁的故事呢？（小熊）这棵树就是愿望树吗？你猜猜，这棵树会满足小熊的什么愿望呢？

紧接在封面后面的有前言页，还有扉页，这些也是阅读的重要内容，但我们不建议第一次阅读的时候就带孩子看，在后面的阅读中，它们都有自己独特的作用。

接下来，翻开第一页。我们要记住，第一次阅读时，无论是为孩子朗读故事书中的文字，还是带着孩子先看图画再看文字，都要把阅读的部分权利交给孩子，通过紧密围绕故事主要人物、主要情节的问题，带动孩子主动理解和思考。翻开第一页，我们看到了一只倒挂在树上的顽皮、可爱的小熊，可以让孩子说说这是一只什么样的小熊，让他在观察图画的基础上对故事的主人公形成一定预期。

朗读图画书中的每一页，在朗读之后，一定要提出问题，让孩子对你朗读的内容有一个理解和思考的过程。例如，第二页，我们在朗读文字之后可以问孩子："哪只小熊是贝迪？它在做什么？（开着红色小车的小熊）弟弟说了什么？（该我了）贝迪会说什么？（我还想玩呢！这是我的车……）"其中，前几个问题都可以在图画中或文字中找到答案，提问的目的是帮助孩子借助画面更好地理解故事内容，而最后一个问题是在这页画面中找不到答案的，我们的目的是让孩子通过对画面的推测，联系自己的生活经验，将自己的主观意识投射到故事人物身上，从而形成自己对于图画书的看法。

我们第一次阅读时的提问主要包括这样一些问题：观察性问题（在做什么？什么样子？什么表情？）；判断性问题（什么心情？什么感受？在说什么？）；预测性问题（接下来会说什么？会做什么？可能会遇到什么？）；假设性问题（如果是你，你会怎么做？）；批判性问题（你觉得这样做好吗？你觉得这样做的后果可能是什么？）。这些问题都是紧密围绕主题进行的，尽可能不问与主题无关或关系甚微的问题。这种在成人对于文字的朗读之后，和孩子一起基于对画面的观察和对文字的理解而进行的对话式讨论和分享，可以起到启发思考、加深理解、考察理解程度和激发想象力的作用。

当这样阅读完第一遍之后，孩子往往会意犹未尽，因为这不是妈妈在给他讲故事，而是他在和妈妈一起读故事，这种掌握主动权的阅读方式会激发孩子更浓厚的阅读兴趣。接下来，我们要做的是鼓励孩子马上或者稍微间隔一段时间后再次阅读这本书，并且进行更加细致的观察和更加个人化的思考。

仍以这本书为例，当我们第二次阅读此书时，仍然要在封面上做短暂的停留，让孩子大致回忆书中的内容，鼓励孩子说出自己能理解、能记住的内容。然后打开美丽的扉页，让孩子看看故事发生地点的全景，带着孩子说说哪个是小熊的家，哪一棵是愿望树——这样的讨论可以唤起孩子的记忆。第二次阅读时，孩子已经大致理解了故事的内容，我们可以给孩子一些任务，让孩子更好地参与阅读，并且进一步体验故事中角色的心理感受。例如，阅读第二三页时，家长朗读到"弟弟在后面追"之后，就可以先读"弟弟不停地喊"，然后把弟弟的话留给孩子去读。孩子虽然可能不认识"该我了"，但是他们可以根据自己的想象和经验把弟弟的语言合理地添加进去，此时家长可以先肯定孩子正确的推测后再读出书上的文字。在低幼图书中，我们经常可以看到一些重复的语句，例如，本书中"对一只……的小熊来说，这些也不顶用啊"这句话反复出现和强调之后，孩子会对这些重复的语句非常感兴趣，家长也可以把这些句子留给孩子去读。

在本次阅读时，家长除了通过给孩子任务，让孩子参与朗读来加强孩子阅读的主动性，还应该引导孩子观察一些第一次阅读时没有关注的细节。例如：次要人物的动作、语言、神态；背景的变化；与情节关系较为密切的小材料（如本书中的油灯、烤饼）。切忌在第一次阅读的时候就让孩子关注过多的细节，这样并不能很好地培养孩子的观察力，反而会干扰孩子对于故事本身的理解。更多的对话，是在孩子基本理解故事情节之后的第二次阅读中进行的。此次阅读中，也可以让孩子再次体验人物的感受，让孩子通过想象补充人物的对话，这时由于孩子对故事内容已经有了基本的了解，他们想象和补充的内容会更加丰富。

  第二次以后的阅读，我们通常称为第三次阅读，也就是孩子完全了解故事内容之后，通过阅读不断加深理解、不断把自己的感受投射到故事中的人物身上的过程。通过前两次家长有目的、有步骤地指导之后，孩子会对图画书表现出极大的兴趣，并且往往愿意尝试着自己进行阅读。这时，家长要鼓励孩子摆脱文字的限制，用自己的语言表述自己对于图画的理解以及对于故事的理解。实际上，这也就是通过有效的对话式分享，帮助孩子从依赖阅读过渡到独立阅读的过程。在这次阅读中，家长可以尝试着让孩子通过表演、复述、讲述等形式脱离书本的限制，更多地用自己的语言进行表达；也可以根据孩子的年龄特点和已有水平鼓励孩子续编甚至改编故事，完成真正的个人化阅读。

  由此可见，一个完整的阅读过程至少要经历三个步骤：初步阅读——以完整领会故事基本情节为目标；体验阅读——以深入感受故事中的人物思想，尝试参与阅读为目标；享受阅读——以个人情感的投射和对故事理解的展示为目标。而每个步骤中，家长的角色都是引导者和对话者，以及激发孩子主动参与阅读过程的角色，家长的作用是逐步弱化的。只有当家长不再是阅读的主人时，我们的小书虫才有可能真正成为阅读的主人。

# 第三章

## 走进图画书的世界

### ——幼儿阅读材料分析

本章将会讨论:

- 图画书是什么
- 无字书
- 可预测图书
- 非故事类图画书

在前面的章节中，我们了解了早期阅读的基本概念、价值和意义，幼儿阅读学习的基本历程，幼儿阅读的心理机制以及幼儿阅读理解的过程。在幼儿的阅读经历中，与成人的支持和指导同样起到举足轻重作用的，还有孩子们接触到的阅读材料。

在之前的章节中，我们采用了几个容易让人感到困惑的词语：阅读材料、图画书、图画故事书等。它们之间是否有同样的意义呢？

幼儿的阅读材料是广泛的，除了常见的适合幼儿阅读的图画书外，还有很多材料都可以被幼儿阅读。因此，阅读材料可以被简单概括为专门为幼儿出版的早期阅读书刊，以及生活中常见的符号、图案等具有一定意义的可以被幼儿观察、提取信息和建构意义的文本材料。

图画书是幼儿最喜闻乐见和易于接受理解的阅读材料，我们可以按照内容的不同，简单将之分为图画故事书和非故事类图书。具有人物、场景、时间、事件（起因、发展、高潮、结局）等要素以及连续的情节的图画书，我们称之为"图画故事书"；以一个主题、观点或一个、一系列知识、信息组织起来的图画书，我们称之为"非故事类图画书"。两类图画书都可以是图文并茂的形式。

近年来，常见的一个词语是"绘本"。"绘本"一词来源于日文翻译，若翻译成英文，即"picture book"，仍然是图画书的意思。但很多绘本爱好者不愿意用图画书来称呼它，因为他们想将它区别于"illustrated book"（插图书）。他们认为，二者的区别主要在于前者着重于用图画讲故事，图画起到了不可取代的作用，假如缺少图画或者读者没有认真地观察和感受图画，故事内容就会变得不完整，甚至失去了图画书的内涵。例如，我们前面提到过的《母鸡萝丝去散步》，假如没有图画，仅是阅读文字"一只母鸡出门散步，走过院子，绕过池塘，穿过篱笆墙……最后回到家吃晚饭"，那么这个故事一定是枯燥无聊的。但是，当图画为读者展示了狐狸想吃母鸡不成，反倒弄得自己伤痕累累的画面后，这个故事就变得生动有趣，还带着一些反讽的意味，于是成为脍炙人口的经典图画书。而后者，所谓插图书，则是有文学故事脚本在前，其本身就是一个完整的文学作品，即使没有图画的补充，读者也能够读懂。这时，图画变成一种再创作，是图画作者根据自己对原有文学作品的理解，用图画的形式展现在读者眼前，好的绘画作品会起到锦上添花的作用，但这些图画并不是必不可少的。

有研究者这样定义绘本:"绘本是儿童文学的一种特殊种类或类型。绘本是可以只有图画,且图画支配着正文,或是文字和插图占有同样重要地位的出版品。"(Shulevitz,1989)。

中国台湾地区著名绘本作家、出版人郝广才在他的《好绘本如何好》一书中这样描述绘本:"绘本大概是一本书,运用一组图画,去表达一个故事,或一个像故事的主题。画面的连贯和韵律的好坏决定了绘本的成败。插画书就像建一座'桥',来连接文字内容和读者内心。一幅插图是文本的一种放大,一种诠释。它让孩子更容易理解文字的含义。"在他的定义中,我们看到,他口中的绘本不再拘泥于是先有文字再来配插图,还是图画和文字共同产生,共同讲述故事。在他的眼中,图画和文字都具有表达的功能,二者无论谁先谁后,无论共生还是后配,只要能共同或分别诠释一种紧贴主题的意义,并且将这种意义用直击人心的方式转递给读者,用连贯的、具有韵律的方式搭建读者和主题之间的桥梁,这就是绘本,而且是好绘本。

本书将儿童阅读材料定义得尽可能广泛,故此没有刻意区分以上概念。这些材料之间由于分类方式的不同,有时候会有所重叠,为了表述方便,下文主要用"图画书"一词表示专门为儿童创作、出版的阅读材料(涵盖图画故事书);用"图画故事书"一词代表具有情节的,用图画和文字共同讲述故事的阅读材料;用"非故事类图画书"一词代表非小说类和资讯类图画书。由于学龄前儿童识字量和自主阅读能力的限制,本书不讨论以文字为主、仅可以由成人朗读给幼儿听的故事书,但不代表此类故事书不能成为幼儿用倾听的方式欣赏儿童文学的途径。

## 一、图画书是什么

图画书,由于其图文并茂的形式而受到学龄前儿童的喜爱。幼儿往往凭借对于图画的理解,就投入阅读的世界。然而,正是由于幼儿对于图画书的喜爱,让成人觉得"有机可乘",随即给予图画书很多"功能"或者说"价值",希望幼儿在阅读图画书的过程中可以收获更多。于是,当外在功能过盛,甚至外部功能掩盖了事物的本质时，异化就发生了。因此，当我们讨论图画书时，有必要先来看看图画书的本质特征。

## （一）图画书的叙事本质

图画书首先是用来讲故事的书。一般而言，故事共同具备的因素是：人物、情境、问题、事件、解决方案和主题。它不同于其他种类图书的特点在于它用图画和文字共同构建意义的世界，二者相互补充，相互支撑，合作完成一个故事的讲述过程。图画书里的图画，不仅仅是视觉审美的对象，还是有着独特的韵律、组织结构和叙述技巧的视觉艺术，它与文字的结合呈现了独特的叙事本质。

### 1. 图画语言及图画的可读性

图画是可以被阅读的，那是因为图画中有着丰富的信息。这些信息不仅仅是表面上的是什么、有几个、什么颜色等表现事实的信息，还有表现关系、态度、过程等方面的信息。我们以一些图画故事书为例来分析图画信息的表达通路和教师在指导幼儿阅读时的引导方式。

#### （1）人物的形象（造型）

是人物让我们喜欢故事。人物让我们常常回头翻看某些书，并找出更多关于这些人物的书来看。我们之所以能认同一些人物，是因为我们能在他们的想法和做法里看到自己的影子，因为我们借助人物融入故事中。

人物产生行为。人物是故事里发起行为或对行为做出反应的人。事件发生在人物身上。他们的反应或决定使故事朝一个方向或另一个方向发展。没有人物，故事只是对事件的描述或叙述。

决定人物在故事中是否鲜明的一个原则是：如果把人物和人物的特征去掉，故事是否还和原来一样？是否还像原来一样有趣？如果去掉了主人公，故事就和原来不一样了，说明主人公足以带动故事。

画家在设计人物的形象时，除了考虑视觉上的美观外，更重要的是考虑角色的个性特征如何通过造型表现出来。

一位优秀的图画作者,会在角色造型上下很多工夫。我们以几个人物造型为例加以解说。

"鳄鱼阿宝"[1]是意大利插画家朱里安诺笔下的一个人物,它戴着漂亮的厨师帽,笑容可掬,身体总会略向前倾,表现了它的和蔼与谦逊、善良与热情。但是,它微微张开的嘴里那锋利的牙齿也会提醒读者,这毕竟是一条鳄鱼,它有着凶残或者不完美的一面。就像在故事中,它和它的好朋友大熊阿比有合作,也有竞争。朱里安诺说:"当我在设计和表现一个人物时,我不想把它单纯地设计为好人或者坏人。实际上,好人也有恶的一面,而坏人也

有善良的一面,虽然孩子是单纯的,但我不希望展现给他们一个简单的、平面的世界。"

当我们指导幼儿阅读图画时,我们往往会提出"是什么"和"什么样"的问题。这类问题引导幼儿注意观察角色的形象,并且试图从角色的长相、着装、神态上去猜测角色的身份、职业、性格等。这就是对角色造型的阅读。

### (2)角色的动作

图画书是静态的图画,却能讲述动态的故事,其中的一个重点就在于人物的动作。画家必须捕捉角色动作中最具有代表性的动作和一瞬间的动态,才能让图画"动起来"。

《大卫惹麻烦》[2]就是用大卫的一系列动作来讲述故事的。

大卫的单个动作展现了他在做什么,而他的一系列动作充分展示了他的个性特点和作者想要

---

[1] 该人物出自图画书《一片披萨一块钱》,该书由郝广才(文)、意大利的朱里安诺(图)著,已于2010年由新星出版社出版。

[2] 该书由美国的大卫·香农著,余治莹译,其简体中文版已于2019年由启发童书馆出品,河北教育出版社出版。

展现的主题。

当我们指导幼儿阅读时，我们往往会提出"做什么""怎样做"以及"接下来会发生什么（动作）"等问题，这些问题都直接指向了角色的动作、动作过程以及动作的后果。

### （3）角色的眼神

角色的眼神不仅透露角色的内心世界，也透露作者希望读者关注的焦点。就同我们关注交谈中对方的眼神可以了解其内心的想法和他关注的对象一样，图

画书中的人物也在用眼神和我们对话，而作者也往往通过角色的眼神来引导我们的眼睛。在《跳舞吧，小雅》①一书的这幅图画中，全家人目光的焦点都在小雅身上，虽然画面中有七个人物，而且占据了绝大部分画面，但真正的主角还是小雅。这就是目光造就的"阅读引导线"，帮助读者找到图画作者想要重点突出的部分。在阅读这样的图画时，我们往往会和孩子讨论："他们在看（关注）什么？""他们看到了什么？"向孩子暗示作者的意图和表现手法，同时引导孩子关注画面的主要信息，或从众多信息中提取主要信息。

### （4）角色的关系

无论是通过动作、眼神还是姿势，图画的叙事性都表现在画面中角色之间所存在的对话关系中。当众多角色之间搭建起一个因为事件而构成的桥梁时，故事便产生了。图画作者在设计图画故事书的插图时，不仅会考虑到图画要为故事的主线服务，表现文字所不能表现的内容，还要考虑到让读者在反复阅读图画时总

---

① 该书由美国的戈什（文）、日本的市川美里（图）著，姚文倩译，其简体中文版已于2021年由启发童书馆出品，河北教育出版社出版。

能找到一些新鲜的视觉焦点、新鲜的阅读内容。而角色之间微妙的关系,往往可以成为反复阅读的内容。当多个角色同时出现,彼此之间存在合作、争执,而不是平行的关系时,我们往往会引导幼儿去思考:"他们在做什么?""他们想对对方说什么?""他们是怎样想的?""他们还会做什么?"这时的重点不在于讨论动作或语言本身以及由动作或语言产生的后果,而在于讨论由动作、表情、语言等产生的双方对彼此的态度。例如,在《像妈妈一样》①中的一幅插图中,三只动物宝宝接住险些从树上掉下来的狮子爸爸,每只动物宝宝都用尽了全力去托举它。树上的小豹子也想去拉住它。狮子爸爸的表情既无辜,又无奈,非常滑稽。只有它的儿子小狮子在大树的另一边悠然自得。而本页的文字写的是:"那棵很老的歪脖子树,是我和朋友们最喜欢去玩耍的地方。"显然,图画告诉了我们主人公和它的朋友们为什么喜欢去歪脖子树玩,不仅仅是因为那棵树,更是因为主人公可爱的"老爸"。

在这幅图中,我们可以看到许多对话:树下的三只动物宝宝之间在说什么?树上的小豹子和树下的小豹子在说什么?左上角的小狮子在和伙伴们说什么?动物宝宝在和狮子老爸说什么?它们之间的表情、动作和语言都构成了让人产生无限想象的对话空间,而这个对话空间就是角色之间具有叙事性的关系。

---

① 该书由英国的大卫·梅林著,林昕译,其简体中文版已于2018年由海豚传媒出品,上海文化出版社出版。

### （5）构图和布局

除了主要人物的动作、表情以及角色之间的关系等元素可以被作为画面信息阅读外，图画本身的构图和布局也具有阅读的价值。我们以图画书《大猩猩》为例，解读一下作者对直线和距离的运用。

我们先来分析表现主人公安妮和爸爸之间关系的几幅图。

安妮和爸爸之间的关系，被作者用有形和无形的空间分割了。在其中一幅图中，他们面对面坐在餐桌的两端，餐桌、报纸都造成了两者之间的壁垒，没有交流，只有疏远和陌生。在另一幅图中，安妮站在进门处，爸爸在伏案工作。安妮被拉长的身影横在二者之间，让原本并不遥远的距离显得非常远。之后的图中，即使安妮已经悄悄走到了爸爸的背后，高高的椅背仍然是他们之间的分割线。爸爸的后背和椅背一起阻挡了安妮和爸爸的交流。虽然三幅图在安妮和爸爸的距离上是逐渐拉近的，但是二者之间的疏远是越来越明显的。安妮渴望来自爸爸的关爱，而忙碌的爸爸无暇与女儿交流。空间上的近和气氛上的远，都被饱含深意的构图展现出来。

另一组画面却给我们完全不同的感受。安妮和大猩猩第一次见面时的距离就如此接近，小小的栏杆根本挡不住安妮的视线；紧接着，大猩猩来到了安妮的面前，他们之间几乎没有任何阻挡物。在另一幅图中，安妮的手几乎没有和大猩猩分开过。

同样是两人面对面就餐的画面，餐桌的设计也与安妮和爸爸就餐时的餐桌大不相同，前者是窄而长，显得两人十分遥远，而后者是宽而扁，两人看起来伸手可及。而且，两者之间也没有什么遮挡物，即使满满一大桌子的美食，也没阻挡他们目光的交流。

所有这些构图和布局的设计，都直接透露了作者的创作意图。我们可以用语言讲述的方式向幼儿展露我们对于画面的理解。例如，我们在为幼儿讲读安妮和大猩猩去动物园的画面时，可以说："安妮的手一直轻轻扶着大猩猩的腰，好像舍不得放下来。"这些内容虽然没有被写在文字中,但在图画里一览无遗。我们可以将图画的内容用语言表述出来,帮助小读者关注画面所传达的叙述性信息,同时增加语言的经验和阅读的经验。

### (6)线索、规律和翻页设计

很多优秀的图画书都会在书中安插一个有趣的线索或规律,这既能起到贯穿全书的作用,也能让幼儿在发现这个线索后有目的地循着线索进行阅读。

这个线索可能是一样东西(角色)、一系列场景,也可能是一个无形的规律。

在《打瞌睡的房子》[①]一书中,角色从大到小一个个地睡去,又因为跳蚤咬了老鼠一口,而一个个地醒来。角色的大小和相克关系成为一条隐含的线索或者规律,为读者设计了一个循环往复的、可以通过细节预测的故事。在此,画面的可读性就不仅体现在画面表层的信息——从大到小上,还来自读者对于这些角色之间相克关系的认知。读者如果没有想到老奶奶管着小孙子,小孙子管着小狗,而狗追猫,猫追老鼠,老鼠追跳蚤这一系列关系,就无法领会到故事的幽默和有趣。反之,读者如果通过观察和思考,理解到这一系列关系,就会在阅读图画的过程中体会到更多趣味。

图画的可读性不仅来自单幅画面,也来自画面之间的关系。图画书是由一幅幅静止的画面组成的,虽然画面上的动作可以带来动态的想象,但这些图画毕竟是某个瞬间的定格,而定格之间的时间和空间都需要读者发挥想象加以填补。正是这个空间,造就了阅读中想象力的发展。

---

[①] 该书由美国的奥黛莉·伍德(文)、唐·伍德(图)著,柯倩华译,其简体中文版已于2017年由信谊图画书出品,明天出版社出版。

在图画书《疯狂星期二》①中，两个画面令人印象深刻。在上一页中，一只突然获得飞行功能的青蛙在院落中与大黄狗相遇，其结果当然是大黄狗追逐导致青蛙落荒而逃。但当读者迫不及待地翻到下一页时，却看到了完全不同的景象：成群结队的飞行青蛙神态自若地从天而降，这次逃跑的自然是势单力孤的大黄狗了。

在没有任何文字说明的情况下，仅仅依靠图画的表现力，小读者就可以完全读懂这两幅画面的含义。而两幅画面之间的空间，就体现在一多一少、一跑一追的力量对比和关系转换中。这种对比和转换造就了翻页过程中的惊喜，也就是图画书具有动感的翻页设计带来的可读性。

### （7）色彩和细节

图画是线条和色彩的艺术。图画书作者在创作图画书时，一般会根据婴幼儿的特点，选取清新、明亮的色彩。但并不是只有高饱和度的、亮丽的色彩才可以被用来创作图画书。实际上，大多数作者都是在根据情节及其要求的气氛来创作的。

在《阿比忘了什么》②一书中，作者特别提到三个页面的用色设计。

在最开始的画面中，为了表达阿比和阿宝是好朋友，轻松愉快地一起生活，图画作者选用了明亮、轻快的颜色，力求画面干净、清新，让读者看起来觉得很

---

① 该书由美国的大卫·威斯纳著，其简体中文版已于 2020 年由启发童书馆出品，河北教育出版社出版。

② 该书由郝广才（文）、意大利的朱里安诺（图）著，已于 2014 年由新星出版社出版。

愉快。

而在故事中,阿比翻来覆去睡不着,想着自己到底忘了什么,色彩也因为夜深而逐渐变暗。在阿比考虑自己是否锁门、担心会不会有妖怪进来时,图画作者着重使用了紫色和青绿色,表现一种恐怖和诡异的氛围,同时用扭曲的线条表现一种超现实的感觉,以区分阿比的想象和现实。

在结尾处,阿比终于想起了自己忘了什么,两个好朋友在深夜一起喝茶、谈心,以及后来阿比在房间里安稳地睡着,都运用了温馨、温暖的色彩,给读者以平和、宁静的感觉。

很多图画作者都喜欢在图画书中添加一些看似无关的细节,有时这些细节需要读者细细品

味,才能咀嚼出它们与图画书内涵之间的关系,有时这些细节毋宁说是作者和读者开的一些小玩笑,希望读者在反复阅读中发现这些精细之处,将阅读中的惊喜作为一种乐趣。就像在前文中提到的《大猩猩》一书一样,在大猩猩和安妮准备外出的画面上,你可以看到多少只大猩猩?你有没有发现门有两个把手?如果我们认为两个把手是一种超现实的表现,暗示着这是安妮的梦境,那么墙上的世界名画《老妇人》中的主角变成大猩猩的样子,又意味着什么呢?对小读者而言,

这显然意味着阅读的乐趣，意味着无穷的想象力。

我们列举了图画的语言和图画的可读性，目的在于通过对一些图画书的分析，帮助大家体会图画阅读的趣味。但是，这并不意味着每位读者在阅读每一本书时都必须认识到和体会到这些内容，更不意味着小读者能够把这些感受用语言明晰地表达出来，尤其是人物的关系、构图和布局、翻页之间的关系以及色彩和细节等。作为成熟的读者，我们在阅读中了解这些图画书创作中的规律和作者的意图，可以让我们对图画书有更多的了解和热爱，从而带领孩子们一同走进图画书阅读的世界，在愉悦的阅读体验中，在"喜爱"的引领中积累阅读经验，在自由的阅读氛围中表述自己通过阅读获取的信息和感受，而不是只有读出并说出作者的创作意图才算读懂了一本书的图画。

### 2. 文字语言及文字意义的依赖性

图画书是文字和图画共同讲述故事的艺术形式。也有研究者称，图画书是儿童文学的特殊表现形式。除了上文提到的图画具有可读性之外，文字也有着重要的作用。但是，图画书中的文字不同于插图书或者纯文字文学作品中的文字。前文提到过，后者是可以不借助图画独立存在的，而前者缺失了图画就不能单独构成文学作品。另一方面，图画在表达意义的时候，也不能面面俱到，同样需要文字的点睛。对于图画书图文关系的探讨和研究，不仅仅是图画书作者关注的话题，也是教师在阅读指导过程中要着重思考的问题。

日本图画书大师松居直称真正的图画书"不是图＋文的关系，而是图×文的关系"。我国儿童文学学者朱自强根据这个公式，进一步强调"图画和文字两者的赋值都应大于等于3"，也就是说，图画和文字很好地配合所产生的艺术效果要远远大于两者简单的相加。

如果我们从创作过程来思考图画和文字的关系，就能够更好地了解图文关系的产生。一般我们可以把图画书的创作过程分为三类：先有文字，再配以图画（往往是图文作者分离）；图画和文字共同产生，往往是图文是同一作者，在创作时就考虑文字和图画的配合；先有图画，后配以文字（可以是图画作者本人或其他文本作者）。大多数作者的体会是，最初就将图画和语言作为同等表现手段来运用，以表现特定的内容，而不是将图附加在既成的语言表现上，能产生出最佳的图画书效果。先有文字再配以图画，是图画作者对文字的阐释和二度创作；而先有图画再配以文字，则更像是画册。尽管以上三种图文创作组合的创作过程不同，但都能产生优质的作品，关键取决于作者对于作品的定位，以及文本作者、图画作者和编辑对于作品的理解与定位，而这种理解与定位也将影响读者在阅读时的收获。

一般而言，图文高度对应的图画书主要用于专门为低幼儿童设计的认知和语言学习上。这类图画书的意义在于用精美的图画、明快的色彩、简洁浅显的文字激发小宝宝阅读的兴趣，认识一些基本的图形、事物的名称，或者说形成语音和语义的关联。爸爸妈妈在和小宝宝看这种书的时候，往往是一边指着图画，一边读出相应的文字。

美国图画书研究者珍·杜南（Jane Doonan）指出："图画有两种基本的传达方式，即指涉和示意。指涉的意义一目了然，呈现某样东西的图画就是指涉那样东西。举例来说，一个苹果的象征符号指的就是苹果这种水果。这个象征符号的意义直接附属于物件本身。……另一种传达的方式叫作示意，意思是当图像需要表达抽象的意念、状况、想法等无法直接说明的东西时，不论是据实描绘或用暗示的手法呈现，都可以借着图画本身的质地与包含的物件显示出来。这类象征符号的意义并不像指涉那样直接明确，必须从许多假设当中去选择最合适的，而其中配合着图像与文本所做的最佳选择，最后成为诠释的依据。"

从这段论述中可以看出，图画和文字高度对应，如果运用到低幼儿童的认知或语言学习图画书中，就主要运用了图画的指涉功能。这样的图画书是可以成立的。而如果将这种方式运用到较复杂的幼儿文学作品中，就不能起到图画书应该起到的作用。一些被批评为只具有装饰效果，或者只起到重复说明和展现文字作用的图画书，就是因为缺乏了示意的功能，或者说表现得不够充分。因此，也就降低了图画的可读性和文字对于图画的依附关系。

一般认为，先有完整的文学脚本，再配以插图，很难形成优秀的图画书，因为文字已经非常成熟，图画难以获得足够的空间。但是，优秀的图画作者还是可以在文字中找到图画的生存空间，并且用图画将文字的意境、意向、意念加入充分的想象而变得更加深远，并通过图画产生文字不能体现或难以体现的感染力。

例如,图画书《背影》①的文字是朱自清先生的著名散文,即使完全没有图画的帮衬,也已经是一篇感人至深的文章。但是,在意大利插画家克拉迪奥的笔下,却产生了意想不到的效果。

图画作者用被乌鸦踢翻的破碎的瓷罐来表达"这几年来,父亲和我都是东奔西走,家中光景是一日不如一日"。文字中没有提到乌鸦、瓷罐,这两个形象的产生显然是图画作者为了渲染一种荒凉、疲惫的意境。这种意境可以被读者清晰地感受到,从而产生对于"东奔西走""一日不如一日"所描绘的情景的强烈体会和认同。

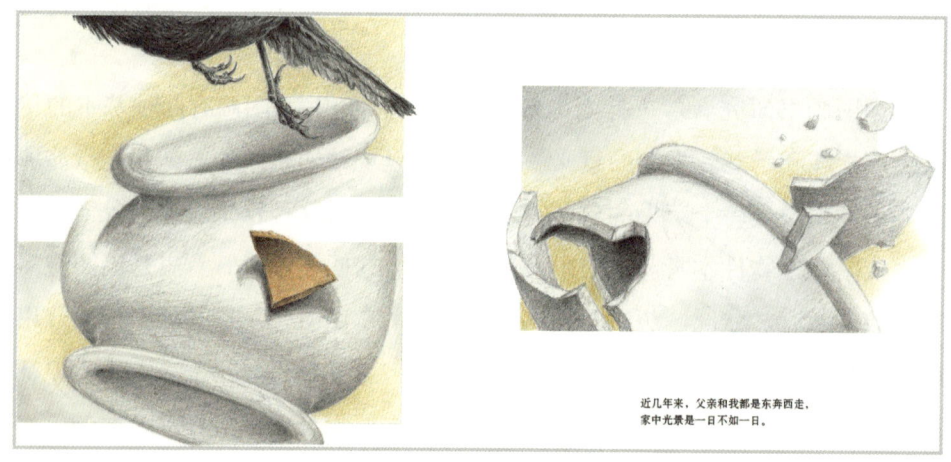

可见,优秀的图画书不一定是图和文字共同产生的,而是图画作者能够用图像体现字里行间的内涵和意境。

图画书作者的创作经验,可以为我们指导幼儿阅读图画书提供很多启示。例如,一位成熟的图画书作者会着重安排图文的加法关系和减法关系。首先来看加法。加法有两种,第一种是画出文字没有直接说出的内容,例如,在创作《小红帽和大灰狼》这个故事的图画书时,其中一页的文字内容是:大灰狼对小红帽说"我们到树林里去比赛采花吧!"。这时,绘者首先要做加法。画面上不仅有大灰狼和小红帽,还要有文字中提到的树林、花,以及随之自然产生的蝴蝶、小路、远处外婆家的房子,等等。这就是根据故事所要表达的内容,增加文字没有说出

---

① 该书由朱自清(文)、意大利的克拉迪奥(图)著,已于 2013 年由新星出版社出版。

的内容。另一种加法是通过图画展现文字难以直接表达的内容,例如,文字描写的是"一只看起来非常善良的狼",善良并不难表现,但怎样才能表现"看起来"呢?图画作者可能会在笑容满面的狼的口袋里放上几块刚刚啃完的骨头,这个内容并没有出现在文字中,也不对故事情节有直接的影响,但能很好地体现什么是"看起来非常善良",这样就能表现出这只狼是不可信任的。这需要图画作者对文字的充分理解力,并具有丰富的想象力。

同时,图画作者还要不时地对画面做减法,将文字所能直接表达的内容去掉或者简略表现。例如,图画作者要画的重点是狼在和小红帽交谈。狼的嘴和小红帽的嘴才是最重要的,这个时候,它们所谈的内容可以由文字展现,就不需要在画面中出现,只要突出表现狼奸诈狡猾的表情和小红帽善良、天真的表情就可以了。

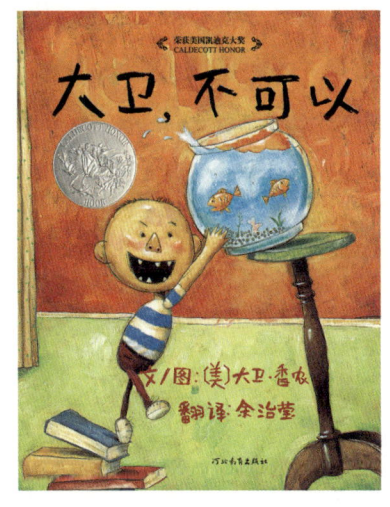

在图画书《大卫,不可以》[1]中,我们就看到了类似于画外音的图文关系。而这种作者(虚拟的角色)与画中人物的对话,虽然不是文字与图画所表现的内容一一对应,但可以被小读者很好地感知和理解。在这本书中,画面上展现的是大卫一个又一个令人忍俊不禁又无可奈何的淘气举动,而文字反复出现的是:"大卫,不可以。"我们在图画中可以看到大卫的置若罔闻,也可以听到说"不可以"的妈妈的紧张和无奈。全文没有用一个字描述大卫在做什么,也没有用一个字描写妈妈的心情,但是小读者在阅读过程中可以感受到妈妈口气的改变。此时,文字借助图画所表现出来的感情色彩得到了充分的体现。

另一本经典图画书《鳄鱼怕怕 牙医怕怕》[2]也是通过图画和文字的相互映衬营造了一个幽默而睿智的故事。鳄鱼想去请医生拔牙,但是心里非常害怕,医生

---

[1] 该书由美国的大卫·香农著,余治莹译,其简体中文版已于2019年由启发童书馆出品,河北教育出版社出版。

[2] 该书由日本的五味太郎著,信谊编辑部译,其简体中文版已于2022年由信谊图画书出品,四川少年儿童出版社出版。

想到自己要为鳄鱼拔牙,当然也非常害怕。两个角色说着同样的台词,有着同样的表情和动作,彼此害怕,由此产生了强烈的戏剧性冲突。尤其是表达双方心情的、完全一致的文字,更能表现出这种对立和冲突。小读者在阅读过程中要不停地转换角色,体会角色的内心世界,会很容易地被带进戏剧性的冲突中,因此读得津津有味。这里的图画和文字的关系就是恰到好处的缺一不可。

　　了解图画书作者对于图文关系的理解和创作思路,可以帮助我们不会简单地将图文关系看成概括、解释、包含的关系,而是从图画书所要表现的主题、个性化的表现手法以及读者的阅读体验上去思考指导的方案。图画书中图画和文字的复杂关系,就像英国大卫·刘易斯(David Lewis)在《阅读当代图画书:图绘文本》(Reading Contemporary Picturebooks: Picturing Text)中所指出的那样,可以借用音乐术语的比喻,把图画与文字的交互作用比作"交织""二重唱""协同互增""轮唱""合奏""对位"等。我们也可以依据这样的图文关系,在和小读者共同阅读图画书时,根据不同的图画书、不同的图文关系、不同的创作意图调整阅读重点,从而达到更好的阅读效果。

　　需要强调的是,文字对于图画的依附是图画书的特点,因此,在图画书的阅读中,我们需要为幼儿留出图画阅读的空间。既不要把文字作为猜测图画的标准答案,也不要把图画作为文字的注脚,这是对图文关系过于简单的解读。有些成人在指导幼儿阅读时,请幼儿说说图画中表现了什么,然后用书中的文字加以概括。实际上,文字与图画的关系不仅仅是概括,还可能有其他很多种关系。这样的指导或者教学容易让小读者产生对于图文关系狭隘的理解,容易将充满智慧和个性化解读的阅读过程变成看图说话和猜谜的活动。

## (二)图画书的儿童立场

　　图画书作为一种特殊的艺术形式,其图文关系一直是作者和读者共同关注的问题，但图画书最终还是被列入儿童文学的范畴（这里不讨论专门为成人创作的图画书、漫画书等），因此，我们还要从儿童文学的角度对图画书进行一番探讨。

作为适于儿童阅读的材料，图画书必须具有儿童的立场，也就是反映儿童的生活、表现儿童看到的成人世界的生活、展现儿童想要的生活（想象和幻想）等。

### 1. 反映儿童的生活——自己的世界

儿童的生活是丰富多彩的，用图画书反映儿童的生活，让小读者在书中找到自己的影子，用另一种视角反思自己的生活经验，体会自己的生命，是儿童文学的本体价值之一。

学龄前儿童的生活包括什么？我们可以粗略地将其分为如下两大方面。

- ◇ 基本生活内容：进食、睡觉、排便、探索身体
- ◇ 基本探究活动：探究自然世界、探究人际关系、对自我的探索和发现

以此为主题反映幼儿生活的图画书占低幼图画书的绝大部分。它们既向幼儿展现了他们可以且想要了解的世界，又向幼儿展示了别人去探究这个世界的过程，尤其是对自我的发现这一主题更是如此。当小读者对一些问题感到困惑又无法明确地表达自己的困惑时，一本展示相同困惑的图画书就可以带领小读者进入一个对话的空间。

《小象邦邦鼻子长》讲述的是一只小象对自己外貌的困惑和不满。它像所有幼儿一样争强好胜，想做别人能做到的一切。当它受到来自青蛙的挑战，想要把自己的鼻子藏起来时，它的困惑产生了——和别人一样才是好的吗？和别人不一样的、与众不同的部分就是令人羞愧的吗？在学龄前儿童逐渐形成自我意识，而自我认知尚不稳定的情况下，这个问题可以引发小读者强烈的共鸣。当他们争相回答"我觉得小象的鼻子很好，它不用难过，也不用藏起来""我也想有小象的鼻子，不过，可能看起来不是很好看吧""小象有鼻子才好看，没有就不好看了"时，他们不仅在为小象的困惑寻找答案，也是为自己与他人的共性和差异寻找答案。

《我为什么讨厌穿裤衩》和《我为什么讨厌那个女孩》都是用第一人称的视

角讨论幼儿遇到的问题与产生的困惑。小读者在阅读这类图画书时,读到的不仅仅是人物的困惑,也是自己的困惑。这类书更容易唤起幼儿已有的经验,并且将生活经验投射到图画书中,产生自我和角色体验的关联。

### 2. 表现儿童看到的成人世界的生活——现实的世界

图画书不仅反映儿童自己的生活,还用儿童的视角反映他们看到的成人世界的生活。这种视角可能是被成人忽略的,甚至完全不理解的。图画书作者基于对儿童的理解,用一种风趣幽默的口吻表述出来,恰好满足了幼儿对于成人世界的好奇和用自己的方式表达这种好奇的需要。

图画书《我爸爸》[①]《我妈妈》[②]用儿童的视角演绎他们心目中的成人。能干的爸爸妈妈成了他们眼中的大明星、超人、魔法师或者某一种动物。我们在日常生活中,也确实经常看到孩子用这种方式描述他们的父母,"我的妈妈像公主一样美丽""我的爸爸比大野狼还厉害,他会打大野狼""我的妈妈就像NONO机器人[③]一样,一下子就把房间收拾好了",等等。图画书既展现了幼儿看到的生活,也为幼儿观察和展示他们看到的生活提供了学习的范本。

---

[①②] 两书均由英国的安东尼·布朗著,余治莹译,其简体中文版已于2019年由启发童书馆出品,河北教育出版社出版。

[③] 幼儿节目《天线宝宝》中的人物。

儿童看到的生活不是只有美好的糖果色，也有痛苦和阴霾。当在图画书中看到其他人的不幸时，他们才能更好地认识和解释自己所遭遇的不幸或者不快乐。有相当一部分描写被忽略、恐惧、焦虑、困惑、贫穷、死亡、单亲家庭、灾难、战乱和离散等题材的图画书，可以帮助小读者看到别人在这些负面情绪和事件面前是如何处理的，从而减少他们的不安和焦虑。

### 3. 展现儿童想要的生活——想象的世界

图画书除了反映现实、帮助小读者扩展对现实世界的认识外，还担负着扩展儿童想象世界的功能。

想象是人在脑子中凭借记忆所提供的材料进行加工，从而产生新形象的心理过程。也就是说，人们将过去经验中已形成的一些暂时存在的、彼此之间并无必然关系的元素进行新的关联或者结合，从而产生的形象。例如，人们将可以快速奔跑的马和可以展翅翱翔的鸟的形象结合在一起，于是想象出了可以飞的马。它是人类对客观世界的一种特有的反映形式。儿童在日常生活中获得了很多零散存在的经验，但由于其经验的系统性差，思维处于前逻辑状态，因此他们对于要素之间的结合有较少限制，也就是我们常说的"想象力很丰富"。但是他们的经验零散，数量较少，所掌握的结合、迁移方式较少，所以他们的想象力还需要在扩展经验、开阔眼界的过程中加以提高。

图画书阅读，一方面可以为小读者提供想象的原型——各种各样的人物、场景和事件，另一方面可以为小读者展现想象的方式——作者是如何基于生活中的表象而展开想象的。

我们以无字书《波罗历险记》[①]为例，看看作者向幼儿展示了哪些可供加工的生活元素，又是如何将这些元素加以组合，变成充满想象力的故事的。

主人公小狗波罗住在一个孤岛上的小树洞里，他要出门，必须走一条绳索桥。故事的开端，我们看到了生活中的诸多原型：小狗所代表的儿童，儿童生活中常见的家、房子、书包、服装等。这些元素都是小读者熟悉的内容。即使绳索桥看起来有些离奇，但走平衡仍然是孩子熟悉的生活。然而，故事很快进入了想

---

① 该书由法国的雷吉斯·法勒著，其简体中文版已于2017年由二十一世纪出版社出版。

象的世界。线条架起的桥并没有连接到一块平坦宽阔的陆地、进入普通人的生活，而是蜿蜒向上，像一部梯子一样伸向了天空。接着，小狗波罗就在这条线上翻山越岭，还玩起了滑梯。山、梯子、滑梯都是儿童生活中具体而现实的存在，但是当他们被一根线条表示并且凭空出现在天空时，就构成了创造性的想象。

这本无字书之所以能够得到幼儿的喜爱，就是因为它无所不在、无所不及的想象为小读者打开了一扇通向神奇世界的大门。幼儿在阅读这本书时，甚至不时发出惊呼，每每被作者带进惊险离奇的世界。但是由于作者的每一处想象都与儿童的生活原型密切相关，因此幼儿并不感到突兀和难以理解。

儿童的本质是主动生活和生长的有机体。图画书作为儿童文学的一种特殊形式，正是用它的形象、生动来反映这种生活的多层次、多角度、多侧面和儿童生长的迫切、积极和彷徨。因此，当成人为"什么样的书适合幼儿""多大的孩子适合读什么书""哪些主题是不是太难理解"等问题而困惑时，思考这个年龄段儿童的生活经验和生长需要就是最好的考量依据与判读标准。

### （三）图画书的对话本质

对话，一般而言是指两个或多个主体之间就某一主题相互发表看法，并响应对方的发言。苏联文学理论家、批评家米哈伊尔·巴赫金认为，"生活就其本质来说就是对话。"与对话相反的是独语。对话既是目的又是方式，它强调对话参与者的投入，没有使对话参与者产生变化的交谈不能被称为对话。

在学龄前儿童阅读图画书的过程中，阅读可能是基于成人与儿童的一问一答，但这并不是我们所说的对话。这里所指的对话更多的是指双方就对方的回应所做出的反思和应对。有时候，读者就图画书内容而引发的思考，也被称为一种"对话"，这里强调的是参与者的投入和由此发生的改变，而不是双方的应答和交流。我们说图画书具有对话的本质，指的是小读者（有时候是小读者和大读者一起）在阅读过程中将阅读体验还原到生活经验时的反思和对主体的检视。

让我们一起来看看小霞老师的几则阅读观察笔记，体会小读者在阅读过程中的对话过程。

### 1. 移入式的对话

正音对我带给他们的新书《天啊！错啦！》特别感兴趣，在图书角里反复看着这本书，还把书打开顶在头上。可是他看起来又不是无所事事，好像是在想着什么。我问他："正音，你怎么把书顶在头上啊？"正音说："老师，小兔子把裤衩套在头上当帽子，太好玩了。我在家也这样，不过妈妈会骂我的。"原来，正音在小兔子身上找到了自己的影子，他把图画书顶在头上，是模拟自己在家里想做而不敢做的事情。

我又问："正音，你看了这本书有什么想法，你觉得小兔子是不是很傻？有的小朋友说小兔子很傻呢。"正音说："小兔子不傻，裤衩是人的裤衩，它有尾巴，不能用它当裤衩，当帽子更合适。小动物都有自己的想法，大人不能说小动物不对，说小兔子傻。"

我很惊讶，正音对这本书的主题有这么深刻的认识，我想，他一定是把自己和小兔子的感受联系起来，把自己对大人的看法和意见表达出来了。

当幼儿被图画书中的角色吸引，而图画书中的角色和事件恰好能引发幼儿的已有经验时，幼儿与自己生活的对话便借助图画书这个载体产生了。他们主动移入图画书人物的内部，去检视自己的经验，对自己的生活做出评说。

### 2. 寻找原型的对话

钦钦是个安静的女孩子，她喜欢看《我想有个小弟弟》《小锡兵》这类图画书，可是今天，钦钦和顺顺一起阅读《大卫，不可以》。顺顺是个淘气的男孩，他在阅读这本书时经常哈哈大笑，还会站起来模仿大卫的样子。钦钦被顺顺逗得笑个不停。我问钦钦："你觉得顺顺表演得好吗？"钦钦说："好，真好玩。"我又问："你喜欢这本书吗？"钦钦说："大卫真淘气，就像顺顺一样。"我问："那顺顺和大卫比，哪个更淘气呢？"钦钦想了想，指着图画书说："顺顺比大卫好些。他不会这样，也不会这样，也不会这样……嗯，顺顺比大卫好。顺顺也淘气，但不是这样的。"

幼儿在阅读中，往往还不能自觉地将图画书中的角色与现实生活进行比对，当成人用开放式的对话激发幼儿对现实生活原型的比对时，幼儿会开始关注自身之外的阅读中可以与生活相关联的内容，由此获得更加丰富的阅读体验。这种对话是阅读对话的进一步拓展，是引导幼儿在阅读中思考的一种通路。随着幼儿生活经验和阅读经验的不断丰富，成人还可以引导幼儿进一步拓宽视野，将比对的范围进一步拓展到社区甚至是多元文化范畴。当然，这种拓展的基础是幼儿主动对生活本身的关照。

### （四）图画书的愉悦本质

图画书是一种叙事的艺术；是基于幼儿经验的，来自幼儿生活的艺术；是激发读者在阅读中思考，通过移入和比对自身经验及他人经验进行自我拓展和修正的艺术。同时，不可忽略的是，图画书对幼儿读者而言，最直接被感知的，或者说最重要的功能、最本质的特征在于愉悦。

图画书的愉悦本质体现在图画书可以满足幼儿的幻想、惊喜、幽默感和温情的需要。图画书如果失去了愉悦的本质，就会失去对幼儿的吸引力，也就无法谈及对话和由此产生的影响、教育。

图画书的愉悦本质体现在以下几点。

### 1. 夸张和变形

图画书经常通过夸张和变形的手法带给幼儿愉悦体验。幼儿只有感知到夸张手法的原型、变形，才能理解夸张带来的幽默。图画书《像爸爸一样》[1]大量运用夸张的手法，表现大顽童一样的狮子爸爸。小读者必须打破原有的对父亲、狮子的图式，发现图画书中对这些概念的突破、夸张和变形，才能体会到故事的幽默。正是这种与原有认知图式的冲突，促成了这本书的吸引力。

### 2. 意外

幼儿在大量阅读之后，会慢慢形成一般的故事结构，因此会对故事结构有符合自己生活经验和故事逻辑的预期。当故事的结局符合一定逻辑而又不同于小读者的预期时，这种意外和惊喜往往会带给幼儿阅读的乐趣。

《我要来抓你啦！》[2]就是一个在关键处豁然开朗的有趣故事。故事一开始，一个野心勃勃的怪兽占领了一个又一个星球，还叫嚣着要来地球抓一个小男孩。这个小男孩听爸爸讲了怪兽的故事非常害怕，生怕自己被怪兽抓走。在右图中，一个强大的

怪兽和一个弱小的小男孩即将发生冲突，小读者为小男孩的命运深深担忧。就在这时，怪兽和小男孩相遇了，而怪兽的高度居然连小男孩的鞋子都不到。之前所有的紧张、担忧，此时都化作了开怀大笑。我们不得不为作者层层设置悬念的功力所折

---

[1] 该书由英国的大卫·梅林著，林昕译，其简体中文版已于2018年由海豚传媒出品，上海文化出版社出版。

[2] 该书由英国的托尼·罗斯著，敖德译，其简体中文版已于2019年由耕林童书出品，江苏凤凰少年儿童出版社出版。

服，也为幼儿在这本书中获得的由衷的愉悦而感到高兴。幼儿原有的故事预期被这个意想不到的结局颠覆，而正是这种颠覆造就了意外的快乐。

### 3. 审美

阅读的愉悦来自文学带来的快乐，也来自视觉带来的享受。当幼儿翻阅一本色彩丰富、构图精美的图画书时，也会有爱不释手的感觉。我们可以看到年纪较小的幼儿甚至会亲一亲漂亮的图书、用手细细地抚摸美丽的图画，这都是对图画书视觉美的回应。

还有一些音乐图画书、造型艺术图画书，如《黄雨伞》《逛了一圈》①，就是用美的元素吸引幼儿，让幼儿产生一读再读的愿望。

图画书《黄雨伞》将音乐和图画相结合，可以说是用一个音乐小品诠释了一本无字的图画书，也可以说是用一本无字的图画书展现了一个音乐小品。

图画书《逛了一圈》用黑白两种颜色讲述了从早晨出门到晚上回家在路上的见闻。有趣的是，作者运用黑白的对比，书正着看是从清晨出门到渐渐天黑，倒过来看是从傍晚到逐渐夜深。作者匠心独具，美术功底深厚，让小读者在黑白之间享受了一场视觉和想象的饕餮盛宴。

### 4. 新知

阅读不仅是一种文学赏析的过程，也是探求新知的过程。小读者在图画故事书中同样可以领略到别样的生活、别样的世界。这种探索的过程带给幼儿阅读的愉悦。图画书《给小老虎的信》讲述了小老虎和小熊为了想要时刻保持联系而发明了书信、航空信甚至电话的故事。幼儿在阅读过程中，对人们为什么要写信、

---

① 该书由美国的安·乔纳斯著，潘人木译，其简体中文版已于 2021 年由启发童书馆出品，河北教育出版社出版。

信是如何传递的、还有哪些用来传递信息的方式表现出强烈的兴趣。这种发现、探索新知、解答困惑的愉快，不仅引导幼儿阅读更多相关的书籍，也引导幼儿形成在生活中遇到困惑后主动到书籍中去寻求答案的习惯。

### 5. 温馨

阅读的快乐还来自阅读中体会到的温馨和爱。当小读者在阅读时感受到来自成人的关怀和体贴，比对故事中的情景，体会到自己的幸福时，也会有一种由衷的愉悦。《大熊小熊》讲述的是北极熊妈妈和宝宝的对话，整个故事温馨浪漫，把孩子对母亲的崇拜，母亲对孩子的疼爱表现得淋漓尽致。孩子读完整个故事，躺在妈妈怀里，对妈妈说："妈妈，我也不想长大。"妈妈回应："是啊，妈妈也像熊妈妈一样，最喜欢你现在的样子。"此时，无论是成人还是孩子，都会被图画书的温馨气氛感染，进入一种愉悦的阅读体验。

## 二、无字书

图画书是引领幼儿进入阅读世界的最佳途径，精美的图画、趣味十足的内容，都让幼儿在"喜爱"的激励下自觉集中注意力，尝试各种阅读策略或者阅读策略预备技能。其中，没有字的图画书，因为帮助幼儿去掉了他们不熟悉的一种抽象的编码方式，直接用相对具象的图画来讲述故事，而深得幼儿的喜爱。本节将重点讨论没有字的图画故事书——无字书的特点和价值、幼儿阅读的过程以及成人在指导中的要点。

### （一）无字书的特点和价值

当顺顺打开一本无字书，他竟然高兴地跳了起来："哈哈，没有字，这下我可以自己读了。"

无字书是纯粹用图画来讲述故事或者主题的书，高质量的无字书，"图画就能说明一切"（Lukens，1999）。典型的无字书有"小老鼠"① 无字书系列。

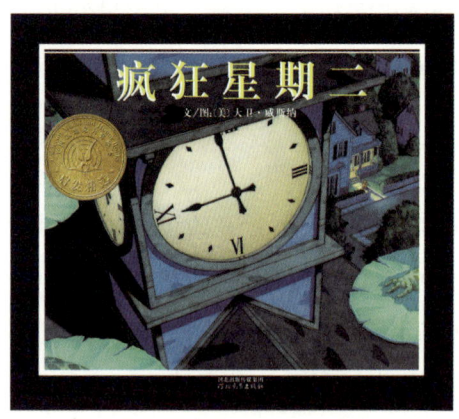

有时候，我们也把一些仅有少量文字的图画书算作无字书，它们或是反复地重复一个句子，或是只出现一些象声词，或是只标明一些时间和地点，比如《疯狂星期二》。无字书呈现的主题和内容都非常丰富，而且无字书绝非我们想象的只适合年龄非常小的宝宝阅读，从中认识一些物品和他们的名称。实际上，无字书的读者涵盖了各个年龄段。

在《十朵小云》这本无字书中，作者和孩子们一起讨论了10以内的数字，却没有出现一个数字；《小红鱼》这本书讲述了一条小红鱼惊心动魄的旅行，还呈现了复杂的水循环系统；《蒙蒙》则讲述了一个有关接纳、宽容的多元且无比深刻的话题。我们既可以看到讲述婴幼儿日常生活的无字书，也可以看到反映宏大主题的无字书，而更多的无字书还是为2—8岁的幼儿设计的，是用图画向他们讲述故事的阅读材料。

以往，成人依仗自己对于文字的掌握，在孩子面前总是享有崇高的地位，即使是有较少文字的图画书，成人也愿意按照文字去讲给孩子听，而孩子也依赖成人对于文字的朗读和解析，才能"理解"图画书的意思。但是，一旦遇到了无字书，成人往往会变得一筹莫展，而孩子似乎得到了最大的解放。在图画面前，作为读者，成人和幼儿终于平等了。

图画阅读和文字阅读一样，需要很强的解码能力。小读者不仅要在生理上能够将承载主要信息的角色从背景画面中辨别出来，还需要根据画面所展现的信息，推导出画面所要表现的意义，并以此意义作为线索，理解整本书的含义。相对于图画而言，语言文字是抽象的符号，掌握这种抽象的符号需要了解符号组织的基本规则，并且能够用这种规则创造出新的符号构成形式，这样我们才说读者掌握了一门语言。例如，一个孩子在生活中听过洗脸、洗菜、洗脚、洗衣服这些

---

① 该系列丛书由瑞士的莫妮克·弗利克斯著，其简体中文版已于2018年由明天出版社出版。

词汇。当他看到一个人用水冲刷汽车时,虽然他从来没有听到过洗车这个词,但他却能说出这个动作是"洗车"。这里,他掌握的是"洗"这个动作和动作所施予的对象"车"共同构成的一个符号组合,也就是所谓的规则,并且能够在新情景中加以适当地运用。而在图画阅读中,猜测图画所描绘的事物代表什么含义,多个事物的组合代表什么意义,也同样需要小读者了解一系列规则,才能理解图画素材所代表的含义。此外,还需要小读者体认图画所描绘的动作、表情、神态,理解人物和场景的关系,想象人物之间的对话和人物的心理。由于缺少文字的指引和解释,这既需要图画具有更强的表现力和脚本设置得精准,也需要读者运用更强的观察力和想象力。

我们首先来讨论完全没有文字或只有非常少的文字的图画书。

## (二) 无字书阅读的价值

由于没有或少有文字,图画承担了全部的叙述功能。图画的直观性和图画与语言必然的联系,使得无字书承担了视觉语言、文化语言和书面语言的联结作用。小读者通过画面直接获得人物、动作、场景、序列和细节的经验,他们一边通过观察获取信息,一边学习如何解释这些图像,以获得更为完整和合理的概念。例如,在上文提到的"小老鼠"无字书系列中《大风》里的那个画面,小读者想要理解这个画面的含义,至少要掌握三个关键信息。首先是小老鼠的动作,通过观察它的双手、用力支撑自己的双腿以及用力眯起的眼睛,这些都表

现出小老鼠在用力推;图画用很有质感的笔触画出了被撕开的纸,小读者通过观察,可以理解小老鼠挡住的白色部分是纸张;在白色纸张后面露出的暗色空间里,又有一丝丝的白色,这些白色代表的是风。"风"这个概念很难用单独的图画语汇表现,但是通过线条的视觉效果,尤其是小老鼠努力去推挡白纸的动作以

及背景和人物之间的关系共同构成了"大风吹过来"这个画面。因此，小读者可以通过掌握这三个关键信息——（角色）动作、背景以及动作与背景之间的关系——理解这个画面所要表达的内容。

小读者通过画面所描绘的人物、物品、场景和事件，理解故事，从而获得文学的体验和愉悦。例如，《波罗历险记》这本无字书所展现的天马行空的想象力，让小读者始终紧跟作者的脚步，不知道波罗下一跳到底会跳到哪里，会发生什么事件。这种由于吸引而沉浸的阅读感受，让小读者获得了真正的文学体验。

年幼儿童在学习用文字来认知世界和表达自我之前，就能够用图像来获取信息和表达信息，无字书恰恰支持了幼儿的这种能力，并给予他们更多的机会去自主地运用这种能力。当代的幼儿由于出生在一个充满视觉图像的环境中，他们身边的电视、计算机屏幕、户外广告无处不在，而这些充满设计感的视觉语汇已经帮助幼儿完成了基本的练习，他们比以往有更多机会和能力去直接获取设计优良的图像中的信息，而不像已经识字的成人那样去猜测图像所代表的文字内涵，对幼儿来说，他们可以从图像中直接获取意义（Avery，1996）。

小读者在阅读无字书的过程中，会将图像转化成口语，在成人的指导下用自己的语言讲述，从而掌握图画与口语的关系，增强语言组织能力。大多数小读者在阅读无字书时会感到无比轻松，因为文字不再是阻碍他们与图书交流的障碍，反之，由于图画直接与意象相连，意象可以通过口语表达出来，因此他们在语言加工时有了素材，可以进行自主的表达。研究显示，在表达中，幼儿仍然会将角色的动作、神态以及角色之间的关系作为讲述的主要内容，而较少涉及场景、角色与场景之间的关系等影响故事发展的要素。在成人的帮助和指导下，中班以上幼儿开始能关注场景及其对故事发展的影响；大班有较好阅读经验的幼儿，可以将场景的变化融入对无字书的讲述中，并用场景辅助自己理解。这一能力的发展变化既与幼儿的日常生活经验有关，也与幼儿的阅读经验有关。更多的自由讲述机会和成人有目的地指导，可以让幼儿发现图画书画面所讲述的故事与转化为口语之后讲述故事的关系。尤其是当成人也没有文字可依据时，成人示范从无字书中提取主要信息并将其表达出来的方式，可以帮助幼儿学习提取主要信息的讲述技巧以及了解口语组织的规范。

同时，有关读写萌发的研究告诉我们，由于幼儿具有读图的能力，因此我们无须再把他们命名为"未做好准备的读者"（not-yet-reader），如同那些具有各种阅读障碍和听力损伤的孩子一样，年幼儿童也可以在无字书中获得阅读的乐趣并增长读写能力。无字书阅读不仅可以使那些尚无法依赖文字进行阅读的小读者及早开始阅读，而且可以极大地增强他们的自信心和胜任感，如同前文所说，很多孩子在看到无字书时立刻感受到了解放和与成人平等阅读的机会，甚至有的孩子说："这是我们小朋友会读、大人不会读的书。"

由于没有文字的限制，小读者可以用多种方式讲述，而不必担心所讲述的是否符合正确答案。每位读者对作品都可以有自己的理解，而这一点在无字书的阅读中显得更为明显。例如，本书第二章提到过的无字书"小鸡和狐狸"系列，不同的小读者对同一本无字书有着不同的理解和解释，但都能够在自己的经验框架下形成一个完整而合理的故事，并不需要根据文字来修改自己的理解，而形成一个外在于读者的"正确"的故事。

总之，在幼儿讲述无字书的过程中，他们会发展自己对于故事的感觉（the sense of story），展示自己对于故事的理解，操练口头或书面的故事讲述技巧，并且拓展自己的认知能力（Nelson，Aksukoc，& Johnson，2001）。

### （三）孩子是怎样阅读无字书的

当幼儿拿到一本无字故事书[①]时，首先获取的是关于人物、动作、情绪（最明显的）以及人物关系的信息。当地点、时间对情节发展构成影响时，幼儿才去关注这些信息，否则，即使这些信息被明显地标识出来，例如用钟表、日升日落等表示，幼儿仍不把它们当作主要信息。主要人物的想法、内心独白、情绪波动等偶尔会被幼儿主动感知并表述出来，经过成人的提醒或示范，幼儿能够主动地将可能发生的对话、人物的想法等用语言表述出来。

我们以无字书《7号梦工厂》[②]为例（见表3.1），看小霞老师记录的一个4岁11个月的男孩S是如何获取和表述有关信息的（选其中四页为例）。

---

[①] 本章所讨论的无字书，主要指的是那些不通过文字（或极少文字），直接用图画表现一个完整故事的书，不包括被当作图卡使用的、一个画面代表一个物件的宝宝认知书类型的无字书。

[②] 该书由美国的大卫·维斯纳著，其简体中文版已于2018年由耕林童书出品，江苏凤凰少年儿童出版社出版。

表3.1 S阅读无字书《7号梦工厂》的记录

| 图像 | S第一次表述 | 教师的提示 | S第二次表述 | 教师的分析 |
|---|---|---|---|---|
| (帝国大厦图) | 很高的楼。 | 这是一座摩天大楼，叫作"帝国大厦"（画面中有"帝"文字标识），它一直伸到云里，就是高耸入云。在高层，可以看到外面云雾缭绕。 | 这是很高很高的帝国大厦，和云彩一样高。 | S能发现楼很高，但是对云的信息没有关注，也许是没有掌握相应的词汇，我用"高耸入云""云雾缭绕"来示范，他虽然没有模仿，但是说出了"和云彩一样高"，说明他从我的语言中发现了"云"这个信息。 |
| (小哥哥与小云图) | 咦，我的帽子呢？原来是让小云拿走了。你赶紧还给我，就还给他帽子了，不还帽子。 | 小哥哥一转身，发现是小云拿走了他的帽子，他说："你怎么拿走了我的帽子？"小云说："别那么小气，我也送你一顶帽子啊！" | 小哥哥发现了小云，说："这是我的帽子，还有围巾。"小云说："我送你一顶帽子吧！"…… | S较难分清叙述性语言和对话语言，以对话语言讲述的对象为主，没有讲述的对象感，好像是在给自己讲故事，又像是在扮演故事中的角色，没有我讲故事给他的意识。通过我的提示，他开始模仿，并且想象更为丰富的对话情节。 |

（续表）

| 图像 | S第一次表述 | 教师的提示 | S第二次表述 | 教师的分析 |
|---|---|---|---|---|
|  | 老爷爷工程师真生气啊，什么样的云都有，真好玩。 | 老爷爷工程师生气了，可是，有的工程师看起来挺高兴，你看，他们笑嘻嘻的，好像很欣赏这些云自己设计的样子呢！ | 老爷爷工程师可生气了，因为小云都按照自己想的变样子了。可是这个叔叔和阿姨好像挺高兴的，他们喜欢这么漂亮的云。 | S关注主要人物（前景人物），而在第一次讲述中忽略背景人物，并且会跳出讲述进行评述。经提示后，他将非主要人物纳入讲述，并进行合理推测。 |
|  | 小哥哥睡觉了，他睡在小云的身上。 | 天黑了，小哥哥回到家，原来小云也和他一起回家了。他有了一张云床，可以躺在云上睡觉。他会做一个什么梦呢？看，窗外的云。 | 晚上，小哥哥回家了，小云也到他家了。他躺在小云上睡觉，是云床。还不会掉下来。窗外还有小鱼的云呢。 | 图画通过色彩和空间表明这是夜晚，但S并不能直接发现和表达，而是更关注主角在做什么，且不能说出和上文的联系（小云和他一起回家）。经提示后，他能意识到时间和空间转换，以及情节变化连贯。 |

第三章 走进图画书的世界

在小霞老师的观察记录中我们可以看到，中班幼儿S在第一次自己看图讲述无字书《7号梦工厂》时，从画面中提取信息的方式有两种，第一种是描述主要人物和他在做什么（动作）、什么样（神态），如"老爷爷工程师真生气啊""小哥哥睡觉了"等；第二种是在理解角色关系的基础上，通过想象用角色的语言表述："咦，我的帽子呢？原来是让小云给拿走了。你赶紧还给我。"虽然S尚不能熟练地运用叙事性语言、对话语言和评述语言来讲述故事，但可以根据画面提供的信息展开想象，用自己的语言把书中角色的想法表达出来。S在提取画面信息时，主要关注的是当前画面的信息，没有注意前后文的连贯，尤其是一些具有连贯意义的信息，并没有在第一次阅读时给予关注，如第四个画面中窗外移动的云等。教师的提示让S注意到，讲故事不仅要讲画面上有什么，还要讲发生了什么事、事情是怎么发生的等。

在关注和描述场景中，S第一次讲述时，可以关注图画主体——高楼，并且能准确表达"很高的楼"，说明他部分理解了作者的图画语汇，但对描述性的信息（高耸入云）难以理解，或者说没有意识到"云"在这个画面中既有描述性又有铺垫性的含义。在教师的示范和提示下，他开始关注云并且将其作为自己讲述中的一个重点提出来——"和云彩一样高"。他虽然没能模仿教师示范的两个词汇，但他已经关注到这个描述性信息对图画内容的意义了。

在根据画面信息进行推测方面，S表现出了很强的阅读能力，说明他具有比较丰富的阅读经验。无论是推测小云和男孩的对话，还是推测老爷爷工程师的想法，都非常合理。但是，他尚不能完整观察画面的细节，例如，除了老爷爷工程师之外，其他工程师的表情和神态就被他忽略了。在教师的示范和提醒下，他注意到作为背景的画面也具有可以提取的内容，例如，在第四个画面中，他关注到了"窗外还有小鱼的云朵呢"。

在这个记录案例中，我们发现，教师的示范和指导可以有效地影响幼儿对无字书的信息提取方式、信息理解的深度和广度以及讲述方式的变化。

幼儿无字书的阅读和讲述水平，既受到其生活经验的影响——可以通过观察，有效还原生活经验，从而理解图画所表现的意义；也受到阅读经验的影响——丰富的阅读经验可以帮助幼儿调动故事图式，将图画、意象和口语结合。对无字书的阅读可以极大地激发幼儿自主阅读的动机，但是幼儿在阅读无字书时，仍然需要成人的帮助和指导，提供更多的任务支架，从而让他们既有自主阅读、思考和想象的空间，又有模仿、学习和反思的机会。

### （四）无字书阅读的观察与指导

虽然无字书为幼儿提供了一个非常引人入胜且可以自由发挥的阅读空间，但无字书对于幼儿读写能力的发展还需要成人的指导和帮助。幼儿读写能力的关键是口语经验的积累和转换，如前文所述，无字书提供了一个视觉语言和口头语言联结的绝妙机会，而在成人的示范和指导下，幼儿将能更好地学习讲述的技巧。

成人应为幼儿提供自主阅读无字书的机会，并进行细致的观察，然后根据幼儿当前的水平给予适宜的指导。

在观察幼儿阅读无字书时，成人需要注意以下几点。

#### （1）给幼儿自主阅读的机会

幼儿对无字书往往有很强的阅读动机，但幼儿如果较少接触无字书，又缺乏图画阅读的机会，往往就会形成对文字的依赖，期望成人讲给他听。因此，成人鼓励幼儿阅读无字书，应尽可能地先从选择难度较低的、线索单一的无字书开始，帮助幼儿慢慢建立阅读的自信，体会无字书的乐趣，然后给幼儿独立阅读和自主表达的机会，不要根据自己的理解来评论幼儿的理解。

#### （2）确认幼儿的阅读发展水平

我们可以通过观察幼儿阅读的动作来解释和评量幼儿的阅读水平。

**翻书速度**。幼儿翻书的速度表明幼儿阅读的深度，如果幼儿很快地翻阅图书，一般而言，说明幼儿并没有进行真正意义上的阅读，而是在寻找和捕捉图画书中自己熟悉的信息。例如，有的幼儿会在快速翻阅后把书丢在一旁，说："没有妖怪。"这是他从图画书的封面中获取了一定信息并具有一定预期之后进行有目的的阅读。其行为更多是信息的检索，而不是以理解为目的的阅读。也有幼儿在翻阅中只点认他熟悉的信息，如2岁左右的幼儿会拍着一本以小狗为主人公的书，每次出现小狗时就大叫"狗"，从头到尾用"狗"命名每一只出现过的狗。此时，幼儿的阅读水平就是指认画面中熟悉的信息，没有对故事本身产生兴趣。当幼儿可以开始关注图画书中有谁、在做什么、刚才在做什么以及接下来要做什么等与动作相关的信息时,他们的阅读速度会逐渐变慢,对故事的理解也开始深入。

**从头翻到尾和反复翻阅**。一般而言,由于没有文字的辅助,幼儿在阅读无字书时会根据自己的理解为故事补充情节和对话,使得故事更加完整和合理。阅读经验较少的幼儿,一般会从头翻到尾,但并不一定获取了主要信息。而有一定阅读经验的幼儿,会在阅读中向回翻阅,协助自己记忆或者寻求更加准确的信息。这种在一次阅读中反复阅读一个或多个画面的行为,表明幼儿在阅读中遇到了一定的困难,并且试图去解决困难。

**出声阅读**。阅读经验较少的幼儿会出声指认画面中的某个或几个熟悉的角色、物品、场景等,这是幼儿在努力将看到的图画信息与生活经验相关联;随着阅读经验的积累,幼儿会出现更多的讲述语言,如"从前啊""后来啊""有一天"等,这是他们在模仿成人讲述中出现的具有结构辅助功能的语言,但他们只是用这些词语而并不能完整讲述;还会出现描述主人公的语言,如"这只小猫"(不知道角色的名字)、"喜洋洋"(角色的名字)以及主要角色的动作,如"他就一跳""又摔倒了",但他们并不能连贯讲述整个故事,而是用简短的语句或词语描述画面上的动作。再进一步,幼儿可以假装图书中的角色来发言,如"你别跑了,别跑了,追不上了""我不吃你了,我们是朋友吧",幼儿并不描述是谁说的,而直接把自己想象中的角色的语言说出来。还有3岁左右的幼儿,在阅读时会发出一些拟声词,如"咻——""扑通"等,这是他们在通过拟声词帮助自己进入情景,完成内部的讲述活动。

**评论和分享**。幼儿在阅读无字书时,如果能完整地理解图画书的情节,发现其中的乐趣,往往就会愿意和别人分享他们的感受,如其中有趣的画面或段落。由于没有文字的约束,他们往往能讲述更具有个性化的情节或对一些画面进行解释。成人关注幼儿对图画书的评论,可以发现幼儿对故事主要情节的理解和把握情况。

一般而言,幼儿在无字书阅读和讲述过程中经历了这样几个发展水平(见表3.2)。

## 表 3.2　幼儿阅读无字书的发展水平

| 发展水平 | 具体表现 |
|---|---|
| 摆弄书 | 学习正确拿书，从上向下、从左向右看，一页一页地翻书。 |
| 标记应答 | 用动作回答成人提出的标记性问题，如"小狗在哪里？"。 |
| 图画命名 | 提出问题"这是什么？"或回答类似的问题"狗狗""红色"。 |
| 倾听解释 | 听成人完整地解释故事情节，不提问题。 |
| 图像和行动 | 模仿成人解释单幅图上的图像以及"谁""做什么"等内容，较少关注情节的连贯性、背景信息，较少讲述画面上没有直接表明的内容或者隐含的信息。 |
| 创造性讲述 | 用口语为图像配上情节，包括正在发生的和可能发生的，试图用对话、描写等方式使故事情节更加合理。<br>看图讲、写话。<br>自创无字书（或配以一定文字的图画书，以图为主）。 |

在观察幼儿阅读无字书的基础上，教师指导幼儿阅读无字书时可以参考以下几个要点。

- 通读全书。在带领幼儿阅读前，成人要先通读全书，对于全书的发展和内容有一个完整的把握。
- 给幼儿通读全书的机会。由于没有文字的羁绊，幼儿大多能很快翻阅完成，在头脑中对全书的主要人物和事件有一个大致的了解。在此基础上，才有可能进行创造性的、合作的讲述。
- 给人物命名。由于没有文字，所以在讲述中容易出现错乱，可以根据书名或幼儿的经验给主角起名，给主要场所、物品找一个合适的词汇，对于次要人物等，则可以用比较随意的名称标识。例如，在《7号梦工厂》中，S选择了用"小哥哥""小云""叔叔工程师""老爷爷工程师"这样的称呼；在《哐当先生》中，经过成人介绍书名为"哐当先生"，幼儿就直接使用这个词作为全书讲述的主人公的名称；而在《长长的路》中，幼儿将主人公命名为"黑骑士"。
- 幼儿为主，有限示范。第一遍请幼儿为主讲述，成人应关注幼儿对人物和情节的取舍。如果幼儿没有讲述的习惯或尚不能完整地讲述，也可以以成人为主讲述，但应注意尽可能只讲述与情节发展高度相关的内容，将更多细节留给幼儿自己发现。

- 关键问答，补充情节。第二遍鼓励幼儿加入更多对人物对话的想象，例如，他说了什么？他现在是怎么想的？
- 适当示范，丰富内容。第三遍鼓励幼儿加入更多丰富的描写和内心独白，成人可进行一部分的示范，另一部分由幼儿完成。
- 及时记录，增强意识。用录音或笔录的方式将幼儿讲述的内容记录下来，再读给他们听或播放给他们听，帮助幼儿形成文字意识，理解说出来的东西可以被记录，体会自己能讲述故事的成就感。同时，鼓励幼儿对自己所讲述的内容进行修改、补充。
- 多人参与，多种方式。允许多种讲述方式，可由多个成人参与，每人有不同的讲述方式，请幼儿进行评判，帮助幼儿体会同一本无字书可以有不同的解释和想象。

成人在指导幼儿阅读无字书时，还可以使用以下指导策略。

- 接续讲述。有时幼儿面对无字书无从讲起，不知道从何处开始。成人可以示范从主要人物、在做什么、和谁发生什么关系、可能会说什么等开始，然后请幼儿接续讲下一部分；当幼儿讲述出现困难时，再由成人讲述。这样轮流讲述，实际上是为幼儿做出了一个良好的示范。
- 分角色讲述。幼儿经常会用第一人称进行讲述，当他们对角色有高度认同时，会将自己投射到角色身上。此时，幼儿往往采用第一人称的方式。成人可以和幼儿分配角色，将对话的部分交给幼儿来想象和表现，成人担当叙事性讲述的部分，这样一方面可以为幼儿做出良好的叙事讲述示范，另一方面降低幼儿叙事的难度，着重强调丰富的对话想象。
- 补充内容。成人在讲述中可以故意遗漏一些明显的情节或内容，请幼儿补充，让幼儿逐步掌握讲述的主动权。也可以请幼儿讲述，成人给予适当补充，但不宜补充过多，以免打击幼儿的积极性。

总之，无字书让幼儿从"为阅读做准备"的状态，进入真正的阅读状态。让他们有机会成为真正的读者，通过对于图画的观察和欣赏，进入文学的世界，体会阅读的快乐。同时，无字书广泛的表现空间、丰富的选题内容，也为各个年龄段的读者提供了欣赏艺术和文学的机会。成人为幼儿选择适合他们欣赏和理解水平的无字书，可以尽早培养他们阅读的兴趣，掌握阅读的技能，理解语言和文字的意义，从而为成为终身读者打下良好的基础。

## 三、可预测图书

### （一）什么是可预测图书

可预测图书（predictable books）是指利用韵脚、重复的单字、短语、句子和段落来构建故事的图书，它们往往使用叠加的结构、重复的句式、常见的句型、连锁的结构和回环的情节。这些图画书鼓励幼儿预测和猜想即将在故事中出现的单字、短语、句型、情节和人物（Mary Jett Simpson）。

每一本书都是可以预测的，因为好的故事（结局）往往是"情理之中，意料之外"的。预测追求的不一定是结果，而是预测的过程中读者主动的思考，让阅读变成参与创作的过程。

可预测图书将这种"预测"通过精心的设计突出出来。设计这样的书，就是为了让幼儿在体验阅读乐趣的过程中更好地掌握词汇、句式和语法结构。可以说，它是更适宜于语言教学的材料，而非仅仅是阅读故事情节的材料。

### （二）可预测图书的类型

常见的可预测图书有如下八种类型。

- 回环式故事。从头到尾又到头，例如，《樱桃》就是这样的结构，小老鼠看到一颗樱桃，猫咪吓跑了小老鼠，小狗吓跑了猫咪……大象吓跑了狮子，小老鼠吓跑了大象，最后，小老鼠得到了樱桃。
- 叠加式故事。每次有一个新事物登场，所有前面出现过的都在场景中叠加。最典型的就是《拔萝卜》，还有《月亮的味道》。
- 既定要素为主线的故事。由常见的既定要素（如一年12个月、一周7天、1—10的数字序列等）为主线组织而成的故事，如《好饿的毛毛虫》等。
- 模块化故事。每一页的句式都相同，每次变换一个词语，如《上床睡觉》的文字为："小蛇上床去睡觉，斑马上床去睡觉，河马上床去睡觉……"。
- 问答式故事。整个故事是由相同或相似的问答组成，如《棕色的熊、棕色的熊，你在看什么？》。
- 短语反复式故事。一个句子或短语中相同的单词重复出现，如《重要书》。
- 韵文故事。故事由押韵的词语、句子或段落组成。
- 歌词故事。由孩子熟悉的重复的歌曲、童谣和诗歌等作为基础绘制的图画书，如《王老先生有块地》。

当我们进行预测时，一定是基于自己已有的经验。这些经验可能来自生活经历，可能来自阅读经历，我们必须调动这些经验和由此形成的认知框架才能进行合理的预测。同时，我们还需要把握当前故事中呈现出的规律，才能进行预测，例如，在《月亮的味道》中，我们必须理解帮助小老鼠叠罗汉的动物是一个比一个小的，才能有一个正确的预测方向。

幼儿开始接触重复的结构、句型以及其他形式，这些可以帮助他们学习如何从口语、书面语中进行简单的预测。他们需要理解的是预测的一些规律，而真正支持他们进行预测的却是他们的已有经验和对结构的理解。

如何使用可预测图书支持幼儿的阅读学习呢？首先，我们要区别对待不同的类型，了解不同类型可预测图书的设计目的是什么。

我们发现，可预测图书的特点是重复，而重复的形式有所不同：有的是结构重复，词汇翻新；有的是词汇重复，结构扩展；有的是大循环，有的是小循环。面对这些变化，我们可以根据目的不同将其大致分为以下三类。
- 学习词汇和句式。这类图画书一般都是用一个固定的句式贯穿全书，在每一页变化一些词语，图画和文字高度对应，让幼儿在了解了句式之后能自己替换变化的词汇，既重复学习了固定的句式，又通过图文对应学到新的词汇，同时可以增强阅读的信心，体会到自己阅读的乐趣。

  如《穿戴》（*Dress Up*），全书只有一个句型"I put on…"（我穿上××），如"I put on my pants."（我穿上裤子。）、"I put on my shirt."（我穿上衬衫。），每一页变换一件可以穿的衣服，用幽默有趣的图画表示要穿的东西和穿的动作，小读者只要知道了这个句型，就可以自己推导出整个句子。

- 学习语音韵律。这类图画书在英文中比较常见，更多是用来学习尾字母押韵、首字母相同以及字母发音组合的。国内引进了一些这样的书，主要是用来帮助幼儿学习英文，如《机灵狗故事乐园》。
- 学习相关知识经验。例如，用于学习一周7天的《好饿的毛毛虫》、用于学习数数的《首先有一个苹果》，这些图画书以某个知识点为线索，引导幼儿在阅读的过程中预测接下来发生的事件或发生的变化，从而掌握相应的知识点。

虽然有明确的学习目的，但不代表这些学习是枯燥无味的。可爱的形象、幽默的情节、符合幼儿认知规律的重复呈现方式以及出其不意的结局，都大大增强了可预测图书的趣味性，让幼儿在兴趣盎然的阅读过程中进行学习。因此，在使用可预测图书支持幼儿学习时，成人要尽可能地不过分强调学习的目的性，而应突出学习的趣味性，相信图画书本身的设计可以为幼儿提供学习的机会，相信幼儿自己可以在精心设计的材料中找到学习的动力。

## （三）如何阅读可预测图书

在使用可预测图书支持幼儿学习中，我们应注意以下几个问题。

### 1. 按照某一预测的线索展开

根据图书设计要点不同，我们可以沿着故事情节（一般性逻辑，即起因、经过、高潮、结局等）、语音韵律（尾音押韵，如"爸""妈""瓜"；或首音相同，如"布""白""棒"）、语法结构（螃蟹，一只螃蟹，一只大螃蟹，一只红色的大螃蟹……）、词汇类型（红色的花朵，红花；黄色的花朵，黄花；白色的花朵，白花……）、相关经验（一粒种子从播种到发芽到生长到开花、结果的自然顺序）等线索展开，帮助小读者意识到图书展开的结构，利用已有经验进行预测。

### 2. 用图画书本身验证预测

有预测，就要有验证。预测结果对错的决定权不掌握在成人手里，而是自然展现在图书的发展过程中，每一页都是对上一页预测的验证，故事的结局是对整本书预测的验证。成人无须在小读者预测的过程中给予过多的"外在"评价，而应尽可能地引导小读者在阅读的过程中验证自己的预测，提出对于预测的修正和反思。

### 3. 帮助小读者调动已有经验

幼儿的经验是相对零散地存在的，教学的一个重要目的就是通过有趣的活动，帮助幼儿在解决真实问题、应对真实情景的过程中调动这些经验，在主动探究的过程中将零散的经验进行网络化集成，从而形成相对完整的内部图式，更加有效地调动这些图式，解决新的问题。我们在为小读者提供可预测图书时，尽可能将阅读中所需要的经验通过谈话、出示图片等形式展现出来，帮助小读者调动这些经验进行预测。例如，在阅读前以图书的封面或书名为素材，讨论关于这本书的主题，幼儿已经了解什么、有哪些疑问，预测书中的故事会有怎样的发展，然后再逐页进行细致的预测和验证。

### 4. 反复利用小读者熟悉的图书

幼儿喜欢反复倾听重复的内容，实际上就是在内部进行预测和验证。由于是反复倾听，所以总能得到正向的反馈，这样一方面可以帮助幼儿形成较为长久的记忆，另一方面也使得他们得到对自我能力的认同。成人有时会和幼儿玩这样的游戏：对于幼儿非常熟悉的图书，成人读出前半句，让幼儿说出最后押韵的几个字或者词；成人读出上半句，让幼儿接出下半句。例如，家长读出"不卖饭、不卖面"，幼儿凭记忆接出下半句"专卖比萨和甜点"[1]，这里并不是对情节的预测，

---

[1] 郝广才，等. 第一百个客人 [M]. 北京：新星出版社，2014.

而是以情节和语音（押韵）为基础，验证自己的记忆。我们也将之归入预测和验证的范畴。

### 5. 不断拓展小读者预测的范围

最初，我们为小读者提供的可预测图书的线索是明显的、单一的。渐渐地，随着小读者阅读经验、生活经验以及语音经验的日渐丰富，我们提供的线索可以越来越复杂 / 越来越隐蔽，提高预测的难度。同时，我们还可以扩展预测的范围，如主人公的行为、语言、想法以及故事发展的方向等。当然，随着小读者的成长，他们阅读的题材越来越丰富，情节越来越复杂，可预测的内容也会日渐丰富，重点就从语言要素的学习转向对主题和情节的关注，以及对于作者写作意图的揣摩。

一般而言，成人需要在前几页通过朗读或讲读做出示范，让小读者发现并熟悉可预测图书提供的预测线索或结构。例如，《月亮的味道》每页出现一个新的小动物，就是这本书的结构特征，也是预测线索，成人可以通过："又来了一个动物朋友""下一个会是谁呢"等语言帮助小读者体会这种结构；同时通过讨论来调动小读者的经验，帮助小读者实现经验的内部整理，例如，"哪些小动物可能出现"，启发小读者发现这些动物是从大到小的，为接下来的预测提供可依据的线索。在小读者已经掌握了基本结构之后，逐步将预测的主动权交给小读者，请他们进行预测，或者请他们"引导"成人预测，并通过情节的发展做出验证。

在利用可预测图书支持幼儿的阅读活动中，成人切忌用不切实际的标准要求幼儿，将阅读活动变成预测练习，而应尽可能地突出图书本身的趣味性和设计感，让幼儿在阅读的过程中自发地实现预测和验证的过程。成人的指导主要体现在提供材料、引导思路和组织对话上，将预测、验证和评价的任务留给幼儿和图书。

最后，挑选适宜的可预测图书，完成既定的阅读学习目标是幼儿园阅读课程的要务；而家庭阅读要尽可能突出阅读的趣味性，强调幼儿学习的主体性、主动性。

## 四、非故事类图画书

在幼儿的阅读视界内,不仅有生动曲折的故事类图书,还有很多图书没有明确的故事框架,没有一以贯之的主人公和围绕这个主人公发生的事情,没有高潮,也没有一个圆满的结局——这就是非故事类图画书。

### (一)什么是非故事类图画书

非故事类图画书的种类很多,最常见的是为低幼儿童准备的概念类图书,即在一本书中集中呈现一组概念,如色彩、数字、天气、交通工具、职业等。除此之外,还有很多更具有文学性的、问题多样的非故事类图画书,如以一个主题展开讨论的说理类图书,如《勇气》《一秒钟的改变》《长大以后做什么》[①]《爸爸的33种用处》;也有以科普知识为主题的说明类图书,如《花园里的一年》《边界》[②];还有文学色彩更为强烈的散文、诗歌,如《世界上最美丽的村子——我的家乡》《荷花镇的早市》《宝宝睡 睡饱饱》。读者可以明确地感受到,这些书并不是为我讲述了一个故事。

非故事类图画书,也包括资讯类图书,往往比故事类图画书有更多难以理解的词汇。这些词汇中有的不是日常口语中常见的词汇,如"发动机""引擎""北回归线""候鸟"……有的是描述一个复杂过程或复杂现象的词汇,幼儿即使能重复这些词汇,也不能建构关于这些词汇的准确图式,而图式对幼儿理解整篇文章是非常重要的。例如,即使孩子知道"光合作用"这个词,但实际上,他们并不能形成有关这个词的画面或概念。

大多数非故事类图画书比同等篇幅的故事类图画书阅读起来更难。非故事类图画书内容更丰富,并经常含有分解图、图表、带有说明的照片甚至曲线图和表格。小读者们有时发现这种表达方式很难理解。

---

[①] 该书由日本的寮美千子(文)、秦好史郎(图)著,彭懿译,其简体中文版已于2017年由爱心树童书出品,新星出版社出版。

[②] 该书由王晓明著,已于2009年由华东师范大学出版社出版。

在幼儿园的阅读活动中，教师经常会使用讲读故事类图画书的方式来讲读非故事类图画书，强调阅读的趣味性和可预测性，却忽视了非故事类图画书本身的信息组合方式。学龄前儿童接触了更多的故事类图画书，往往喜欢用已有的故事图式来解释看到的图画书，使之更符合故事的预期。因此，在他们最初阅读非故事类图画书时，往往也喜欢为它们赋予故事的结构。随着阅读经验的丰富，幼儿才能慢慢意识到非故事类图画书本身的特点。

### （二）为什么要给幼儿读非故事类图画书

尽管非故事类图画书有这些难点特征，但它是非常有用的文学作品类型，不仅因为这些书包含丰富的信息并提供了其他的文本类型，更是因为幼儿喜欢阅读吸引他们的任何读物（Palmer & Stewart，2003）。

非故事类和资讯类的图画书可以为幼儿提供正确、可靠和有趣的信息；可以利用和满足幼儿与生俱来的好奇心，鼓励他们去寻求问题的答案；可以为幼儿呈现更多文体的表现形式，如散文体、说明体、议论体等，向他们展示不同的篇章组织形式和设计原则。这类图画书可以激发小读者的欲望，让他们寻找与有趣的主题相关的额外信息。在阅读资讯类图书时，我们有机会鼓励幼儿更多地寻找相关参考资料，形成一种探究的习惯和了解检索信息的基本方法。帮助幼儿在阅读时延伸生活中的概念，使这些概念得以日益丰富、拓展和整合，并纠正一些错误的概念。这类图画书还能帮助幼儿观察个人与团体对于社会的贡献，思考作为社会成员的个人所应担负的责任，了解不同职业和事业等社会常识。因此，非故事类图画书也应该进入幼儿的视野，成为他们阅读的内容。

### （三）非故事类图画书和资讯类图画书的信息组织方式

好的非故事类图画书作者通常用不同的形式组织文本，以帮助读者理解主题。在儿童文学作品中常见的组织类型有：描述型、序列型、对比型、问题解决型。

### 1. 描述型信息文本

有些作者清楚地描述话题，告诉读者它是什么、做什么用、哪里能找到它，等等。这就是描述型文本的结构。

我们来看基本描述"车"的书。这是4—6岁男孩普遍感兴趣的话题，因为车在他们的生活中十分常见，但同时，车是如何发动的？怎么有那么多各种各样的车？这些都让孩子们感到好奇。

图画书《火车》中这样说道："老式火车由蒸汽机牵引，机车上装载着煤，这些煤被放入蒸汽机的炉膛内燃烧。""这是一辆蒸汽机车，也是最早的一种火车。它通过烧煤来加热水产生蒸汽，由蒸汽推动活塞，从而驱动车轮。"作者不仅讲述了火车的历史和现状、火车的结构和发动原理，还展示了各种各样不同功能的火车。

法国伽利玛少儿出版社编绘的"第一次发现丛书"中的《车》，用剖面图等方法向小读者揭示了汽车的内部构造，以及与汽车相关的加油、隧道等相关概念，除了火车、汽车这类实物概念，还有一些相对抽象的概念。也可以用描述性的组织形式表现，例如，《勇气》用图画和文字相配合，讲述了勇气的意义和表现。

### 2. 序列型信息文本

序列型组织方式是依据一定的序列，如时间、远近、范围等组织信息，帮助读者把零散的信息组织起来，形成一个较为完整的信息网络。

我们来看王晓明创作的两本人文科学图画书，它们有着不同的信息组织形式。《边界》用从远到近又从小到大的序列，向读者描述界限、边缘、边界的概念。其组织形式可以用图3.1来说明（故事开头用动物的边界引入）。

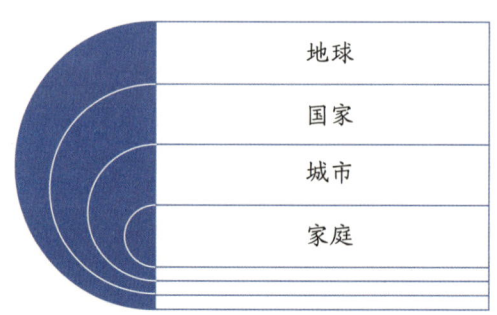

图3.1 《边界》中的组织形式

王晓明的另一本图画书《钱》①，则使用了网络展开的组织形式（见图 3.2）。

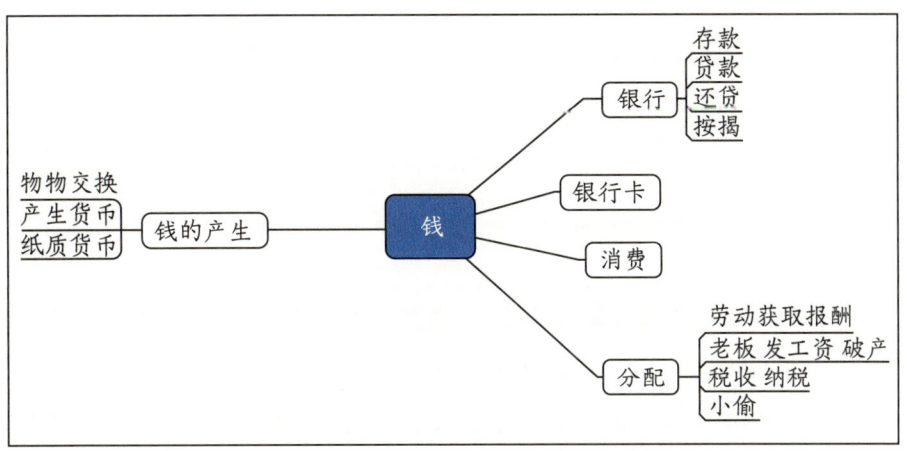

图 3.2 《钱》中的组织形式

图画书信息的组织形式体现了作者对这一主题理解的思路，使小读者通过阅读，不仅可以接触广泛而有组织的信息，也可以反思自己的信息组织方式。

### 3. 对比型信息文本

这类图画书一般会选择两个相关度很高的事物，通过比较让读者对二者之间的区别和联系有所了解。例如：比较胎生动物和卵生动物、比较白天和黑夜以及比较圆形和方形，等等。

除了这种一一对应的比较外，还有的图画书用总体比较的方式。例如，图画书《一秒钟的改变》以一秒钟为线索展现了一秒钟内人们能够为破坏环境和保护环境做哪些事情，并给出了不同行为的不同结局，既比较了过程，又比较了结局。

### 4. 问题解决型信息文本

有时候，作者会提出一个问题或列举一系列的困难，然后提出解决办法。例如，科学图画书《尺的作用》一开始，作者就提出了两个主人公喜欢相互比较。

---

① 该书由王晓明著，已于 2012 年由华东师范大学出版社出版。

他们在沙滩上举行一系列比赛，但是都因为没有统一的度量单位而无法得到结果。图画书用直观的视觉表现了比赛结果的不合理，由此引发了小读者的思考。直到最后，作者给出度量的基本标准，如同样的起点、同样的测量工具等，小读者因此会对相关内容有更深刻的理解。

## （四）关于非故事类图画书，教师应该了解的知识

非故事类或咨讯类的图画书与故事类图画书有着不同的信息组织形式，因此，在引导幼儿阅读这类图画书时也应该有不同的处理方式。

首先，教师可以引导幼儿去感受并区分故事类图画书和非故事类图画书的不同。每当介绍一个新文本时，你都可以讨论它的风格或类型。即使是最小的孩子，也能辨别故事和信息。好的教师会使用与文本相应的术语，避免把所有文本都称为"故事"，因为他们知道非故事类图画书并不是故事。

其次，教师可以向幼儿展示阅读非故事类文本的不同策略，这样小读者就能按照文本的写作类型进行阅读。例如，如果幼儿知道作者在文本中试图比较两种动物，那么幼儿在阅读时就会寻找需要对比之处，并在头脑中将这些信息组织起来。教师可以通过有趣的活动展示和延续作者的写作思路，让小读者在阅读和探索相关信息的活动中感受到作者组织信息的方式。

最后，教师可以选择适当的非故事类图画书来使幼儿的主题探究活动更加丰富和富于启发性。

好的非故事类图画书的特征如下。

### 1. 精确的信息

所谓精确，是指作者在所提供信息的领域有较为深厚的造诣，能够精准地运用相关术语，并且用生动通俗且准确的方式表达出来。作者的语言要能明确地区分什么是事实，什么是观点。

### 2. 丰富的内容

在文字和图画中提供足够且适当的信息，相对完整地诠释所要展示的主题，

并且能够帮助小读者建立信息和已有生活经验的联结。

### 3. 清晰、有逻辑的结构

作者展示信息的思路应清晰且明确，让读者能够很容易地抓住作者的思路。有时候，作者可以通过索引、图标、表格等方式展示信息。

### 4. 引人入胜的写作技巧

作者要营造出一种能够刺激小读者兴趣和好奇心的气氛，激发小读者探究的欲望。同时，写作的语言应该通俗易懂，风趣幽默。

### 5. 丰富而具有支持性的画面

这类书的插图可以是真实的图片，力求准确地反映所要讲述的内容，也可以是卡通风格，但应该能够支持读者对于信息的阅读理解。图画必须是阅读的重要组成部分，无论是力求准确的知识、信息，还是对深刻话题的探讨，图画都会起到辅助理解的重要作用。

值得指出的是，非故事类或资讯类图画书这个概念在本书中主要指的是一种不同于故事类图画书的信息组织方式，而并不是从内容角度去讨论的。有的图画故事书用故事的外壳包含了科学、数学等信息，目的在于帮助幼儿在阅读的过程中学习相关知识，也可以用非故事类的图画书的方法去分析和指导阅读。对学龄前儿童而言，非故事类图画书是他们阅读的重要内容，但并不是说要让他们掌握这些信息组成方式，感知和理解才是阅读的重点。

## （五）如何指导幼儿阅读非故事类图画书

由于非故事类图画书的语言组织方式更多是说明性或议论性的，因此以往在阅读故事类图画书中常用的以朗读和讲述为主的方式肯定不再适用。依据非故事类图画书的特点，教师指导幼儿阅读的方式也要有相应的改变。

### 1. 联结已有经验变得更为重要

非故事类图画书往往是将一类事物作为讲述或说明的主题，而幼儿的经验往往是零散的，因此在阅读前和幼儿讨论相关话题，激发幼儿的原有经验显得更为重要。例如，在阅读《钱》时，小霞老师尝试这样和幼儿讨论。

小霞老师：小朋友们，我们都见过钱，你们能不能告诉老师，钱是用来做什么的？

幼儿1：买玩具。

幼儿2：带吃的，去公园投币。

幼儿3：妈妈上班赚钱。

幼儿4：买卡，卡可以买东西。

……

小霞老师：你们知道钱是怎么来的吗？

幼儿5：领导发的。

幼儿6：爸爸赚的。

幼儿7：银行里印出来的。卡里取出来的。

幼儿8：辛苦工作换来的。

……

小霞老师：你们除了见过我们中国的人民币（展示人民币的图片），还见过什么钱吗？还有什么可以当作钱来用？

幼儿9：卡，我妈妈有好多卡。

幼儿10：我家有好多外国钱，有英国女王钱。

幼儿11：废报纸和汽水瓶可以换成钱。

……

教师通过开放性讨论，激发幼儿提取自己关于钱的经验，然后根据幼儿的已有经验，在阅读时适时展开讨论，就幼儿感兴趣、容易理解的部分生成相应的探究活动。

### 2. 处理准确的术语和通俗语言非常重要

优秀的非故事类图画书一般都能将准确的术语处理成通俗的语言，或者用图画将不好理解的词语直观地展现出来。例如，图画书《生命的源泉》提到了"干旱"，这个词汇可能对城市的小读者来说很难理解，但是作者通过图画向小读者展现了干旱的场景，用足够的视觉冲击力带给小读者对于"干旱"这个词汇的理解。作为教师，可以将重点放在相应词汇和图画的连接上，请幼儿用口语将他所感受到的表现干旱的画面表述出来，如黄色的土地、地面上的裂缝以及枯萎的植物，等等，从而加深幼儿对图画与文字的感受和理解。

### 3. 观察图画的重点有所变化

在图画类故事书中，我们指导幼儿观察图画的重点往往是角色的神态、动作、角色与背景的关系、角色之间的关系等，帮助幼儿理解故事的情节和所要表达的情绪。而在非故事类图画书中，图画观察的重点往往是与知识点密切相关的信息，并且要随时将图画中展示的内容与幼儿已有的经验相关联、对照，以求在经验上搭建桥梁。同时，很多非故事类图画书都会有标签式文字（label），既标志出关注的重点，又将准确的文字与图画相对应，这也为我们观察图画提供了指南。教师在指导幼儿阅读时，可以将有标签文字、重点图框或者与文字高度对应的部分作为图画阅读的重点。

### 4. 尝试运用不同于故事书的阅读策略

为幼儿示范非故事类图画书的阅读方法，如做标记、列表、检索资料、检索内容等。

由于非故事类图画书有着不同于故事类图画书的信息组织方式，如对比、序列等，教师在指导幼儿阅读时，也可以通过标记、列表等方式将作者的写作思路展现出来，这样更利于小读者理解图书内容，也能明了作者的写作方式。

例如，在阅读《边界》时，小霞老师用列表的方式帮助幼儿理解边界的概念和作者的信息组织方式（见表3.3）。

表 3.3　边界的概念与作者的信息组织方式

| 谁的边界 | 用什么方式标志 | 作用 |
| --- | --- | --- |
| 狼 | 撒尿 | 保护家园 |
| 狗 | 撒尿 | 保护家园 |
| 河马 | 大便 | 我的家 |
| 河狸 | 用泥土和树枝做成拦水堤坝 | 保护家园 |
| 园丁鸟 | 细树枝 | 我的家 |
| 小朋友 | 门 | 不让坏人进来 |

在阅读《尺的作用》时，小霞老师尝试用做标记的方式引导幼儿发现书中有问题的地方，例如，冬冬堆的沙堡明明比毛毛高，但是用不同的铲子量出来，冬冬只用了三把半铲子，而毛毛用了四把铲子。教师启发幼儿在自己觉得图画和文字对应上有问题的部分做出标记，然后进行讨论。

### 5. 将阅读活动延伸到主题探究活动中更为顺畅

由于非故事类图画书有着丰富的信息和富有逻辑的信息组织方式，是幼儿整合零散信息的良好示范和有效支架，因此教师可以对这类图画书善加利用，形成具有真实意义的探究主题，让幼儿通过多种手段丰富和建构自己的经验体系，并获得更多获取经验的途径。

图画书，以其丰富的内容、图文并茂的形式深得学龄前儿童的喜爱。它既是幼儿获得文学审美体验的源泉，也是幼儿获得丰富读写经验的重要途径。理解图画书对幼儿发展的价值，既要从他们的阅读体验出发，也要从他们的读写学习过程思考，二者对幼儿都具有重要的价值。

## 阅读与思考

### 推荐阅读

- 《好绘本如何好》 郝广才著
- 《给孩子100本最棒的书》［美］安妮塔·西尔维著，王林译

### 思考

列出自己喜欢的30本图画书，并尝试把它们按照年龄段做一个划分，试试看，自己能不能为小班、中班、大班的幼儿推荐适合他们阅读水平的图画书。

### 家园合作小贴士

亲子阅读在幼儿的阅读发展上有着不可取代的重要作用。幼儿园的阅读活动很难做到亲子间那种密切的交流，那种一对一地关照。因此，吸引和鼓励家长在家庭中开展早期亲子阅读活动一直是我们的重要工作任务之一。我们不仅鼓励家长和孩子一起读，还鼓励家长和孩子一起编。让我们来看一看，家长在家庭中可以和孩子进行怎样的创编活动。

#### 如何指导幼儿进行家庭故事创编活动

"我捧着这个小鱼缸啊，小鱼一跳就跳进了大海里。大海里游来了一条大鲨鱼，一口就把小鱼吞下去了，可是小鱼一点都不怕，它用尾巴用力地挠大鲨鱼的鼻子眼儿，大鲨鱼一痒痒，就打了个喷嚏，'阿——嚏'，就把小鱼给喷出来了。这一喷啊，喷得可高了，喷到了云彩上，白色的云彩里都是小池塘，小鱼就在池塘里游泳了。后来呢，后来呢……后来一下雨，小鱼就跟着雨水又掉下来了，正好掉在我的鱼缸里……"

这样的故事看起来天马行空，却又总能让我们在其中找到一些图画书和故事的影子，它不是某位作家的作品，而是一个4岁孩子的"文学创作"。单线

索、串珠式结构是它的典型特征，对话简单且语言通俗，故事里总能找到小朋友生活的原型。这种在家长指导下进行的编故事活动，我们称之为"家庭故事创编活动"。

### 幼儿创编故事的价值

#### 不良情绪的有效释放

在孩子的故事中，我们总能看到他们不愿或者不能表达出来的许多真实情感，如恐惧、悲哀、孤独。因此，在心理治疗领域，心理学家们把故事治疗作为一种有效的手段，以帮助儿童认识世界、习得应对方式、宣泄情绪困扰，从而促进其成长。美国密歇根大学博士布兰岱尔（Brandell）认为，"说故事"在儿童心理治疗中有无可比拟的独特效果，"在流动的、自由联想的故事中，儿童的经验得到利用，被赋予了生活和关系的意义。"在生活中，我们也可以见到这样的例子。

4岁的佳楠刚刚经历了患癌症去世的爷爷的葬礼，当妈妈鼓励他拿着两个小熊和一些医疗器械玩具编故事时，他这样说："熊医生给老熊看病，用听诊器发现了他的肚子里有坏东西在捣乱。老熊很害怕，怕自己被坏东西害死。熊医生说：'你别怕，我用刀子伸进你的肚子里，把坏东西取出来，这样你就不会死了。不过，你要住院休息，每天都要吃药才行，你要是不听话，你就会死的。'"

在这个例子中，我们发现佳楠在经历了爷爷的葬礼后，编故事的内容有所变化，以前如果妈妈请他编医生的故事，他总是说感冒、发烧等病症，并且从没有谈到过死亡，因为他没有想到这些病会导致死亡。他在参加爷爷的葬礼这一过程中听了太多成人关于住院、癌症、治疗、死亡的谈话，由此产生一种潜在的恐惧，但无法准确地体验这种恐惧并且通过表达来缓解。妈妈提供的编故事机会让他可以多次明确地说出"死"这个词以表达自己对于死亡的恐惧和担忧，同时通过熊医生的口，表达自己对于医生和治疗的信任，从而帮助自己克服对于生病致死的恐惧。最后的结局虽然是"把坏东西取出来，这样你就不会死了"，但医生还是警告患者"你要是不听话，你就会死的"。

#### 想象力的定向爆发

孩子的想象力是丰富的，这既与他们因认知经验相对狭窄而没有太多思维定式有关，也与他们旺盛的生命力和生发力有关。因此，家长需要做的是给孩子一个充分发挥想象力的空间，积极鼓励孩子天马行空地想象；同时为孩子创造一些想象的支架，帮助孩子在一定基础上改造、变形从而掌握想象和创造的一些方法。

在上一个例子中，我们看到家长提供的玩偶、医疗道具都很好地满足了孩子定向想象的需要，为孩子的想象搭建了一个有效的支架，即为孩子提供了想象的起点和要素。

### 记忆力的检验

我们可以看到，孩子创编的故事中有不少似曾相识的东西。例如，在开篇故事中，我们看到了《波罗历险记》《小海螺和大鲸鱼》以及"彩虹鱼"系列丛书中故事（这些故事都是孩子阅读过的）的要素，孩子凭借自己的记忆将这些要素进行组合。这些加工过程虽然是孩子无意中进行的，但从记忆中提取这些情节要素是对孩子记忆力和创造力的很好锻炼。

### 语言、思维发展水平的集中表现

儿童的语言发展从语音发展期、词汇发展期，慢慢地过渡到完整的句子，而将完整的句子进行组合以表达一定的意义和情感就需要更加综合的能力。创编故事则对孩子提出了更高的要求，他们不仅在语言上需要掌握更多的词汇、句式甚至修辞手法，还要具备一定的篇章布局能力——至少确立一个主人公、确定一条贯穿整个故事的线索（幼儿一般阅读或创编的故事都是单线索的），甚至确立一个主题思想（幼儿经常会在故事结束后总结出一个道理，例如，"这个故事告诉我们，只要勇敢就能打败妖怪"）。这也是对幼儿思维水平的挑战。因此，指导和观察幼儿创编故事，既可以检测和促进他们的语言发展水平，又可以检测和促进他们的思维水平。

总之，家长有目的地指导2岁以上的幼儿尝试进行故事创编，既可以起到观察和了解幼儿语言、思维发展水平以及情绪情感状况的作用，又可以在游戏和活动中促进幼儿语言、思维、情绪自省和控制能力的发展。

## 如何与幼儿一起创编故事

### 不同年龄，重点不同

多大可以开始进行故事创编呢？其实，从幼儿2岁左右能进行实物的指认，能对一些物品和人物准确命名就可以开始了。当然，不同的孩子开始讲话的时间不同，不用过于着急。

针对不同年龄的幼儿，创编故事的内涵是不同的，指导的方向和方法也有所

不同。3岁以下的幼儿，其语言发展的主要任务是语音的感知和词汇的学习，这时，最好的支持材料往往是一张有简单情节的图画，图画中有一两个主要人物，人物有清晰的动作，一般而言可以用一句话概括为好（如《月亮，生日快乐》①的封面）。家长在指导时，可以请幼儿说出这是谁、在做什么，然后用简单而准确的语言将幼儿的回答连成一个完整的句子，为幼儿做出示范。

以上图为例，家长可以指着小熊问："这是谁？"再指着月亮问："这是什么？"然后问："小熊在做什么？"最后总结孩子的回答："小熊在看月亮。"家长在指导过程中应鼓励孩子用动作和表情表达自己对于图片的感受。例如：鼓励孩子做出小熊的动作，允许孩子说出自己知道的与月亮或小熊有关的词汇、儿歌，等等。

在这个阶段的故事创编中，其实更像看图说话，但这正是故事创编的基础。它与看图说话的区别在于，看图说话只满足于孩子看到了并准确地说出来就可以，而这种创编鼓励孩子根据看到的画面说出尽可能多的内容，根据图画提供的经验联系自己的已有经验；同时，家长在肯定孩子的基础上，给出正确的语言示范。

对于两三岁的幼儿，家长可以先根据孩子的水平，将单幅图画的难度加大，即人物数量增加、背景图案更复杂、人物动作可想象的空间更大；而家长鼓励孩子说出来的就不再限于人物和动作，还可以根据画面要素判断出季节、时间；可以将图中的几个人物的关系作为创编的主要线索。如上图所示，可以让孩子根据

---

① 该书由美国的法兰克·艾许著，高明美译，其简体中文版已于2014年由信谊图画书出品，明天出版社出版。

画面说出有谁、在干什么、做得怎么样等。这一阶段是上一阶段的延伸，同时也是为下一阶段复杂的创编活动打下基础，主要目的是丰富孩子的词汇和句式，让孩子有更多的语言素材来加工。

对于3岁以上的幼儿，家长可以通过手偶、图片、道具等启发他们创编故事。这时，在大量阅读的基础上，孩子既积累了丰富的口语词汇，又在脑子里有了相当多的图式。例如：大灰狼是坏的，小兔子是弱小的，英雄可以打败妖怪，小猴子很淘气，大象能够帮助别人，睿智的猫头鹰爷爷，笨拙的河马，好心的袋鼠阿姨，等等。于是，孩子会自觉运用这些经验组成自己的故事。这时，家长就可以启发孩子尽可能地展开想象，尽可能地介绍故事的开头、发展、高潮和结尾，并在适当的地方提出问题，通过对话引导故事的发展。家长无须给出具体的方向，只是在故事难以进一步发展的时候提出问题，如"为什么？""然后怎样呢？""它会怎么说呢？""谁会来帮助它呢？""最后怎么样呢？"。这样的练习会让孩子编的故事越来越完整，越来越复杂。

### 选择主题

通过循序渐进的练习，孩子将逐渐掌握故事的基本结构，知道故事有主角和配角、一般都有正面人物和反面人物、应该有对话、要有转折的情节、有转折的故事才好听、故事一定要有个结局……这时，家长就可以有意识地帮助孩子创造创编故事的机会，而选择恰当的主题非常重要。

选择主题的第一个原则是"就近原则"。所谓就近，是指选取孩子刚刚读过的故事书、刚刚看过的动画片、刚刚经历过的事情等，让孩子尽快对自己感兴趣且记忆清晰的经验进行加工。这就需要家长敏感地发现孩子当下的兴趣，而不是外在地强加给孩子一个主题。

选择主题的第二个原则是"隐蔽原则"。即家长通过提供道具、材料帮助孩子在一个范围内创编故事，例如，家长提出一个话题和孩子讨论、拿一些具有特定意义的玩具给孩子（如医生玩具、厨师玩具等）、选择一些具有明显倾向性的玩偶（拿一只小兔子和一只小羊，孩子就很难编出有冲突的故事，而一只小兔子和一条蛇就有可能编出复杂的故事）而不是用命题作文的形式规定孩子讲述的主题。也就是说，家长提供的只是可能触发某种想象和创造的环境，而孩子才是掌握故事主题和发展方向的人。

### 使用道具

前文多次提到要为孩子的故事创编活动提供道具，在道具的选择和使用上也有一定的规律。对于年龄较小的孩子，提供单幅图画或单个玩偶即可（提供过多的道具往往会让年幼的孩子无所适从，或者被道具吸引而忘了创编故事的任务）；随着年龄的增长，家长提供的道具可以愈加丰富，并且从具象向抽象发展。例如，对于三四岁的孩子，家长可以提供一组形象逼真的恐龙模型，孩子就可以借着这些模型随意摆放，在家长的鼓励和指导下赋予每个角色名字和个性，为它们设计一些事件，从而形成一个故事；而对于五六岁的孩子，提供的道具可以日趋抽象，比如用笔在白纸上画一些线条就可以作为创编故事的开始，因为此时孩子的经验库中已经有不少形象，简单、抽象的刺激可以更好地激发他们的想象。

很多家长都喜欢用手偶（木偶、指偶等）作为故事创编的道具，这种操作简便、有多种变化且多种感官参与的道具确实有其多方面的优点，尤其能提供人物之间对话的条件。但是，由于缺乏背景环境，手偶创编往往容易变成简单的对话，因此，当家长和孩子选用手偶作为道具时，要注意为故事设置背景，可以用语言描述，也可以用其他玩具配合，例如，一块黑板加上几支粉笔就出现了可以随时变换的背景，从而为手偶创编故事提供更加丰富的情节和更多的可能性。

随着年龄的增长，有些孩子已经不需要道具就能创编复杂的故事了。此时，家长可以鼓励孩子用绘画、剪贴等形式尝试记录自己创编的故事，让孩子有对自己的思维进行自省的机会。

### 由易到难，分工合作

有的家长可能认为自己的孩子不善言辞或者羞怯内向，无法创编故事；还有的家长会遇到孩子抗拒："我不会编。妈妈给我讲吧。"这些都是非常正常的，孩子掌握的词汇量小，经验贫乏，有的时候没什么可说的，有的时候想说却找不到恰当的词汇或者表达方式。作为家长，第一不能着急，第二要遵循循序渐进、由易到难的原则。最好的办法就是和孩子"分工合作"。

在刚一开始进行创编的时候，家长要选择孩子当下最感兴趣的话题，选择合适的道具，然后就可以开始了（最好再准备纸和笔，进行记录）。此时家长可以用讲故事者的身份开始，让我们看看下面的例子。

妈妈：我们今天讲一个王子战胜妖魔，拯救城堡的故事吧（孩子和妈妈一起买了王子饼干，王子饼干赠送了一套立体拼插玩具，孩子和妈妈兴致勃勃地做好了这个拼插手工，正是兴趣高涨的时候）。

孩子：好啊。

妈妈：从前啊，有一个饼干王国，王国里有一个英俊勇敢的王子，他的名字叫……（妈妈指着孩子，把命名的权利交给孩子）。

孩子：就叫黑脆霹雳王子吧（孩子立刻愉快地接过妈妈的任务，并且开始了参与性的创造过程，从他的命名中就可以看出他给王子赋予的个性）。

妈妈：好啊，在这个饼干王国的旁边有一个糖果王国，王国里有一位美丽的公主，她的名字叫……

孩子：就叫她甜蜜闪电公主吧（同样，我们可以在孩子对公主的命名中看出，这位公主并不是等着王子拯救的柔弱角色，而是可以参与战斗的狠角色）。

妈妈：王子和公主是好朋友，王子还有一个好朋友，是他的同学，也是他最忠实的将军，他的名字是……

孩子：他拿的武器是弓箭，就叫他神箭武士吧（孩子的观察愈加细致，并且能根据角色的道具演绎其个性和身份）。

妈妈：可是，就在这两个和平美好的王国附近，还住着一伙人，你看，就在这个黑色的城堡里（妈妈指着道具中的城堡和两个反派人物，干脆把这一段交给了孩子）。

孩子：这两个坏人，他们一个是黑魔王，他的法力可高了，他的名字就叫……就叫黑魔王；这个妖怪就是黑魔王的部下，他是鹰嘴大力妖（我们可以看出，孩子已经掌握了编故事的一个手段，就是通过赋予角色个性和特征来展开随后的故事）。

……

在这个例子中，我们看到妈妈用讲述者的身份开始了这次故事创编，但是通过不断交给孩子任务逐步完成权利的让渡，使孩子逐步增加自信，从一个听众、参与者变成故事的创编者。（这个例子的最后，妈妈记录了孩子创编的3集故事，主要人物从最初的5个增加到7个，而另外两个人物都是孩子根据情节需要自主增加的。）

### 重复示范，梳理、确认

孩子在创编故事的过程中往往会出现主题偏离、情节平淡等问题，这时家长既不能强令孩子回到既定的故事情节上（尊重孩子的想象力），也不应任由孩子的想象力发散而不能完成最终的故事（主要是指3岁以上的幼儿，年龄较小的孩子则无须特意坚持）。因此，家长在认真倾听孩子的故事的同时，要抓住孩子讲述中的重点，有目的地通过重复、提问来推动故事的进一步发展，尤其是在时间、地点、人物关系等要素上，给予孩子提示。当孩子讲的故事告一段落时，家长可以将孩子讲的故事稍加梳理，这时孩子在倾听家长的总结时可能会提出疑问或否定，因此也就有机会进一步澄清自己的想法，使得故事进一步发展或者重置发展的方向。

有时，孩子的故事会因为逻辑混乱或者经验不足而无法继续进行，这时家长可以在孩子同意的前提下介入故事，例如，用商量的口吻说"你觉得这样讲行不行"，或者用建议的口吻说"我觉得，这个时候王子可以找武士来帮忙"。孩子往往会接纳家长平等的态度和积极的建议，这就使故事得以继续进行。

### 记录整理和加工

在和孩子一起创编故事的时候，纸和笔是必备的工具，尤其是对3岁以上的孩子而言。因为此时家长用文字记录孩子讲述的重点，既可以帮助孩子整理思路、保存作品，又可以向孩子示范文字和语言的关系，让孩子理解语言是可以用文字记录下来的，从而激发孩子的读写意识和兴趣。记录可以是文字的，也可以是符号和图画的，最初的记录主要由家长进行，慢慢地，就可以由孩子作为主体进行。家长也可以用录像、录音、拍照等方式辅助记录。当孩子看到自己创编的故事变成文字，尤其是变成可以讲给别人听的图画故事书后，一定会非常自豪。

### 维持旺盛的创造力

有人说："孩子的创造力不是培养出来的，而是保护下来的。"这句话的重点在于，成人适当的评价可以使孩子对自己形成正确的认知，给自己进一步发展的动力。创编故事活动也不例外，但是，仅仅是一般性的鼓励"讲得真好""说得真棒""你真能编"……并不能有效地激发孩子持续的创作热情，也不能给孩子进一步发展的动力，那么家长在维持孩子旺盛的创造力方面应该注意什么呢？

### 评价和自我评价

家长给予孩子的评价应该尽可能详细和诚恳,如"我觉得你给这只小猪起的名字特别好,很符合他的性格"或者"我觉得你这个故事编得真好,我都没想到这个结局"。这样的评价既诚恳到位,又点出了创编故事的要素,可以为孩子自我评价和反思做出示范。

同时,家长可以鼓励孩子根据自己的作品进行自我评价。最初,孩子的自我评价往往是无依据的,或者过高估计自己,或者过低评价自己,但是随着孩子创编故事经验的逐步增强,他们会慢慢提出有依据的评价,如"我觉得这个故事编得很好,因为它告诉我们一个道理——只要勇敢就能取得最后的胜利",又如"我觉得这个故事编得不是很好,因为它和上一个故事太像了"……家长也可以引导孩子将自己编的故事和以前编的故事进行比较,由此帮助孩子发现自己的进步。

### 创造发表的机会

小作者的作品能够被更多的人欣赏,会极大地激发他们的创作热情,因此为小作者建立自己的创作发表平台、邀请小朋友倾听其他小作者讲故事、请小作者把自己创编的故事讲给其他家庭成员听,都可以让小作者享受创作的乐趣。当然,如果能够通过网络或者其他方式投稿,那将是更大的惊喜。要知道,没有什么外在的奖励比自己创作的作品获得认可更加宝贵,这也是激励小作者持续创作的重要途径。

### 适时回顾

除此之外,偶尔拿出以前创作的作品再次回味,也是给孩子再次创作的机会。有时,孩子会对自己几周前创作的作品心生不满,因此打算再来一遍,而新的创作可以让家长和孩子看到孩子这几周以来的进步。有时,旧的作品会给新的作品以启迪或者补充,甚至还有可能写成系列故事呢。

总之,在家长的指导下以孩子为主体进行的家庭故事创编活动,是一项有利于幼儿语言、思维和情绪情感等多方面发展的有益活动。家长的指导目标和方法会直接影响这项活动的质量,希望家长都来试一试,并从这种活动中获得育儿的乐趣,也希望有更多健康快乐的孩子成为了不起的小作家。

第四章

# 早期阅读教不教

**本章将会讨论：**

- 以培养早期读写能力为目的的阅读活动
- 以丰富文学体验为目的的阅读活动
- 力图在兴趣和技能上取得平衡的教学

这一章，我们要从小霞老师的一篇教学日记开始。

6月10日　晴

我在班级中开展早期阅读活动已经快半年了，今天是我这半年以来最困惑的一天。

今天，有市里的专家来幼儿园教研指导。园长觉得我进行的早期阅读尝试很有意思，为了鼓励我，让我组织一次日常的阅读活动，专家进行点评。我根本没有做什么提前的准备，就是按照日常的方式，按照原有的计划，和孩子们进行阅读活动。

我今天的活动是和孩子们阅读一本新图画书《好疼呀！好疼呀！》。我先带孩子们读了一遍这本书，然后就书中的内容进行谈话讨论，还让小朋友表演和讲述。因为这本书文字很少，讲述的是小动物、小朋友被石头绊倒后，他们的妈妈都跑来，抱着他们，抚慰他们。最后，小朋友把绊倒他们的石头推走了。我的考虑是，这本书相对于中班后期的小朋友来说，阅读难度很低，故事简单、生动、有趣，每个孩子都有过相关的经验。孩子摔倒了，最希望得到的就是妈妈的安慰，也需要通过哭来释放不良情绪。我相信，小朋友看了这本书，都有话可说。因此，我将这本书的阅读目标定为：①通过阅读，联系生活经验，体验角色的情绪；②为每个角色补充内心独白，将故事补充完整；③看图讲述故事，分清叙述性语言和对话语言，掌握讲述故事的技能；④培养幼儿抒发和控制不良情绪的能力。

活动进行得很顺利，孩子们和我一起阅读，一起讨论。大部分孩子都能联系自己的生活，说说自己小时候摔倒了的情景，有的孩子还说："我现在摔倒了，已经不哭了，因为我是大哥哥了。"之后，他们又为每个角色配了话，由于是亲身经历过的事情，所以孩子们的语言丰富而流畅。我自己觉得教学效果还不错。可是，问题发生在后面。听课点评的三位专家因为意见不同而争论了起来。

专家甲的基本观点是赞同我的教学，认为图画书阅读的重点就是怎样引导孩子读懂、读好，还要充分利用图画书本身内在的东西、发掘图画书更多的价值。可是，专家乙和她的观点针锋相对。她认为，图画书就是让孩子读得高兴就行了，有兴趣就够了，根本不用组织集体教育活动，更不应该去挖掘本来并不存在的东西。幼儿阅读了，体验到了，就可以了，为什么一定要让他们表现出来，如果表现不出来,难道他们就没有读懂吗?专家丙却认为,我引导和挖掘得还远远不够,既缺乏对于口头语言规范性和完整性的引导,更缺乏对于图画书深刻含义的反思。

于是三位专家之间开始了一场争论。

专家甲说:"图画书的价值不是被挖掘出来的,是孩子读出来的。也就是说,孩子的阅读体验就是阅读课程生成的根本来源。"

专家乙问:"那成人读出来的价值算不算?每个人都有自己对图画书、对文学作品的理解,成人凭什么就认为他们为孩子挑选的意义、价值就是符合孩子的理解和需要的?"

专家甲说:"《好疼呀!好疼呀!》是一本很好的图画书,可以帮助孩子理解负面情绪,感受受伤时得到关怀和照顾的重要性。我们认为孩子可以体验这种感受,但不一定能迁移到当别人受伤时,自己应该给予关怀和照顾、不要笑话受伤后会哭的小朋友等,这些就需要在集体教学活动中通过讨论,帮助孩子理解。我觉得有些图画书可以作为很好的课程资源来帮助孩子认识生活,而不仅仅是学习阅读本身。"

专家乙说:"你这样会导致幼儿园老师把图画书中本来没有意义的东西硬要搞出点意思来,让老师们累得很。应该让孩子自由读,教师的控制程度太高了。中国的孩子不喜欢阅读,就是因为没有阅读的兴趣。孩子们的阅读兴趣,就是在老师的挖掘中被破坏的。有的老师挖掘的东西,我都没有看出来,孩子们为什么要理解那些东西。"

专家丙说:"为什么不能挖掘?图画书要传递的内容很丰富,如果不挖掘,这个资源就浪费了。而且,不仅仅应该挖掘主题上的内容,还要挖掘在读写上的内容。这个活动从头到尾都没有有意识地培养孩子的自主阅读习惯和技能,仅仅把阅读作为一种行为,而不是一项要加以学习的内容。"

点评活动结束了,我从专家们激烈的讨论中似乎学到了点什么,但更多的是困惑。我觉得三位老师说得都有道理,其实,他们所争论的也正是我教学中的问题。但是,阅读到底要不要教呢?早期阅读要不要采取集体教学的形式呢?在幼儿园开展早期阅读活动的目的到底是什么呢?阅读活动一定要以牺牲孩子的阅读兴趣为代价吗?难道不能有阅读兴趣和阅读能力兼顾的阅读活动吗?

小霞老师听到的争论不仅来自现场的几位专家，也是当前人们对早期阅读教学活动争论的典型写照。由于大家对于早期阅读理解的差异，造成我们对于早期阅读活动理解的分歧。

在前三章中，我们看到，来自不同领域的专业工作者从各自的角度为早期阅读下了定义，也从各自的角度强调了早期阅读的重要价值。作为研究者，可以从早期阅读的某一个角度或者侧面入手，强调其某一方面的作用。然而，作为一名早期教育实践者，当我们翻开一本书和幼儿开展活动时，我们呈现给幼儿的就不再是早期阅读的某个侧面，而是一个完整的体验过程、一系列完整的经验体。这个经验体既包括幼儿以图书等文本材料为对象展开的，主动获取信息、建构意义的心理过程；又包含一系列的情绪体验和审美体验；还包含着相关经验的不断建构和完善过程。

因此，讨论早期阅读活动，单纯强调趣味而忽略幼儿的阅读心理建构过程，会使教师错失教育机会；过分强调阅读策略，则有可能忽略幼儿的阅读特点，牺牲趣味性和幼儿长久的阅读动机；过分强调阅读本身的理解过程，有可能会忽略阅读带来的经验的扩展；而一味强调文本内容的道德、认知价值，又有可能忽略阅读主体对于文本的解读……早期阅读活动，是不是一定是一个顾此失彼的过程，有效的平衡点应该是什么？在回答这个问题之前，我们先来了解几种早期阅读活动模式，在其各自的特点分析中，寻找各自值得我们思考和借鉴的部分。

## 一、以培养早期读写能力为目的的阅读活动

《纲要》中提出了"利用图书、绘画和其他多种方式，引发幼儿对书籍、阅读和书写的兴趣，培养前阅读和前书写技能"，并且要求幼儿园的教学能够"培养幼儿对生活中常见的简单标记和文字符号的兴趣"。英、美、日等国的早期教育指南等相关文件（见第一章），都将发展学龄前儿童的基本读写能力等作为早期阅读发展的目标进行描述。

## （一）回顾一下"早期读写能力"

在本书的最初，我们曾经提到过读写萌发和早期读写能力，现在我们再来回顾和梳理一下。

1966年，新西兰学者玛丽·克莱第一次提出了"读写萌发"（早期读写能力）的观点。她结合认知心理学和心理语言学的有关理论来认识读写，并考察幼儿在接受正式的读写教育前读写能力的发展。她认为，读写能力的发展是从个体出生时就开始的一个连续的发展过程，父母、教师以及周围的环境在幼儿早期读写能力的发展过程中扮演着重要角色。1986年，蒂尔和萨尔兹比（Teale & Sulzby）在《读写萌发：书写和阅读》（*Emergent Literacy: Writing and Reading*）一书中对"早期读写能力"的概念做了更加正式的介绍。他们认为，早期读写能力是指幼儿在正式学习读写之前所具有的关于读写的知识、技巧和态度，幼儿在正式入学前已经学习了很多有关读写的知识与技能。

从以上的定义中，我们可以总结出人们对早期读写能力的几条认识。

- 早期读写是儿童在正式读写学习之前进行的活动，其教学目的、组织方法、运用材料和考查方式都不同于正式读写教学。
- 早期读写是以为正式读写学习做准备为目的而进行的一系列活动，其目标应指向正式读写所必备的技能。
- 早期读写能力的发展依赖幼儿所处的读写环境，包括人的环境和物的环境，是一个连续不断的过程，环境的带动性和支持性起到了重要作用。
- 早期读写能力不仅仅是技能的学习，还包括读写知识、读写态度，也就是幼儿可以经常看到读写在生活中被真实地运用，了解读写可以起到的沟通、交流等与生活密切相关的作用，因参与有趣的读写活动而产生对读写的兴趣，同时学习和尝试使用一些读写的基本技能，以获得或验证自己对于读写的认识。
- 早期读写能力的学习，不仅仅在集体教学环境中实现，更多的是在多种教学组织形式中以及家庭环境中实现。

美国研究者梅森和艾伦（Mason & Allen，1986）等人认为，幼儿早期读写能力包括口语技能、故事理解、读写概念、典型的识字技能或能力。有一些研究发现，幼儿的文字知识或阅读知识也是重要的读写能力，在正规阅读的学习中，语感也扮演着一个关键的角色（Adams，1990）。

本书第一章分析了学龄前儿童作为预备读者和读写能力萌发者所应具备的核心读写预备能力，即口头语言与书面语言对应的能力、书面语言的视觉感知辨别能力、成为流畅阅读者的策略预备能力和写作预备策略能力。本节，我们将对发展这三种核心读写预备能力的早期阅读活动进行分析。

### （二）培养早期读写能力的教学活动的内涵

如果我们将幼儿园的早期阅读活动理解为"教师根据一定的教育目标和对所使用的阅读材料的理解，对教学的流程、步骤等进行具体设计，并依此逐步展开教学、运用各种方法对幼儿的早期阅读进行指导的过程"，那么教师在进行教学设计和指导时，首先要明确早期阅读活动的基本目标是发展幼儿积极的阅读态度，培养幼儿基本的阅读习惯以及初步的阅读、书写策略预备能力。但不同题材、体裁、表现形式的阅读材料在发展幼儿相关能力上具有不同的支持作用，因此，教师要在考虑图书所涉及的内容、重点、难点以及本班幼儿的特点之外，更重要的是要从总体上把握阅读材料的特征，综合考虑其中的各种因素。因为阅读材料的特征在某种程度上决定了教师所采用的教学方式是否合适、环节之间的衔接是否顺畅，以及最终教学目标是否能顺利达成。

如同游戏具有内隐性和自我发展性一样，阅读也同样具有这两种特性。阅读体验具有内隐性，并非所有读者都能明确地告知他人自己的阅读感受，大部分低幼读者面对图画书，能够感知、感受和感动，但限于语言表达能力，并不能将全部的阅读体验，尤其是在阅读之后立即表达出来。他们有可能在日后的某一个时间表达自己对很久以前某一本书的阅读体验；有可能通过行为（尤其是假装游戏）而不是语言表达自己的阅读感受。阅读具有自我发展性，即幼儿在大量阅读适宜的阅读材料之后，会在模仿成人和积累丰富的感性经验后，发展起一系列的阅读预备策略，如初步的提问、质疑、假设、总结等。虽然他们并不能主动意识到这些策略对于自己阅读理解的帮助,也并不总是能主动运用这些策略去协助自己理解,但丰富的阅读体验可以让他们的这类行为增加,并成为日后进行正式读写学习的基础。

培养早期读写能力的教学,不一定是以集体教学为主要方式的,不一定是以教师逐步分解阅读技能进行传授为主要特征的。虽然目前我们常见到这样的幼儿园阅读教学活动,但不代表这是唯一的、最恰当的方法。应该说,以一本图画书作为教学内容,以上课的形式,通过教师示范、幼儿讨论、幼儿练习、教师指导的方式来学习阅读是幼儿阅读教学的一种方法。其解决的主要问题是,在为幼儿提供丰富的阅读经验的同时,向幼儿提供成人和经验较丰富的同伴的阅读示范,以便他们逐步发展内部的阅读动机、阅读预备策略,有机会和别人分享内隐的阅读体验,并分享和了解别人的阅读体验。

### (三)一个教学实例和思考

让我们来看小霞老师的一个教学实例。在经过半年的早期阅读教学之后,小霞老师已经非常熟悉这种单本图画书的集体阅读活动组织了。她会选择与当前主题相关度比较高的图画书作为集体阅读的内容,准确地找到幼儿的兴趣点和阅读中的重点、难点,设计具有启发性的提问,确定符合幼儿发展水平的教学目标。此外,她往往会把早期阅读能力作为一个重要的目标提出来,期待通过长期、大量的阅读活动,逐步培养幼儿的阅读能力。

**活动名称**

长大以后做什么

**活动准备**

图画书《长大以后做什么》(配合主题活动"我长大了"),绘画工具,图片(蘑菇、小猫、小桥、石子等)

**材料分析**

《长大以后做什么》是一首充满童趣的优美的散文诗,图画书用一问一答的方式展开

叙述，分别向蒲公英、小鱼和蜡笔提出问题"长大以后做什么"。得到的答案都非常浪漫而有趣。蒲公英说长大以后想做狮子，这可能是因为蒲公英和狮子的鬃毛有相似之处；小鱼说长大以后想做大鲸鱼，这可能是因为它们都会游泳；可是，作者觉得它们的理想有点问题，因为这片原野对狮子来说太小了，这条小河对大鲸鱼来说也太小了。蜡笔长大以后想成为一片蜡笔森林，和很多很多蜡笔一起画出更大的原野、更宽的河流，这样蒲公英和小鱼的理想也就能实现了。

活动目标

✦ 理解图画和文字的关系，借助对于图画的观察，更好地理解文字所表达的意义和情绪；

✦ 感受图画书的结构，发现图画书的转折点；

✦ 体会类比的修辞方法，通过观察图片，想象与之相似的事物，模仿图画书的语言进行仿编活动。

活动前的思考

本月的主题活动是"我长大了"，幼儿通过收集自己成长的照片、对比自己小时候和现在能做的事情等，已经对"成长"有了初步的了解；通过观看小蝌蚪变青蛙、蝴蝶的蜕变等图片和视频，已经对动物的变异成长有了初步的了解。我选择这本书，一来可以让幼儿就"长大以后做什么"展开讨论；二来，图书中蒲公英变狮子、小鱼变大鲸鱼的有趣说法，会不会挑战孩子之前获得的经验呢？他们会不会发现蒲公英和狮子的关系、小鱼和大鲸鱼的关系，以及文学作品用荒诞手法带来的幽默感和想象力呢？

第一次阅读活动

1. 简单讨论，经验引入：今天，我们来读一本书，书名叫作《长大以后做什么》（介绍图文作者和译者），我想请小朋友们一边听，一边想：书里都有哪些朋友说出了他们长大以后想做什么？他们的想法能实现吗？

2. 逐页阅读，引导思考，见表 4.1。

## 第四章 早期阅读教不教

表 4.1 阅读过程

| 教师引导 | 幼儿反馈 | 备注说明 |
|---|---|---|
| pp. 1—2 这是一片原野,原野上长满了蒲公英。一个小男孩和一个小女孩在原野上玩耍。小女孩问蒲公英:"蒲公英,蒲公英,长大以后做什么?"想想看,蒲公英长大以后会做什么呢? | • 大蒲公英。<br>• 小伞。<br>• 小伞兵。<br>• 飞到天上去。 | 幼儿最初的反应全部来自生活,因为以前学过《小伞兵》这首歌,所以幼儿由蒲公英想到了小伞兵,这里,幼儿关注到了蒲公英的外形。 |
| pp. 3—4 我们来看看,蒲公英长大以后想做什么。"我呀,要做一只大狮子!金色的鬃毛浓又密,一只威武又善良的大狮子。"啊,原来蒲公英长大了想做一只大狮子啊!你想到了吗?你觉得可以吗? | • 啊,不可以啊。<br>• 蒲公英不能变成狮子的。<br>• 小蝌蚪才能变成青蛙呢。<br>• 狮子是吃肉的。<br>• 小蒲公英太小了。<br>• 小蒲公英可以变成伞兵的。<br>• 小狮子才能变成大狮子呢。 | 幼儿都认为小蒲公英不能变成大狮子,他们的理由各不相同,但基本上都是从"事实"的角度去看待这个问题,因此我的问题故意把他们引导到"可以不可以"上。此外,由于刚刚学习了青蛙的变异,幼儿很自觉地运用了刚刚学到的经验。 |
| pp. 5—6 我们来看看,小男孩和小女孩在听到蒲公英的"理想"之后,他们是怎么说的。"是嘛,你要做一只大狮子啊,大狮子好啊。可是,这片原野对大狮子来说太小了呀。""可不是嘛,那我还是做一朵蒲公英吧。"看来,小男孩和小女孩也觉得蒲公英变成大狮子不大可能,是因为原野太小了,大狮子在上面玩不合适。那么,蒲公英听了他们的话怎么说呢? | • 蒲公英说:"那我就做蒲公英吧。"<br>• 蒲公英挺伤心的。<br>• 蒲公英本来就是蒲公英。<br>• 蒲公英长大以后不能做狮子了。 | 由于是散文诗的体裁,文字并没有写成"××说"的形式,我通过朗读的语气和声音,帮助幼儿理解哪句话是谁说的。通过我的语气和图画,幼儿发现了蒲公英失望的神情,也进一步进入了文本拟人化的情境。孩子们关注的重点不再是"能不能"的事实,而开始关注文学的话题。 |

（续表）

| 教师引导 | 幼儿反馈 | 备注说明 |
| --- | --- | --- |
| pp. 7—8  这里有一条清澈的小河，小男孩和小女孩向河里的小鱼提问，他们会说什么？"小鱼，小鱼，长大以后做什么？"你们猜猜看，小鱼会怎么说？ | • 小鱼说："我长大以后要做大鲨鱼。"<br>• 小鱼说："我长大以后要去很远很远的地方旅行。"<br>• 小鱼说："我长大以后要做美人鱼。"<br>• 小鱼说："我长大以后要做最大的鱼。" | 孩子们很容易地理解了长大以后要做的一定是和现在不一样的，这和本月的主题学习经验有关；有些幼儿已经意识到文学的夸张和想象，想要说出不一样的答案。 |
| pp. 9—10  我们来看看，小鱼长大以后要做什么，看看有没有小朋友猜对了。"我呀，要做一头大鲸鱼！畅游四大洋，一头游得飞快的大鲸鱼。"哇，有的小朋友猜对了，大鲸鱼就是很大很大的鱼，畅游四大洋，去很远的地方旅行。 | • 我猜对了，就是很大很大的鱼。<br>• 我也猜对了，去旅行。<br>• 可是，小鱼不能变成大鲸鱼的。<br>• 大鲸鱼不是鱼，是哺乳动物。<br>• 这是想的，不是真的。 | 小鱼向大鲸鱼的变化比较容易理解，不少幼儿猜对了，感到很开心。当有幼儿提出鲸鱼不是鱼时，立刻有幼儿反驳"这是想的，不是真的"，说明部分幼儿已经意识到文学作品的特征了。我没有干扰他们的争论，我希望幼儿在阅读中慢慢进入文学的感受。 |
| pp. 11—12  那么，做一条大鲸鱼的"理想"能实现吗？我们看看小男孩和小女孩是怎么想的。"你要做一头大鲸鱼啊，大鲸鱼好啊。可是这条小河对大鲸鱼来说太小了呀。"小鱼怎么回答呢？它说："可不是嘛。那我还是做一条小鱼吧。" | • 我知道，小河太小了，我也是这么想的。<br>• 小鱼都噘嘴了，它真伤心。<br>• 那是一条狗，小河太小了。<br>• 是猫！<br>• 不是猫，猫不会拴链子的。<br>• 猫会吃小鱼的。 | 有的幼儿说"我也是这么想的"，说明他们已经开始意识到文章的结构——两个段落的结构相同；有的幼儿继续了上一段中对蒲公英情绪的关注，也发现"小鱼都噘嘴了"；有的幼儿关注图画中作为背景的狗，意识到狗的出现是为了衬托小鱼的小。（关于是猫还是狗的讨论，我没有去关注，这些图画的细节，我希望幼儿在自己阅读时解决。） |

（续表）

| 教师引导 | 幼儿反馈 | 备注说明 |
|---|---|---|
| pp. 13—14　现在，小女孩和小男孩问了蒲公英长大想做什么，蒲公英长大想做一只大狮子；问了小鱼长大想做什么，小鱼想做一头大鲸鱼。可是，他们都觉得不行，因为原野对狮子来说太小了，小河对大鲸鱼来说太小了。接下来，他们又会去问谁呢？（让幼儿看到下一页的蜡笔。）它想做什么呢？它的"理想"能实现吗？我请小朋友替他们提问，你们会怎么问？它想做什么呢？ | • 蜡笔，蜡笔，长大以后做什么？<br>• 蜡笔想做大画家。<br>• 蜡笔想做大画笔，可是，这张纸对它来说太小了。<br>• 蜡笔想做……不知道。<br>• 蜡笔想做大山，五颜六色的山，可是这张纸对它来说太小了。<br>• 蜡笔想做火箭头。 | 通过幼儿的自由讲述可以看出，他们已经掌握了本书提问（写作）的规律并且尝试模仿这种结构。 |
| pp. 15—16　蜡笔做了什么？（这次，我没有朗读文字内容，而是请幼儿看图，推测蜡笔画了什么，为什么画这些。然后，我不出声地为他们翻开接下来的两个对开页。幼儿立刻验证了自己的猜想。我又把图书翻回到第15、16页，请他们说说，蜡笔画了什么，为什么。） | • 有些幼儿说："绿色和蓝色。"<br>• 个别幼儿说："是草地和大海。"<br>当孩子们看到随后的两个对开页，就大声说："是草地和大海。"<br>蜡笔画了大草原，狮子就可以跑了；蜡笔画了大海，鲸鱼就可以游了。 | 通过画面引导幼儿预测、验证自己的想法，幼儿可以推测出图画书的文字。 |
| 结束页　"喂，长大以后，你想做什么？"（这既是图画书的文字，也是我们下一次阅读图画书的重点内容，请幼儿将图画书的内容与自己的经验联系起来。）请小朋友们好好想一想，你长大以后想做什么呢？ | • 我要做科学家。<br>• 我要做大猩猩。<br>• 我要做向日葵。<br>• 我要做…… | 大多数幼儿没有立刻说出自己想做什么。以往，当我们问幼儿长大以后想做什么，他们大多数的回答都是和职业有关（也有幼儿说想做妈妈/爸爸等），这显然是和成人对于这个问题的惯性思维有关。阅读这本书，孩子们开始体会浪漫的理想了，所以很少有人立刻说出答案。也有幼儿开始模仿书中的表达方式，说出一些不一样的答案，如"大猩猩""向日葵"。这将是我们下一次阅读活动的重点。 |

**第二次阅读活动**

在第一次阅读的基础上，大部分幼儿理解了图画书的基本框架，并能够体会图画书的意味。因此，我将第二次阅读的重点放在两个方面：①进一步体会图画书的结构，尤其是体会这本图画书起伏的情绪；②在充分体会的基础上，分享自己的想法，并模仿书中的语言，完整、优美地表述。在我的建议下，第二次阅读活动以分组排练和表演的形式进行。

我为幼儿简单回顾了这本书的内容，然后请幼儿分成三个小组，每个小组负责一个小段落。第一组负责小朋友和蒲公英的问答；第二组负责小朋友和小鱼的问答；第三组负责小朋友和蜡笔的问答；最后的结尾页由我来负责。

每组小朋友自己讨论、分析、分配角色，要求用语言、动作表现出自己从画面上看到的意思。我提示他们要关注每个角色的表情，例如，小男孩和小女孩听到蒲公英要变成狮子时是什么表情？蒲公英听说自己不能变成狮子时是什么表情，等等。

我在每组幼儿讨论和排练时，在各组穿插进行观察和指导，发现他们的灵感，给予引导和放大。例如，第二组在讲到小河太小了，不够小鱼变成大鲸鱼时，他们组个头最大的男生被要求当大狗，在旁边走来走去，以衬托小鱼和小河的细小。我提示他们可以通过形体动作，让大狗显得更大，小鱼显得更小。于是扮演大狗的幼儿就伸长了脖子，伸展开臂膀走来走去，而扮演小鱼的幼儿就缩成一小团，表现小鱼的小。我还为他们找来了一条蓝色的丝巾当作小河，幼儿非常喜欢这个道具。

幼儿排练好后，分组表演，在观看别人表演后提出自己的看法。例如，有的幼儿认为，"蒲公英知道自己不能变成狮子，应该显得更伤心一些"；有的幼儿认为，"蜡笔组的人应该更多一些，不然没法让蒲公英、狮子、小鱼、大鲸鱼什么的都在画面上出现。"

于是，我们调整了分组的方式，选出两个表演"小男孩""小女孩"最好的小朋友从头到尾表演，第一组、第二组的其他小朋友仍然是表演前两个小节；第三组则全部表演蜡笔，第一组和第二组的小朋友在第三组表演时全部加入。这下就由分组表演变成全体分章节表演。

在排练和表演的过程中，孩子们非常细致地观察画面，要求我反复为他们朗读文字，体会文字和图画的关系。孩子们通过分组的形式，对文章的段落有了更感性的认识，对于第三部分对前两部分的关照有了深入的体会。

由于时间关系，原定的谈话活动"长大以后做什么"没有完成，我们只好再进行第三次阅读活动。

第三次阅读活动

在前两次阅读和表演的基础上，幼儿对这本书的兴趣仍然很高。这次，我们将讨论的重点放在"我长大以后做什么"上。简单回顾了图书内容后，我请幼儿自由发言，我的任务是将幼儿的发言记录在大白纸上（见表4.2）。一方面，可以通过教师的书写，提高幼儿的文字意识；另一方面，将幼儿的回答分门别类地记录，有利于培养幼儿的分析能力；同时，也便于我对他们的答案进行分析和引导。幼儿的回答记录如下。

表 4.2　长大以后做什么

| 职业类 | 影视幻想类 | 家庭成员类 | 其他 |
|---|---|---|---|
| 警察、教师、消防员、主持人、演员、歌星、科学家、战士、做武器的、运动员、医生、护士、送信的邮递员、卖玩具的、写书的、开游乐园的、看计算机的、卖游戏机的、设计游戏的…… | 奥特曼、仙女、小美人鱼、机械战警、变形金刚、芭比、大猩猩、向日葵 | 妈妈、爸爸、祖父母 | 大官、有钱的、开大汽车的、救人的、听别人讲伤心事安慰别人的 |

在幼儿罗列了自己的"理想"后，我请每名幼儿详细解说自己的选择原因。然后，我模仿书中小男孩、小女孩的口气向其提问："哦，你想当'做武器的'，这个理想很不错，可是，如果你做了很多武器，别人都来打仗，怎么办呢？"幼儿要为自己的理想做出一个合理的解释和辩解。之后，我请其他幼儿尝试向讲述自己理想的幼儿提出问题，体会这本书一问一答的写作方式，同时也为幼儿提供一个思考和应对提问的锻炼机会。

在小霞老师的教学实例中，我们可以注意到以下几个值得思考的问题。

*经验的完整性与教案的完整性*。教师将阅读活动视为幼儿完整的经验体,虽然在每次组织阅读活动时,教师原本有明确的、针对性强的、步骤清晰的目标作为本次活动的重点,但教师在实施教学时,仍是以幼儿的兴趣为基本依据,可以根据幼儿兴趣的发展临时调整目标和内容,以适应幼儿经验展开的需要。虽然有预成的设计,但是教师原有的设计不应破坏幼儿当前的兴趣,教师不是为了完成教案而教学,而是为了支持幼儿展开当前的活动、获得有益的经验而进行教学。虽然小霞老师原有的教案被修改了,但幼儿的活动展开得更完整了。

*经验的直观性与设计的隐蔽性*。培养幼儿的早期读写能力包含培养幼儿口头语言与书面语言对应的能力、书面语言的视觉感知辨别能力,以及成为流畅阅读者的策略预备能力(见第一章)。但这并不意味着,这几项能力是必须单独培养的,而应该是在幼儿大量积累的阅读经验中、在教师精心设计的阅读活动中得以体现。小霞老师期待幼儿能够体会图画书的结构和起伏的情绪,但不是用抽象的说明或表格图式的方式展现,而是通过讨论、表演的形式启发幼儿在观察画面和相互评论的活动中丰富阅读经验、分享阅读经验。幼儿获得的经验应该是直接的,而教师在提供相应的活动和环境时,其设计应该是隐蔽的。

*经验的互动性与教师的指导性*。阅读能力获得是一个不断积累的过程。作为教师,我们往往拥有更为丰富的阅读经验。当我们希望为幼儿做出阅读和书写的示范时,我们并不一定是在剥夺幼儿自主学习的机会,而是将我们自己作为幼儿读写学习资源的一部分,其关键在于教师如何将自己的经验呈现在幼儿面前。例如,小霞老师在讨论时用文字记录幼儿的发言;将自己对图画的思考展现给幼儿,并期待幼儿给予反馈;为幼儿设计预测、验证的机会等,这些都是教师将自己作为成熟阅读者的经验通过活动的形式呈现给幼儿,而幼儿又同时拥有对这些经验做出反应的机会。这种具有互动性的经验就是幼儿学习的一种资源,而不是简单地灌输或代替。

*经验的系统性与经验的发散性*。阅读是一个极度依赖个人原有经验的个性化的活动。同样一个阅读题材,却有可能引发完全不同的反应。即使是同一位读者,在不同的心境、不同的近期经验的影响下,也会有完全不同的联想。例如,在小霞老师的案例中,有一名幼儿说:"蜡笔想做火箭头。"这名幼儿就是因为刚刚看完一本关于火箭的书,所以会产生与图画书所描述的内容几乎毫不相关的联

想。又有一名幼儿，认为小鱼不能变成鲸鱼，因为鲸鱼是哺乳动物，这是因为他受到当月主题活动中学到的动物变异相关知识的影响，以及自己比较丰富的动物知识的影响。这些背景经验都决定了幼儿在面对同样的阅读内容时，会产生不同的联想、想象和理解。这就要求教师既能注意经验的系统性、连贯性，又能允许幼儿经验的发散性，敏锐地发现幼儿发散思维中可能存在的相关经验，如发现幼儿的阅读兴趣、知识背景等，从而给予幼儿更具个性化的指导，也便于教师将幼儿发散的思维转移到讨论的核心上。

### （四）阅读预备策略的教学策略

学前阶段是儿童语言能力形成的关键期，儿童在听故事、看图说话、日常对话、自由游戏、故事复述等过程中，语言能力得到了极大的训练，语音意识、语言能力都有明显的提高，这也在一定程度上为阅读策略的学习奠定了一定的基础。

通常认为，阅读策略是读者用来理解各种文章的有意识的、可灵活调整的认知活动计划。阅读策略教学是指，通过教学提高学生对阅读要求的意识，掌握和运用恰当的策略完成阅读任务，从而形成监控策略运用的能力。

在幼儿园阶段，我们不能期待幼儿清楚地意识到阅读任务，并自觉地运用阅读策略帮助自己完成阅读任务，制订相应的认知活动计划以及对自己的阅读策略进行有意识的监控。但我们可以设计有趣的情景、有目的的任务，帮助幼儿积累相应的阅读经验，体会阅读策略在阅读理解过程中的作用。

在本书的第一章中，我们详细解释了体现幼儿自主阅读能力的几种阅读预备策略（反思总结、预测验证、提问质疑、假设想象等），并用小霞老师的教学活动示范了教师在阅读策略教学中的设计和思考。在此，我们将借鉴佩林乔尔和布朗（Palincsar & Brown，1984）在《培养理解与理解监控活动的交互式教学》（Reciprocal Teaching of Comprehension-Fostering and Comprehension-Monitoring Activities）研究中的一些结论来分析如何为幼儿提供一种"交互式阅读策略教学模式"。

该研究将交互式教学描述为"一种教学程序"。最初由教师示范所要呈现的阅读策略，之后鼓励学生积极参与到活动中，然后教师按照每名学生的水平提供指导与反馈。

具体的步骤如下。

- 将某一项阅读策略介绍给幼儿，注意使用幼儿能够理解的语言，比如将"预测"说成"猜一猜"等，确保幼儿明白该策略所对应的行为。例如，教师可以使用这样的语言："老师想请小朋友们猜一猜，接下来会发生什么。"
- 示范策略的使用。教师示范的同时，大声说出自己的思考过程。例如，教师在示范总结策略的使用方法时说："看到这里，我知道蒲公英想变成狮子，但是小姑娘觉得这片草原太小了；小鱼想变成大鲸鱼，可是大家又说这条小河太小了。接下来，他们又要问蜡笔了……"又如，教师在示范预测策略时往往会在故事进行中提出预测，然后在接下来的故事中验证自己的预测，榆树为幼儿做出了使用这种策略的示范。
- 指导幼儿练习。教师给幼儿提供练习机会，在幼儿练习时提供支持和反馈，逐渐撤掉支架，由教师指导过渡到幼儿自主学习应用。教师在示范之后提出任务，请幼儿练习，例如，请幼儿模仿教师的样子对图画书的内容进行提问。在幼儿提问的过程中，教师可以为幼儿直接提出练习任务，如："上一个画面讲了什么，请用一句话告诉我们。"也可以设计比较间接的方法，让幼儿进行练习，如："接下来，他们又会去问谁呢？它想做什么呢？它的'理想'能实现吗？我请小朋友们替他们提问，你们会怎么问？它想做什么呢？"
- 独立练习。为幼儿提供可以被分解的具体任务，让幼儿在一定情境下尝试使用策略完成比较简单的阅读任务，然后鼓励幼儿在自主阅读中运用所学的策略来支持理解。例如，请幼儿带着一个具体的任务阅读一本已经读过的图画书或一本新的图画书。
- 补充示范，加强对文章的理解。如果有需要，教师可以重复个别策略的教学，并且帮助幼儿澄清理解得不够清楚的地方。

幼儿对于各种策略的学习与掌握并不能通过一次或几次阅读就可以获得，而是要经历一系列的发展与变化。教师应当关注幼儿的表现，根据幼儿的水平调整教学与指导的进度。接下来，我们简要分析预测、提问和解释这三个阅读预备策略在学习上的特点，并用案例讲解相应的教学策略。

### 1. 预测

一般而言，幼儿自发使用较多的是单纯依据先前经验或者图画上比较突出的信息做出预测。在学习预测之前，幼儿很少主动将生活经验和故事图片中的丰富信息相结合，对其预测的合理性也不做思考。这时，教师应该直接告诉幼儿根据图片线索预测的方法和作用来思考："猜一猜"（预测）、"为什么这么说，说出你的理由（依据），才能让别的小朋友相信你"。"那么我们根据什么来猜呢？我们可以看图，还要动脑筋想。"教师启发幼儿进行预测，主要应该选取幼儿凭借一般生活经验可以猜测出的问题。

例如，在《鼠小弟的小背心》中，幼儿可以根据经验和对画面直接展现的信息，猜出（预测）鼠小弟的小背心会越变越大，并在随后的阅读中逐步验证。根据图片或者生活经验预测故事能够加深幼儿对文本中即将出现的内容的认识。在《鼠小弟的小背心》中，幼儿发现穿鼠小弟背心的动物朋友越来越大，从画面中可以看到背心被撑得越来越大，这个规律就是经过一次又一次的预测和验证之后得出的故事主要线索。

随着阅读经验的逐渐丰富、积累了一定数量的故事图式，幼儿可以开始根据故事情节或者主题预测图画书中人物的对话、即将发生的情节，甚至将故事情节延伸，从而深化幼儿对整本图画书内容的理解。这时，教师可以经常带领幼儿翻阅前面的画面，回忆前页的关键内容，帮助幼儿联系各个情节。当幼儿预测不合适时，教师可以带领幼儿再次翻阅前面的图画，或者提示幼儿该故事的主题。

值得注意的是，预测策略的学习，并不是指将预测结果的正确性当作学习的目标，而是将策略使用的自觉性和合理性当作学习的目标。如果幼儿能主动运用预测的方法进行阅读，或者一边阅读一边检验自己的预测，那么该策略的教学就取得了成功。在下面的案例中，我们可以看到一名幼儿主动运用预测的策略引导自己的阅读理解和保持阅读兴趣。

## 小霞老师的教学笔记 9

超超拿到一本新书《一只想当爸爸的熊》[①]。在看封面时，他说："又是一个棕熊的故事，是不是又讲棕熊找蜂蜜的故事啊？"显然，超超注意到了画面上有一只蜜蜂，又加上他刚刚读过图画书《蜂蜜山》，因此做出这样主动的预测。接下来，超超打开图画书，请我读给他听。读了几页，他就说："哦，这次不是找蜂蜜了。"可见，他开始在阅读中主动运用预测和验证预测的策略。

当我读到"虽然，大熊不太相信小兔子说的话，尤其是拉耳朵的部分，但是，第二天，他还是去了萝卜园"。超超立刻大笑起来，并且指着被农妇赶走的棕熊说："我早就知道了，真傻。"我问他："你知道什么了（预测到什么了）？"他说："我知道小宝宝不是从地里长出来的，我一看见图，就知道你说的，他去萝卜地了，你看，这个阿姨用萝卜打他呢。"

超超在课堂上学习了预测策略后，明显开始模仿教师的行为，在阅读封面时就提出自己对这本书内容的预期，并且尝试用持续的预测和验证来维持自己对于图画书线索的把握。

值得说明的是，预测-验证策略不等于逐页猜图，逐页验证。一般而言，教师可以在三个地方提出预测的要求。

（1）封面预测

通过观察封面，请小读者预测图画书的主要情节，例如："这本书会讲一个什么故事？（封面上的）主要人物之间会发生什么事情？"其主要目的是让小读者对阅读的内容形成一个预期，将阅读的注意力集中在将要重点讨论的点上。

---

[①] 该书由德国的沃尔夫·埃布鲁赫著，王星译，其简体中文版已于 2020 年由魔法象童书馆出品，广西师范大学出版社出版。

### （2）关键页预测

大多数故事都会有一个关键转折页，也就是我们常说的"起承转合"的"转"，在这个"转"之前往往是铺陈和叙述，而"转"之后就要出现结局和结论。在这里停下来，请小读者根据前面已经有的信息和自己的经验预测故事的结果，可以起到调动阅读积极性，提高阅读参与度和理解能力的作用。

### （3）重复页（递进页）预测

对于那些具有重复情节或递进情节的图画书（见第三章"可预测图画书"一节），我们可以在具有预测性的部分请幼儿根据明显的规律进行预测，培养幼儿阅读的兴趣和对结构的把握。

## 2. 提问

提问学习的开始阶段是比较困难的，因为幼儿不习惯在课堂上提问题，也不知道怎么提出一个问题来。其实，在幼儿明白问题的形式和作用，掌握了提问的基本方法之后，幼儿在提问方面会表现出很大的热情，在课堂上非常主动，教师上课将会变得轻松。幼儿自发的提问以及由此产生的解释过程就能将故事大意基本澄清。

帮助幼儿学习提问要经历这样几个步骤：认识提问、尝试提问和回应提问。

### （1）认识提问

教师首先要通过幼儿能理解的方式让他们了解什么是问题。带有"谁、为什么"等词语的话叫问题，"需要其他小朋友帮你想，帮你找答案的话"叫问题。

其次，教师将幼儿陈述的话转成问句，帮助幼儿熟悉问句的形式，为幼儿示范。当教师要求幼儿提问，幼儿说"小鹅来找鼠小弟借背心"时，教师帮助幼儿将陈述句变成问题："你是不是想问谁来找鼠小弟借背心？"

最后，让幼儿明白什么时候提问题，为什么要提问题。①你想知道故事下面发生什么事的时候可以提问题。②你不同意别的小朋友的话时，可以问小朋友："为什么？"③你不懂的时候可以问老师或小朋友问题，如："慌慌张张是什么意思？"心里有疑问时也可以问。

### （2）尝试提问

幼儿在理解了什么是问题以后，提问的兴趣会很高。这一阶段开始，教师可以不管幼儿提问的质量，先让幼儿尝试发问，掌握提问的形式。教师要及时反馈，澄清幼儿问句的意思，帮助幼儿说出合适的问句。

幼儿基本掌握了提问的表达方法后，教师再要求幼儿先思考后提问，提出一个好问题来。幼儿提问常常没有目的性，所问的问题比较简单，需要教师对较好的问题进行强化反馈，才能让幼儿提出可以引发下文的问题。

（3）回应提问

幼儿学习提问题以后，不习惯思考和回应别人的问题，这需要教师反复引导。教师可以使用简短而明确的语言帮助幼儿养成这种习惯，提醒幼儿对他人的发言做出合适的回应，同时学会倾听。

3. 解释

在一间教师占据主导地位的教室里，幼儿的任务就是回答教师提出的问题，跟随教师的思路前进。因此，幼儿很少有机会对自己的阅读过程进行思考和解释。我们经常看到这样的现象，教师指着图问："这样做对不对啊？"幼儿无须思考图画的内容，只要听着教师的语气，就可以答出："不对。"假如此时教师的语气略有变化"对吗？"，那些"聪明"的幼儿就会立刻做出相应的改变"不对"。于是，学习变成幼儿揣测教师心中答案的过程，而不是主动思考的过程。

一开始，如果幼儿还没有形成边阅读边思考的习惯，他们就不会主动到图中找线索，也不会联想故事前面发生的事情，比较多的是等待情节的接续出现，在回答教师提问时更是表现为"不知道"或猜测教师所想。解释策略的学习，正是教师摆脱课堂主导地位的重要手段，帮助幼儿主动将生活经验和故事图片以及故事情节相结合，做出合理的说明。在学会做出简单解释之后，教师还要注意提醒幼儿倾听他人发言，这样幼儿之间才能有更好的互动。

常见的解释策略有：根据先前经验解释故事中的词汇、根据图片线索解释、根据故事情节解释。

（1）根据先前经验解释故事中的词汇

对于图画书中比较难理解或者比较重要的词语，教师让幼儿看看图画书前后的情节，让幼儿讨论该词是什么意思；也可以给幼儿示范自己生活中哪里可以用到这个词语，然后要求幼儿像老师那样将词语和自己的生活相联系。

一般而言，幼儿经过练习后能够用同义词替换、事件举例、人物举例、反义词解释、释义等方法解释词汇的含义。例如，当我们和幼儿一起阅读《农夫去旅行》时，请幼儿解释什么是"旅行"，幼儿的答案有"旅行就是旅游"（同义词替换）、"旅行就是妈妈带我去北戴河玩"（事件举例）、"旅行就是到很远的地方去玩"（释义）；当我们请幼儿解释什么是"勇敢"时，幼儿的答案有"勇敢就是不胆小"（反义词解释）、"奥特曼就是勇敢的"（人物举例）、"我打针不哭就是勇敢"（事件举例）等。随着年龄的增长，幼儿对词语解释的能力有所提高，越小的幼儿越倾向于用描述、举例的方式来解释。随着词汇量的增加，思维水平的提高，幼儿越来越倾向于使用同义词或反义词替换；随着概括能力的发展，幼儿越来越能够使用释义的方法解释词汇。

根据幼儿词语解释能力的发展，教师可以通过示范、提问和讨论的形式帮助小读者逐步形成在阅读中关注词语、讨论词语、理解词语的好习惯；慢慢地，过渡到启发幼儿自己提出不懂的词语和教师讨论；最终过渡到让幼儿自己联系画面和上下文以及原有的经验来猜测和解释词语的意思。

教师的指导语可以经历以下几个步骤（以"旅行"为例）。

- 什么是旅行呢？就是到很远的地方去玩，要去很长的时间。（示范）
- 什么是旅行呢？还有别的词和这个词的意思一样吗？（提问和引导同义解释）
- 这一段里的哪个词是你没听到过的（不理解的）？（引发思考和讨论）
- 找一个你觉得最难的词来考考老师和小朋友吧！（鼓励孩子思考和提问）

### （2）根据图片线索解释

幼儿对图画的细节很感兴趣，如果教师能够积极引导，给幼儿充足的时间，他们就能够做出更多的思考。图画书中的很多细节都具有丰富的内涵，教师可以借助这些细节促进幼儿思考，鼓励幼儿进行解释。

在前文谈到过的图画书《大猩猩》中，无处不在的大猩猩形象、被关在笼子里的大猩猩的样子以及墙上缺少家庭成员的图画都暗示了许多信息，这些信息可以帮助幼儿解释当前的画面和故事的整体情节以及所表达的情绪。

值得注意的是，图画信息，尤其是隐藏信息较多的图画故事书，往往在教学中给教师更大的挑战。教师往往因为自己在阅读时发现了一部分信息，并且被这部分信息打动或者吸引，就非常希望将这些信息与幼儿分享。还有时候，教师自己并没有发现一些隐含的信息，而是通过教学参考资料或者别人的阅读引导、书评等知道了这些信息，因此也希望幼儿掌握这些信息，否则就认为自己没有教好，幼儿没有学到。

这里存在着两个误区。第一，教师往往认为图画书就是给学龄前儿童看的，低估了图画书图画信息阅读和文学阅读赏析的难度。实际上，很多图画书并不是为低幼儿童创作的。就像《大猩猩》一书，书中的主人公是一名七八岁的小女孩，显然，这本书是为小学低年级孩子创作的（图画书创作界一个不成文的规定，即图画书小主人公的年龄与作者预期的读者年龄相仿）。因此，太小的读者往往不能发现那些隐藏的信息，即使发现了，也往往不能体会那些信息所表达的意义。第二，就是把创作者所要表达的意义等同于读者可以理解到的意义。实际上，创作和阅读是两个既相关联，又有区别的过程。作者的创作意图并不一定被读者百分之百地理解，也不一定是在一次阅读中被读者理解。读者的阅读，本身就是一个二次创作的过程。当读者被作品打动时，有可能是还原了作者的初衷，达到作者、作品和读者三者的共鸣，也有可能打动读者的并不是作者的初衷，而是读者自身经验和作品的共鸣。因此，教师没必要把作者的创作意图等同于教学目标，更无须将自己的理解作为幼儿理解的目标。

根据图画信息解释，其目的在于引导幼儿关注图画与主题、线索、情节、语言之间的关系，促进小读者对于阅读对象整体的认识、全面的理解，培养小读者边读边思考的阅读习惯的养成。

### 小霞老师的教学随笔 2 则

#### 随笔 1

舟舟对《天啊！错啦！》中小兔子拉住边线那一页有自己的解释，他说："我觉得，小兔子是想让草地的绿色流出来，挡住那些字，不让它说话了，它老说'错了错了'！"

#### 随笔 2

顺顺神秘地对我说："小霞老师，我终于知道那个农夫为什么等不到兔子了。"我说："为什么？"他举着自己端详了半天的图画书《等啊等，等兔子》，翻到农夫全家吃兔肉那一页，指着画面说："你看，兔子亲眼看见了自己的伙伴被农夫吃啊,他们肯定不再往那棵树那里走了。农夫到哪儿等兔子去啊。"说完之后,特别得意地点了点头。

当我们给予小读者充分的时间和自由表达的机会时,幼儿往往会在多次阅读图画之后,突然发现需要解释、可以解释的内容,这种解释甚至比集体教学时应对教师的问题更有价值。同时,这也是集体教学展示解释策略的重要成果。

### (3) 根据故事情节解释

教师常常要带领幼儿回忆前面的故事情节、回顾故事,这样幼儿才能根据故事情节对当下的问题做出解释。必要的时候,教师还要将幼儿的注意力集中到故事的某一个角色身上,带领幼儿一起回顾其在故事中的变化过程,这样幼儿能够更深入地解释当下的问题。到了教学后期,幼儿遇到问题时有时甚至会主动要求翻一翻前面的书,在解释问题时也会提到前面发生的故事情节。例如,幼儿在阅读《爷爷一定有办法》时,首次阅读的关注点在于那块不断变小的布料和它做成的东西;而在阅读中,有小读者提出了衣服为什么越来越小的问题,幼儿开始关注到小主人公的变化——越来越大;在教师的提示下,幼儿开始关注另一条线索——不断庞大的老鼠一家以及他们和碎布料的关系。幼儿不时要翻回到前面,才能全面把握几条线索之间的关系,根据线索交织的情节进行解释。

我们在初步尝试中发现,在早期阅读教学过程中实施"交互式阅读策略教学"能够较好地促进幼儿自主阅读意识和阅读能力的提高。幼儿不仅在词汇量以及句子理解上有明显的提高,在词汇解释与故事理解上也有显著的进步。而且,各个水平的幼儿都能通过阅读预备策略的学习提高阅读兴趣和阅读能力,并能在日常阅读中较好地主动运用所学的阅读策略。

以培养幼儿读写能力为主要目标的早期阅读活动,其教学重点在于培养幼儿通过文本进行学习的能力,培养幼儿阅读过程中思维的深度、广度和批判性,增强幼儿对于文本的敏感性,激发阅读的兴趣并且培养拥有良好阅读习惯的终身学习者。

在教学组织形式上,以培养幼儿读写能力为主要目标的早期阅读活动并不一定总是采用集体教学的形式。实际上,不同的教学组织形式对应着不同的教学目标。教师主导的集体教学活动旨在对幼儿进行示范、演示、讲解,帮助幼儿掌握阅读能力中的重点和难点；而幼儿主导的小组活动侧重于给予幼儿思考、练习和交往的机会，使得幼儿可以在相对安全、宽松的环境中按照自己的速度掌握技能。以幼儿个体为单位进行的自主阅读同样是必不可少的教学组织形式，这种形式更多地强调读者和作品的互动。教师在观察幼儿的阅读时，可以看到更多自主的、具有个性化的反应，并依据这些反应给予有针对性、支持性的指导。教师可以为幼儿提供阅读建议，并通过关照幼儿的阅读体验给予持续的支持，以促进幼儿阅读信心的建立和终身阅读习惯的养成。

无论是在集体教学中，还是在小组教学中，教师通过讨论、互动鼓励小读者之间的交流都非常重要。小读者之间通过讨论共同建构文本意义的学习会具有更好的效果。在集体教学中，讨论的焦点往往是教师，教师决定了讨论的方向和最后的结论。久而久之，这种互动模式会使幼儿丧失在集体中互相讨论的动力，他们的发言都指向教师，而不是教室中其他同伴，所谓的交流会变成只有一个方向的师幼交流，而不是多方向的、面向全班所有参与者的交流，而每一个参与者也没有机会完整而全面地表达自己的想法。因此，在利用交互式阅读教学策略或其他课堂教学策略时，以阅读文本为中介，激发读者之间的交流，是阅读教学活动组织形式中值得思考的重点。

## （五）活动的评价

什么是以发展幼儿读写能力为目标的、好的阅读活动，或者判断和评价一个教学活动的标准是什么呢？我们可以从以下几方面来分析。

### 1. 是否可以提供关于图画书的开放性的讨论和对话

当一个阅读活动缺乏宽松的阅读气氛，教师将活动的目标指向既定的理解方向，期待小读者达成教师期待的理解目标时，我们认为这样的阅读活动即使采用了讨论的方式也无法达成开放的原则。所谓开放性的讨论和对话，是指参与阅读的幼儿可以就阅读的内容自主地提出问题，提出自己的解释和看法，而无须按照教师的思路去猜测教师希望获得的答案。

我们经常看到这样的现象，教师为了引导幼儿达到自己预设的阅读目标而不断地启发幼儿，直到幼儿说出教师预期的答案，这次讨论才算结束。这样的阅读活动变成以教师为中心的猜测活动，看似开放的讨论形式，实则是封闭的、对答的回应。

### 2. 是否可以调动、发展幼儿的相关背景知识和经验

调动幼儿的相关生活经验，可以帮助幼儿更好地理解所要阅读的内容，但调动和发展不意味着将阅读材料内所需要的知识经验都在阅读前进行分解和教学。调动的形式可以是多种多样的。教师通过环境创设、问题提出、组织观察、讨论对话等形式引发幼儿对于所阅读内容的关注和思考，实际上就是在调动幼儿的背景知识和经验。

### 3. 是否为幼儿提供了听、说、读、写多方面能力的整合

早期阅读是幼儿语言发展的一部分，越来越多的教育者意识到幼儿语言的学习是一个主动的、完整的过程。主动和完整意味着教师不可能通过灌输的方式将语言的规则"教"给幼儿，而是幼儿通过与同伴和成人以及周围环境的互动逐渐在运用中获得语言交流和表达的规则。完整意味着幼儿在吸收来自环境的信息时，可以从多个渠道获取信息，教师可以将各种与语言有关的素材呈现给幼儿，不仅仅是听觉的，还可以是视觉的；不仅仅是具体的故事内容，还可以是相对抽象的文字符号。其重点在于，教师创设的是幼儿可以参与其中的、具有实际意义的语言环境。幼儿的读不是为了读给教师听，而是真的需要自己去读；幼儿的写不是写给教师看，或者单纯地练习，而是具有书写所应具有的记录、交流等实际的用途。这样的活动往往不是在一次集体教学活动中体现的，而是充斥在幼儿园生活的方方面面，在多个时间和空间中不断呈现的。因此，衡量某个活动是否为幼儿提供了听、说、读、写多方面能力的整合，更多考察的不是这一次活动的内容，而是教师对于幼儿阅读与书写发展的整体支持。

### 4. 是否提高了幼儿的思维水平

阅读是一个复杂的思维过程，研究者认为阅读既是一个从上到下的认知过程，又是一个从下到上的经验过程。教师为幼儿设计的早期阅读活动要吸引幼儿

的参与，指的不仅仅是幼儿形式上的参与，而更多的是幼儿在思维上的参与。有的阅读活动中，教师始终处于"导演"的地位。阅读前，教师用花哨的活动引发幼儿的兴趣，完全不管这个所谓的"兴趣"是否引发了幼儿对于阅读内容的思考；阅读中，教师不断地向幼儿提出与记忆、词汇、行为规范有关的问题，而不考虑这些问题是否会影响幼儿对于阅读内容全局的把握、个人的思维速度和方式；阅读后，教师仍然将力气花费在无休止的拓展活动上，试图最大限度地挖掘阅读内容的内在价值，而不思考幼儿作为小读者对于阅读内容的感受，或者教师导演一场形式花哨的表演活动，每名幼儿都有机会参与其中，但实际上每个人都没有真正的发言权，幼儿只是按照教师的指示完成对于这一次阅读的"表演"。这样的阅读活动，我们无法称之为"促进幼儿思维发展的阅读"。

5. 是否考虑到了幼儿的水平差异（文化差异），并且给予梯度化的目标与相应的指导和支持

每名幼儿对于阅读材料都会有自己不同的理解和解读。这种不同有可能来自以往的阅读经验，也有可能来自各自的生活经验。因此，允许幼儿对同一个阅读内容有完全不同的解读，是衡量一个好的阅读活动的重要指标。但仅有允许是不够的，教师还应充分考虑到幼儿的差异，并为其设计有梯度的指导和支持。例如，允许幼儿用口语表达、图画表达、戏剧表达、建筑区游戏等多种方式表达自己对于阅读内容的理解，而不仅仅是口头表达和图画表达。教师经常喜欢启发幼儿在阅读后画一画，演一演，但如果不考虑幼儿的原有经验和擅长的表达方式，就无法达到预期的效果，而把阅读后的表达支持变成形式化的表演。

以培养幼儿早期读写能力为目的的阅读活动，可以有多种展开形式，但作为幼儿园课程的一部分，其关注的目标仍应是幼儿的整体发展，而不是将语言和读写能力的发展从幼儿的整体发展中割裂出来看待。但是在实践中，由于存在过分强调阅读与书写的技能和规则而忽略幼儿阅读的整体感受及情绪体验的倾向，某些早期阅读活动还是受到了来自理论和实践的批评。我们不得不思考，这种教学是否存在"小学化"倾向。到底怎样的阅读活动才能让幼儿既获得阅读预备技能，又能拥有良好的阅读体验呢？

## 二、以丰富文学体验为目的的阅读活动

与"以培养幼儿读写能力为目的"不同,一些研究者和教师认为,幼儿的阅读能力是在阅读体验的基础上自然丰富起来的,教师对其进行阅读策略、阅读技能的教学可能会损害幼儿阅读的兴趣。但他们同时也承认,大量阅读图画书可以使幼儿在模仿成人阅读策略的过程中逐步积累一些阅读技能,获得前阅读能力。假如我们称"以读写能力发展为目的的阅读活动"的支持者为"读写派",那么为了行文方便,我们不妨称支持"以丰富文学体验为目的的阅读活动"的支持者为"文学派"。

本节,我们将介绍文学派所秉承的基本理念和此类活动的特征,以及一系列"以丰富文学体验为目的"的早期阅读活动,供教师参考。

### (一)基本理念

以丰富文学体验为目的的阅读活动理念,首先把阅读材料"图画书"作为主要的研究对象,更关注具有文学性的图画书在教学中的运用,认为"图画书是儿童文学的一种特殊种类或类型。图画书是可以只有图画,且图画支配着正文,或是文字和插图占有同样重要地位的出版品"(Shulevitz, 1989)。

那么,什么是具有文学特性的图画书呢?我们可以从语言的使用、艺术的品质、描述经验的方式,以及内容、形式和结构方面来考察。

一本具有文学性的图画书应该在语言上富有韵律、抑扬顿挫,活化读者的思想,创造一个鲜明而具有个人化的影像,而不只是简单地将图画书中已经明确呈现出来的东西再以文字的形式标注出来。儿童图画书一般都只使用很少的文字,但每一个字都应该经过深思熟虑。

图画书之所以被称为一门艺术,在于图画书中的图画不仅提供了一种字面上的诠释,还延伸和补充了语言的语气。插图和正文一同唤起了读者的情感反应,并且将特殊的意义回馈给他们。图画书艺术的品质要求插图"能被了解、唤起情感的认同以及强烈的情绪反应,这容许读者本身有足够的空间去想象,为读者提

供一种新的、有益的（和有活力的）方式去看世界和生活"（Cianciolo，1984）。

每本书都有其描述经验的方式，有的是通过角色的对话来对读者说话，有的是由一个讲故事的人对读者说话。无论哪种形式，最重要的在于这种对话的内容和态度。当这种来自图画书的对话能够引发读者强烈的情绪体验时，它的文学性就体现出来了，否则，那些对话只能是对图画的说明。有人这样形容图画书的艺术品质：如同我们唱一首英文字母歌一样。它有曲谱，可以被演唱、歌词押韵、朗朗上口，它具有音乐的所有特质，但是你很难说这是音乐，或者说，它并不足以被称为是一首具有完整文字意义的乐曲。假如一本图画书没有运用想象的方式使用语言，以富于表情的方式使用艺术，或是确实地描述经验，那么这样的图画书就缺乏了文学的一些基本要素。

图画书主题可以是严肃的，也可以是轻松愉快的。图画书要制造出主题、角色、情节、场景、观点和图画之间的联结，让主题和形式有机地结合在一起。"和谐"是评判和选择图画书的一个重要指标——内容、形式和结构的统一构成和谐的文学特性。

以丰富文学体验为目的的早期阅读活动特别注重"通过阅读（文学）进行学习"。凯兹（Katz，1988）定义了幼儿教育和发展的四个基础：知识、技能、性格和感觉。这四种学习类型可以融入文学，直接地被应用于幼儿的经验中。知识一般是通过感官、个人经验和直接的教导获得的；技巧是通过练习学得的；性格是"心智的习惯"，如灵活性、好奇心和热情等，是幼儿通过观察和模仿获得的；而感觉，必须在与情感相关的经验中学习。

文学派强调，当幼儿将图画书与温暖、亲密和愉快的感觉联系在一起时，阅读能力的正向感觉也同时被建立起来（Zeece，2000）。反之，如果阅读带给幼儿的印象是"学习阅读是一件困难和复杂的任务，只会导致繁重的工作"时，那么幼儿或许会因此畏惧阅读，表现出对阅读的抗拒，并且不在课外从事任何阅读活动。为此，文学派认为，阅读的知识和技巧只是儿童阅读中很少的可见的一部分，而性格和感觉才是更加重要的部分。只强调知识和技巧，而排除性格和感觉，会产生不爱阅读的儿童。也就是说，它会造就知道如何阅读，却拒绝阅读的学习者。

文学派对图画书阅读的价值有着不一样的解读，认为书本对于儿童的影响，就像它们对于成人的影响一样：它们为我们提供资讯、刺激、娱乐，以及将我们带入其他人的思维和经验中，最重要的是，它们让我们思考、感觉和回应。此外，书本也让我们与已知的和所能想到的最美好的事物进行亲密接触。（"A Note to Grownups"①，1985）在此，我们可以看出，文学派虽然不否认阅读所能带给儿童的学习发展价值，但其讨论的重点始终是阅读者阅读时感受到的情感体验，而不是自觉地对阅读过程本身的反思。

文学派不否认图画书阅读的教育功能，他们认为儿童透过将事件高度组织化的材料——图画书中的重复经验，向说故事者学习（Jalongo，2003a）。图画书是一种支持儿童发展的主要资源。儿童与图画书之间的互动具有相当的功效，是优先也是最重要的考量，符合发展适宜性和功效性的标准。他们这样描述图画书的功能：

- 通过介绍成人广泛的故事分享经验，刺激儿童的想象力
- 增加儿童对于其他时代、文化和地方的真实知识与了解，或是对它们的想象
- 将儿童与他们的文化进行联结，并教导他们懂得欣赏其他文化
- 教给儿童更多有关叙事性故事的结构的知识，如情节的先后顺序、故事中的惯用语言以及角色的发展
- 尊重个人和文化在会话形态方面的差异
- 延伸并丰富儿童的声音、姿态和字词，也同样提供给儿童良好的口语示范
- 推荐一些范例让儿童学习以口头或书写的方式呈现自己的故事，并且帮助儿童学习如何通过语言和姿态吸引听众
- 鼓励儿童倾听，集中注意力，并且领会将事件高度组织化的材料——图画书
- 以一种不具威胁的方式质疑、假设和给儿童介绍新点子
- 发展儿童的思考技巧、问题解决策略，还有对于因果关系、比较、对比以及相似性的了解
- 助长和鼓励幽默感，并且让儿童感到愉快，这样可以让儿童习惯将故事与愉悦的感觉联系在一起
- 促进儿童对于文学和不同文学形式的喜爱

---

① 中文译名为"给成年人的一封信"。

◇ 通过提供一种温馨的、个人的和分享的经验，让儿童为他人的高兴感到快乐，为他人的不幸感到悲伤，以提升儿童在社会性方面的发展
◇ 通过帮助儿童处理强烈的情绪，探索他们的白日梦和幻想，促进他们的心智健康
◇ 当儿童学习用语言与人分享和诠释故事时，培养其自信和自尊（Mary Renck Jalongo，2008，p. 65）

文学派在描述图画书的功能时，总是立足于儿童作为读者的需要，以满足读者的需要为阅读的主要目标，而不是将学习阅读所应具备的技能等作为首要考虑的因素。这样的阅读价值观更加推崇阅读时个体的体验、个体与阅读材料的互动以及作为阅读辅助者的成人在辅助小读者阅读时为其提供的自主互动空间，而不仅仅是行为的示范或者技能的教导。

## （二）活动形式

文学派如何与幼儿有效地分享图画书呢？

### 1. 使用优良的图画书作为开端

文学派对于图画书的选择有着自己明确的标准：首先是具有文学性，同时要具有趣味性和儿童性，也就是幼儿喜欢的，适合幼儿年龄特征的，符合幼儿审美趣味又能引导幼儿审美趣味的图画书。

虽然大多数教师可以通过杂志、网站、少儿图书馆的推荐等途径获得最新的图画书信息，但教师们仍然觉得缺乏可量化的依据来辅助自己选择适宜的图画书。这种脱离了交互性的、不基于阅读主体感受的、外来的推荐恰恰是文学派所反对的。所谓适宜，首先应该是吸引，一本不适宜儿童阅读的图画书，如相关经验的难度过高或者过低、文字和所要表达的情感过高或者过低，往往不能吸引幼儿或者很快被幼儿抛弃。图画书在吸引小读者的同时，还要有较高的文学品位和审美情趣，这就需要教师本人的欣赏水平了。前文对优质图画书曾经做过介绍，这里不妨说一说教师选择图画书的方法。

一开始，教师可以根据自己想要和幼儿分享的话题，如亲情、季节、慷慨（可以是幼儿当前感兴趣的话题，也可以是教师想对幼儿某一方面施加影响的话题，或是当前有丰富教育资源的话题）等，选择几本图画书。快速地翻阅每本书，首先看插图，因为幼儿将和你得到同样的视觉印象，所以这个步骤非常重要。如果这些图画非常吸引你，那么再回到首页，一面阅读正文，一面欣赏插图。试着想象把这本书读给你所了解的那些幼儿，并且试着预期他们会有怎样的反应。他们会在哪一部分哈哈大笑，或者在哪一部分感到忧伤，在哪一部分存有疑惑。如果你能想象出他们的反应，说明你们都有阅读这本书的兴趣。

值得注意的一点是，我们年少时曾经喜欢的文学作品，如古老的传说、童话、民间故事、战斗故事等，并不一定是给学龄前儿童最好的选择。因为现在的教师年少时阅读的图书有些具有刻板印象，如简单的好人和坏人、残忍的结局等，可能已经不适应现代儿童的文化需求。另外，教师所能记忆的童年文学体验，往往并不是学龄前阶段的，而是小学以后的。因此，在选择自己的"童年记忆"时，教师要格外谨慎，不能因为"这是我小时候喜欢的"就推荐给幼儿。近年来，大量外国儿童图画书的涌入带动了中国儿童文学尤其是低幼文学的发展，越来越多的优秀国外低幼文学作品和不断涌现的本土低幼儿童文学作品既展现了时代性，又具有很高的可读性和艺术性。教师想要带动幼儿的阅读，自己首先要投入儿童文学的世界，感受其中的美好和快乐，才能做出最佳的选择。同时，一部具有强烈文学色彩的图画书并不一定是童书，这一点往往是教师们没有注意的问题。第一，教师往往认为图画书就是给幼儿读的书，所以忽视了图画书作为一种成人或者青少年阅读材料的可能性。第二，当前一些图画书作者不一定具有为低幼儿童创作图画书的经验，他们的读者对象可能是少年甚至是成人，但出版单位错误地认为图画书就是给低幼儿童读的。第三，一些不一定是为幼儿创作的图画书打动了教师，教师认为自己必须将这种感动传递给幼儿，让幼儿也达到和自己同样的感动。实际上，这些想法都是以成人为中心的对童书的误解。童书的核心在于"童"，也就是书籍的"儿童性"，只有那些满足儿童阅读需要的，体现儿童生理、心理以及生活特点的图画书，才能获得儿童真正的理解和喜爱。因此，教师在为幼儿选择图画书时，在考虑图画书文学性的同时，更要考虑它的儿童性。

此外，教师在选择图画书作为集体教学素材时，还应考虑这本书是否适合在这种环境下与所有幼儿分享。有些书虽然具有很强的吸引力，但它是指向单个幼儿的，例如，那些让幼儿有强烈触摸和摆弄欲望的玩具书，在阅读中需要幼儿翻转、操作、寻找、偏重于视觉游戏的图画书，故事结构不清晰且以个体阅读感受为主的图画书都不一定适合集体阅读。教师如果不能选择用于集体分享的恰当的图画书，就可能使阅读活动沉闷、零散或者完全以教师为中心。这样的图画书更适宜于家庭阅读、一对一的阅读和幼儿的独自阅读。教师要知道的是，并不是所有好的图画书都适合集体分享，尽量选择那些适合讲故事或是戏剧扮演的、有较强语言韵律的、有明确叙事主题的图画书和幼儿进行集体分享。

### 2. 为听众做好分享的准备

为了有效地与幼儿分享图画书，说故事的人事先需要决定在为孩子们说故事时强调哪些部分。当成人在设定说故事的焦点时，应当考虑幼儿之前的背景经验是否能让他们了解故事的意义。

所谓的先前经验包括对于某些事实的了解。例如，当幼儿要阅读一本关于种子发芽的图画书《胡萝卜种子》时，如果他们不了解胡萝卜是什么，以及它在变成食物之前的样子，恐怕他们阅读这本书就不太容易。这种关于事实的经验是比较容易获得的，例如，给幼儿看看没有被做成胡萝卜馅饼之前的胡萝卜，甚至是带着叶子和泥土的胡萝卜，当然也可以是图片，幼儿就能很容易地获得这种经验。但是，这本书的另外一种经验就是耐心地等待和期望，而不仅仅是一种事实，更多的是一种需要亲身经历的体验和感受。教师在为幼儿讲述《胡萝卜种子》这个故事之前，需要了解幼儿是否经历过较长时间的期待和盼望，帮助幼儿唤起曾经有过的那种感受，从而更好地理解和欣赏这个故事。

在和幼儿分享故事前，与他们讨论某一种与事实相关的经验，或者与情绪情感体验相关的经验，可以增加幼儿阅读这本书的兴趣，降低阅读的难度，聚焦赏析的重点。

与较小的孩子分享故事，有时候还需要讲故事者做出更多的准备，例如，为幼儿准备一些小道具以帮助他们进入故事情景；为他们设计一些小游戏，以帮助他们了解故事中较难理解的情节等。在做分享准备的时候，最重要的准备恐怕是讲故事者自己对故事的理解以及设计表现的方式了。讲故事给幼儿听，最重要的道具就是讲故事者的声音。讲故事者的声音可以用来区分不同的角色或是强调故事中的一个要素。比如，成人往往会用比较尖而细的声音表现狐狸，用比较粗而低沉的声音表现狼。这里人们既用声音区分了角色，也表达了自己对于角色的理解。

用具有表现力和感染力的声音帮助幼儿进入故事情景、理解故事是必要的，需要注意的是，有时成人过度戏剧化的朗读方式可能会让表演偏离主题，打扰幼儿对于图书本身的欣赏。讲故事者要始终记得，自己是在诠释图画书，而不是在演独角戏，无论是讲故事者的声音、表情还是动作或者其他与幼儿的互动方式，其目的都在于帮助幼儿更好地阅读和理解这本书。

### 3. 发展提问和互动的技巧

再好的讲故事者都不能只是充当播放器或者演员的角色。当成人计划利用图画书与幼儿分享和互动时，如果成人所安排的互动方式过于矫揉造作，或是只按照成人的思维方式，遵循既定的程序进行，那么成人的态度将会变得太具有主导性，从而使幼儿一直处于被动接受的地位，虽然能够欣赏精彩的表演，但会缺少参与感和主动性，久而久之导致幼儿依赖成人的阅读和表演，而没有动力去主动探究阅读的内容并产生独立的思考。

在互动性阅读中，讲故事者往往会提出问题请小读者回答。提问主要包括这样一些问题：观察性问题（在做什么？什么样子？什么表情？）、判断性问题（什么心情？什么感受？在说什么？）、预测性问题（接下来会说什么？会做什么？可能会遇到什么？）、假设性问题（如果是你，你会怎么做？）、批判性问题（你觉得这样做好吗？你觉得这样做的后果可能是什么？）。这种成人和幼儿一起基于对画面的观察和对文字的理解而进行的对话式讨论与分享，可以起到启发思考、加深理解、考察理解程度和激发想象力的作用。

当教师利用集体教学时间和幼儿分享故事时，从故事开始到结束，必须在有限的时间内通过提问、对话的方式激发幼儿主动探索图画书中的语言经验和情感世界。当幼儿得到与文学相关的附加经验后，会更加有技巧地将讨论聚焦在故事上，而不是讨论与故事无关的个人经验。

具有效果的问答策略，能使幼儿从阅读图画书的经验中获得学习的潜能。菲舍尔（Fisher，1995）建议教师们在不同的时段里运用一些问答技巧以达到下列目标，并让讲故事时间变得更加具有互动性。

◇ 核对及了解幼儿的知识和理解力，如："这个词（理解故事所必需的词汇）是什么意思？"

◇ 与先前的故事经验联结，如："这个故事和我们昨天讲过的故事有什么不同？""你还知道哪个故事也是讲一个比较弱小的角色战胜一个比较强大的角色？"

◇ 鼓励预测的能力，如："你想一想，下面一句话会是什么？（当故事具有可预测特征时）"

◇ 将注意力集中在正文中特别吸引人的人、事、物上，如："这个人是好的还是坏的？你怎么知道？你为什么这么想？""你怎么知道这个怪兽的心地并不是真的很坏？"

◇ 鼓励幼儿思考他们是如何知道某些事情，或者他们是如何设法想出来的，如："这个结局让你觉得惊讶吗？""什么线索让你知道故事将如何结束？你可以回溯故事并指出作者给出的暗示是什么吗？"

◇ 邀请幼儿将不同故事的内容做比较，如："这个故事和那个故事有什么相似之处？""这首歌的歌词和我们经常唱的那首歌有哪些差异？"

◇ 与书本做联结，尤其是无字书，如："你将为这本书写些什么文字？""你将会让这个角色说些什么？"

◇ 鼓励幼儿对正文做出评价，如："如果你可以使用任何方式改变这个故事，那么你将会如何改变它？""你发现了什么是你以前所不知道的？（尤其是非故事类和资讯类图画书）"

我们往往会发现，一些成人在向小读者提问时，关注的是他们记住了什么，或者说是关注对于故事细节掌握的测查，而不是和幼儿开放性地谈论图画书本身。文学派认为，在真正有效的阅读中，有关图画书的对话可以并且应该成为幼儿思考过程的一扇窗、一个发展幼儿沟通技巧的媒介以及家长和教师用来窥见幼儿文学成长的方法。

## （三）观察幼儿对于文学作品的反应

在某种意义上而言，一本图画书欣赏的成功与否，很大程度上取决于成人对于幼儿对这个文学作品反应的预期是否准确。也就是说，我们是否选择了适合幼儿理解水平、已有经验和当下兴趣的材料，是否选择了恰当的形式来满足幼儿的兴趣和水平。有经验的教师往往能更好地预期本班幼儿对于一本图画书的反应，而对新手教师而言，这恰恰是最难的部分。就像前文说到的，让小霞老师困惑的问题："我喜欢某一本书，但是，我并不知道孩子们会不会也喜欢，这本书对他们会不会太难？"这种经验，或者说准确的预期来自教师对于幼儿对文学作品反应的观察以及对于幼儿阅读发展过程一般规律的了解。

幼儿是否会积极主动地欣赏一本图画书、一个儿童文学作品，可能受到多方面因素的影响。在图 4.1 中可以看到，幼儿对于图画书的反应会受到幼儿自身、他们所阅读的材料以及他们所处的环境三方面的影响。

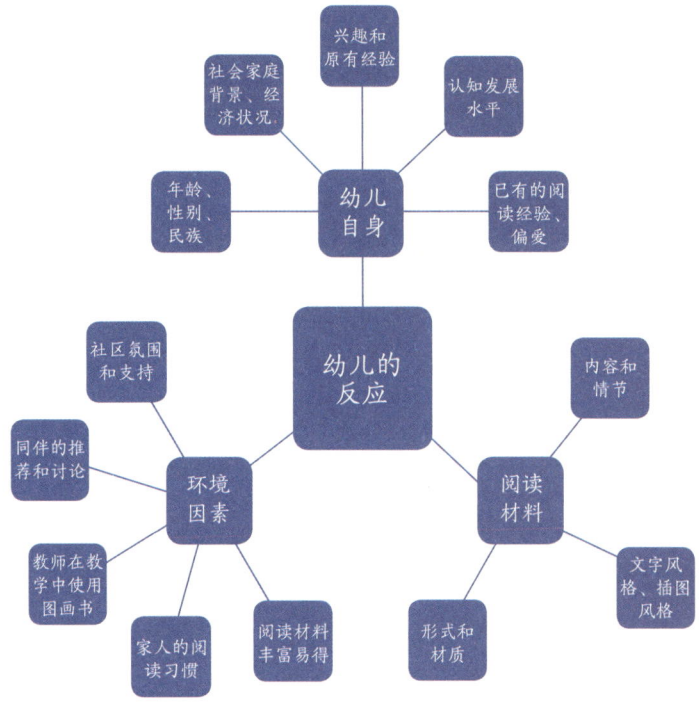

图 4.1　幼儿对于图画书的反应所受到的影响

来自多方面的因素影响了幼儿对于阅读材料的反应，这些因素又相互影响，相互关联。正是由于这些复杂的影响因素往往不被成人意识，所以经常会产生成人不理解幼儿阅读兴趣的现象。例如，《第五个》是广受幼儿喜爱的一本图画书，但是很多成人都无法理解幼儿为什么喜欢这本看似平淡无奇，既没有惊险的故事情节，又没有复杂的人物刻画，甚至连对话都没有的图画书，它为什么会让那么多幼儿要求反复阅读。

实际上，几乎每名幼儿都有过在医院诊室门前焦急等待的经验，他们既对即将发生的事件感到好奇，又对进入安静、严肃的诊室感到恐惧。他们看着其他病人进进出出，听到有的小朋友在诊室里大哭，这些都会加剧他们的好奇和恐惧。我们经常可以看到在诊室门口候诊的孩子，睁大眼睛好奇地观察来往的小病人，这种期待和恐慌给他们造成很深的印象。《第五个》这本书描述了几个玩具在诊室门口候诊的情景。生动的表情展示了它们的焦虑、好奇，以及等待时间太久后的无聊。幼儿在这本书中看到了自己以往的经验，这本书说出了他们候诊时的感受。如同罗宾·莫罗（Robin Morrow，1999）所主张的："所有的孩子都应该能在图画书中看到他们自己生活中所发生的一些事——并不是反应，因为没有一本书能够反映出真实生活的全部，但是可以将生活中的事物化为艺术。"在诊室外这样一个对未知充满担忧的环境中，幼儿会因为看到图画书中的角色在某些方面和他们有相似的感觉而感到安心。

除了幼儿已有经验和图画书对幼儿需要的满足之外，来自成人的推荐、示范和引导也极大地影响了幼儿对于阅读材料的反应。同样是《第五个》这本书，成人如果了解幼儿阅读的需求、给予幼儿反复阅读的时间、愿意和幼儿讨论阅读的感受、分享自己的生活经验和感受，就会有比较好的阅读效果；反之，成人如果认为这本书过于简单，仅仅为幼儿朗读书中很少的文字，没有边阅读边思考并且关联日常生活经验的反思习惯，成人就很可能不会为幼儿推荐这本书，或是忽视幼儿对这本书反复阅读的需要，忽视幼儿在阅读中的心理体验，使幼儿失去了在阅读中寻找角色认同的机会。

一些成人热衷于向幼儿推荐具有榜样作用的文学作品形象，相信这种正面的、具有示范作用的形象和作品可以塑造幼儿的行为；也有的成人喜欢为幼儿介绍比较"热闹"的文学形态，认为这样可以吸引幼儿的注意，持续地保持阅读兴趣。但是，这样的作品和阅读往往忽视了幼儿另一方面的需要。幼儿有通过文学作品中的正面形象塑造和改善行为的需要，也有在文学作品中找到与自身经验、情感历程相似的形象，达到自我认同的需要；幼儿有被情节刺激，保持阅读兴趣的需要，也有沉浸于比较安静的情绪和情感中体会个人与角色关系的需要。赫夫林（Hefflin, 2001）曾指出："在文化意义层面上，审慎地处理故事、观点和洞察力，能够给孩子提供机会了解他们在文学上被视为重要的个体……经由反复沉浸和投入文学中，孩子会发现自己和故事中的角色建立了个人的关系，这使得阅读变成一种美好的、吸引人的活动。"

现在，人们普遍能够接受一个概念，就是小读者是在阅读过程中与所阅读的材料相互作用而建构出属于个人的意义的。以往，我们一般认为图画书的材料是预先设定好的，幼儿的任务是完成对这本书的理解，因此幼儿必须认识文字，才能"准确"地理解作者的意图。成人要做的，是保证幼儿准确、全面地理解整本书的含义，这种阅读才是有效的。而文学派更倾向于将小读者和图画书视为一个阅读的共建体，这个意义共建的过程强烈地受到小读者的先前生活经验、阅读兴趣和阅读经验等方面的影响。小霞老师的一段教学笔记为我们展示了中班幼儿对于同一部文学作品的不同反应。

### 小霞老师的教学笔记 10

今天，我带着孩子们阅读了一本图画书《银河玩具岛》。选择这本书有三个理由。第一，这本书讲的是主人公不爱护玩具，把玩具小士兵的腿砍断，后来做梦到了银河玩具岛，自己成为玩具修理工，要得到玩具的原谅才能回家的故事。中班小朋友的探索欲望增强，动手能力也在不断提高，他们现在对玩具的破坏力也提高了。我想，仅仅让他们在规则上遵守不破坏玩具是非常难的，如果让他们在情感上爱护玩具，并且为他们提供动手修补玩具、创造性地利用玩具的机会，可能会起到仅仅用规则约束起不到的作用，因此我选择了这本书作为"修补玩具大行动"的引子。第二，我们不久前曾为小朋友朗读过安徒生的童话故事《小锡兵》，当时好几个女孩都感动得哭了，而大多数男孩只对锡兵玩具和锡兵的熔化感兴趣。我想通过阅读这本书，让孩子们对两本书之间的关系产生联想，看看幼儿能否在阅读中关注到近期的阅读经验，如玩具兵、小女孩等。第三，这本书很有趣、很感人，我很喜欢。

（阅读过程略）

在带着幼儿阅读之后，我发现，幼儿对于这本书的反应有很大的差异。萌萌从始至终都非常专注地听故事，对主人公的遭遇非常关切。当我们读到"巴比（主人公）急得眼泪一直掉，泪水滴到接缝的地方，正好！小兵的双脚稳稳地站在地上，怎么推也推不倒！"，萌萌长长地出了一口气。她关注的是巴比能不能修复小兵。而顺顺关注的是巴比能不能回家。他听到"'你还想选他做主人吗？'娃娃问小兵，小兵点点头"时，表现出了放心的神情，说："这下好了，终于可以回家了。"

在阅读后的自由讨论时间里，有幼儿说："这本书和《小锡兵》有点像，不过比那本书高兴。"有幼儿说："这个办法很好，那些总喜欢弄坏玩具的小朋友会害怕的（这个小朋友带来的玩具被别的小朋友弄坏了，他很敏感地意识到老师讲这个故事可能与小朋友不爱护玩具有关）。"

讨论后，我把话题转移到爱护玩具的主题上，请小朋友讨论我们可以为玩具做什么。有的幼儿提出，要做一个玩具修理站、玩具医院。有一个小朋友提到了以前读过的图画书《第五个》，说可以做玩具医生，等等。

通过小霞老师的笔记，我们将考察，成人可以从哪些方面观察幼儿对于阅读材料的反应。

*身体姿态和动作*。幼儿往往用行为表现出他们对于当前事物的好恶。当他们表示出专注，身体前倾靠近图书或讲故事的人，要求仔细看画面时，说明他们是在积极地投入当前的阅读活动中。如果幼儿身处一间环境宽松的教室中，一开始，教师往往是让幼儿坐成半月形，以便向幼儿展示教师的图画书，而随着故事情节的展开，幼儿会越来越向教师聚拢。我们往往会看到，一个成功的故事分享活动之后，幼儿已经紧紧地聚在讲故事者的身边了。

*注意力*。当教师和幼儿分享一本图画书时，我们很容易看出他们是否全神贯注。当幼儿身体前倾，脸上表情专注时，如果我们把书翻得太快或者太慢，或者没有让他们看清我们所讲述的细节，就会遭到小读者的抗议。如果这本书的内容具有可预测性特征，或者我们为他们预留了参与的空间（例如，书中某一句话是反复出现的，我们给幼儿机会和我们一起朗读这段重复出现的话），他们也会

比较一致地做出回应。有时，幼儿并不一定安静地坐着，他们可能有各种各样的动作，但只要他们的肢体动作是跟随着故事内容的进展而变化的，他们就是处于一种全神贯注的状态中。例如，中班幼儿在听教师讲《我不知道我是谁》这本书时，教师讲到黄鼠狼杰西 D 扑向兔子达利 B 时，有几名幼儿紧张地站了起来；而当听到达利 B 一脚蹬飞了扑过来的黄鼠狼后，全班幼儿都愉快地笑了，并且松了一口气。

*言语反应*。幼儿经常通过自己的谈话、评论、疑问让成人知道他们喜欢或者拒绝某个故事。当幼儿第一次阅读某一本书时，常会就书中不熟悉的词汇提问，或是要求成人解释插图中的事物。随着幼儿对图画书内容的理解和把握，他们开始对故事与生活的经验或者故事与先前的阅读经验感兴趣，从而提出相关问题。在小霞老师提供的案例中，幼儿用神情和语言表现出了他们所关注的重点，用语言表达出他们对于实际经验的关联，还用言语反映出他们对于这个故事所展现的愉快情绪的喜爱。有时，幼儿会把在一本书中获得的词语运用到生活情境中，例如，某个幼儿在看到其他小朋友破坏玩具时，会说："你也想去玩具岛啊？"或者模仿故事里的口吻说："没上车的旅客请注意啊，快上车啦，我们的星光号要开啦——"

*艺术创意*。教师往往喜欢在阅读活动后为幼儿提供创意活动的机会。这样做的目的一方面是为幼儿提供充分释放阅读情绪的机会，另一方面是为了让幼儿有机会将他们对故事的理解通过多种手段表达出来。例如，小霞老师在和幼儿分享了《银河玩具岛》之后，就根据幼儿讨论的结果将幼儿分成玩具修理组、玩具设计组、玩具改造组和玩具医院护士四个小组。玩具修理组的任务是收集教室中破损的玩具，并在教师的帮助下进行修补，同时和玩具医院护士一起建设玩具修理站（一个活动区角）；玩具设计组的幼儿更喜欢设计新型的玩具，他们通过绘画等形式设计自己想要的玩具；玩具改造组的幼儿想要把玩具重新组合，设计出不一样的玩法。在这里，图画书变成刺激幼儿创造力的要素，为后续的主题活动提供了素材和动力。

教师通过对幼儿阅读图画书的持续观察，可以了解到幼儿的阅读兴趣、阅读水平和阅读后的活动需求（见表 4.3）。

表 4.3 观察婴幼儿对于文学的回应 ①

| 年龄 | 身体和注意力的指标 | 言辞和艺术创意的指标 |
| --- | --- | --- |
| 婴儿和学步儿（6个月到2岁） | • 当婴儿的注意力被吸引和转移时，常会暂停手边正在进行的事情，如停止吸吮奶嘴。<br>• 兴奋地坐在成人膝上分享图画书中的婴儿，其动作表现或许会比较快速，例如，踢脚或是摇晃肩膀。<br>• 学步儿或许会抓住书本，想要亲吻、碰触书页，或是指着其中引起他们兴趣的东西。<br>• 学步儿或许会随身携带某本特别喜欢的书到处走，他（她）会紧紧地抱着它或是拒绝与他人分享。 | • 婴儿或许会慢慢地发出一些书本中的声音，例如，看到插图中的婴儿（baby），发出"贝贝"的声音。<br>• 在小团体中，学步儿或许会自动自发地四处跳舞，或是快乐地拍手。<br>• 较大的学步儿或许会说话或制造出声音，如动物的叫声。 |
| 学龄前幼儿（3—5岁） | • 孩子如果无法看到插图，通常会将身体移近朗读者和书本，或是站起来看。<br>• 孩子所熟悉的故事内容如果受到大量删改，可能会引起他们的抗议。<br>• 有时孩子或许会指出一些大人没有注意到的插图细节。 | • 透过观察孩子所参与的一些活动，发现孩子的兴趣，如齐声朗读重复句、诠释一个有许多类似情节重复出现的故事内容、独白。<br>• 通常喜欢韵律、童诗和重复的事物。<br>• 一般喜欢荒诞的、闹剧式的幽默，开始形成对于图画书的品位和态度，如"我喜欢有关动物的故事"；注意到书本间的相似，如"这本书和那本很像"，并且注意到相异处，如"那首歌不是这样表达的"。 |

① 亚隆戈. 幼儿文学：零岁至八岁的孩子与绘本[M]. 叶嘉青, 译. 台北：心理出版社, 2008.

(续表)

| 年龄 | 身体和注意力的指标 | 言辞和艺术创意的指标 |
|---|---|---|
| 小学低年级的学生（6—8岁） | • 具有书籍阅读经验的孩子，通常能静静地坐着分享一个较长的故事，故事本身需令人印象深刻，每一页的文字不要太多。 | • 有许多机会分享故事，孩子们知道什么有助于他们欣赏故事。他们或许会要求做一些调整，如"再给我们看一次插图"；或许会要求澄清，如"那个真的可能会发生吗？"；或许会寻求确定，如"他迷路了，是吗？"；或许是批判角色的行为，如"他不应该去骑脚踏车"。<br>• 假如成功地将一本书介绍给孩子，一些孩子或许会争先恐后地借那本书。孩子若有广泛的书籍阅读经验，并知道书是哪些作者或绘者的作品，或许就能辨认出自己的喜好，如"那是帕特里西娅（Patricia）的作品"。 |

"文学派"关注读者的反应，主张教师或家长在关注和观察小读者的反应的基础上为他们选择、推荐阅读材料，并且根据他们的反应设计活动，维持和推进阅读。更重要的是，"文学派"不把理解作品作为阅读活动的首要目标，而是把读者自己建构对于阅读材料的理解作为阅读活动的首要目标。这可以给予我们很大的启示。当我们判断一本书是否适合一个或一群幼儿时，我们的评价标准首先不是这本书是否对于他们有教育意义或者在阅读水平、读写能力上有所提升，而是这本书是否吸引了它的读者；而一本书阅读理解的成败，也不在于作者的原意是否被读者理解，而在于读者是否将自身经验与阅读的对象相关联，从而创造出属于自己的对于这本书意义的理解和建构。

## （四）教师职责

并非像有些人想象的那样，在着重个人阅读感受和体验的阅读活动中，教师的作用就仅限于读故事这么简单,相反,研究者认为,教师的影响力能塑造幼儿的读写知识、技巧、态度和习惯。拉斐尔和奥(Raphael & Au, 1998)这样描述阅读教师:对儿童文学很熟悉,谨慎地选择童书,有效地介绍童书,发展一个以儿童文学为基础的课程,评量孩子对于儿童文学的反应。

理想中的阅读教师,他们应该能够让小读者沉浸于优秀的儿童文学作品和愉快的阅读气氛中。在这里,学习阅读技能并不是显性的、主要的目标,而是一种伴随获得的技能;在阅读中感受多元文化和语言艺术才是教师要着力追求的。阅读教师的作用不仅仅在于组织集体教学活动的几十分钟,而是在所有课程中、所有教学活动中甚至幼儿的全部生活中为幼儿提供这种文学的气氛。根据美国国家英语教师协会(National Council of Teachers of English,NCTE)的标准,对从事语言艺术教学的教师来说,这关系到多元的教学原则,包括以下任务:

- ✧ 营造一个促进尊重和了解不同个人、学业、族裔、民族、语言、文化与性别的学习环境
- ✧ 以一种鼓励学生独立和分工合作的态度去建构教室
- ✧ 使用多种素材和媒介物
- ✧ 促进课堂讨论,学生的想法会受到教师和同学的尊重与挑战
- ✧ 针对不同的社会和文化环境,丰富和扩大学习者的语言资源(NCTE, 1996, p.29)

为了完成这些目标,教师必须接受至少三种重要责任:传授文学知识,表达对于文学的热爱;有效地使用文学以符合学生的需要;创设丰富的文学环境。

思考自己是否可以成为一名以促进幼儿文学经验为目的的、合格的阅读教师,我们可以尝试填写下面这个自我检测表(见表4.4)。左侧是要检测的题目,中间一栏是小霞老师的自测结果,右侧是留给读者的位置。分值从5分到1分:5分=几乎总是;4分=经常;3分=偶尔;2分=很少;1分=几乎没有。

表4.4 自我检测表

| 自测题 | 小霞老师的评分 | 你的评分 |
| --- | --- | --- |
| 1. 我每天都会抽出10~20分钟给我的孩子们朗读。 | 5 | |
| 2. 我在使用图画书教学前,会通读一遍。 | 5 | |

（续表）

| 自测题 | 小霞老师的评分 | 你的评分 |
|---|---|---|
| 3. 我会在备课时，找到我要和孩子重点讨论的一两个要点，但不会很多。 | 4 | |
| 4. 我会用一些小的讨论或者游戏引起幼儿阅读的动机。 | 4 | |
| 5. 我会用适合不同图书类型的讲述方法与孩子分享图画书。 | 4 | |
| 6. 我会努力将图画书的内容与其他课程内容相结合。 | 4 | |
| 7. 我能够找到既符合孩子兴趣，又符合图画书主旨的接合点。 | 3 | |
| 8. 我会利用社区图书馆或是幼儿园的图书馆丰富我的班级阅览角。 | 4 | |
| 9. 我会定期阅读与儿童文学有关的书籍、杂志，并且努力将这些信息或经验运用于我的教学之中。 | 4 | |
| 10. 我会关注有关早期阅读的网站、论坛，从中学习别人的早期阅读指导经验。 | 5 | |

与读写派相比而言，文学派更加关注小读者在阅读中的情感体验，将同时获得的读写技能作为"意外的收获"，或者，我们称之为"一种伴随学习"。虽然二者的出发点不同，但我们可以看到，他们在很多做法上不无重合，并起到了相互借鉴和补充的作用。

然而，文学派虽然试图将阅读变成一种滋养幼儿心灵的愉悦体验，但在实际操作中难免会遇到一种尴尬：教师试图将自己理解到的文学作品的美传递给小读者，而小读者并不能够完全接受或者认同。由于生活阅历和审美经验的差异，小读者往往对阅读材料有着自己的理解。于是，教师选择什么样的文学作品与幼儿分享，幼儿能在什么层次上赏析文学作品一直是教师要面对的难题。

实际上，当教师把文学视作一个高尚的存在，而使之外在于儿童的生活时，这种落差就自然地存在了。儿童的生活需要文学作品的滋养，优秀的儿童文学作品会吸引幼儿投入、沉浸，但孤立于儿童日常生活的文学作品往往不具有生命力，只有那些能引起儿童共鸣的，可以在生活中得到反映、验证甚至是重演的文学作品，才会让儿童念念不忘，津津乐道。而这种滋养，也才是最深刻、最长久的。因此，文学派要关注的话题，仍旧是如何把阅读内容与儿童的真实生活相联系，使阅读成为儿童生活的一部分。

## 三、力图在兴趣和技能上取得平衡的教学

在阅读研究和阅读教育历史比较悠久的西方国家，存在着关于阅读教学方法的长期争论。这种争论来自偏重于语音文字学习的"编码取向的教学"和偏重于语言经验获得的"全语言取向的教学"，而目前处于比较主流地位的是结合二者优点的"平衡取向的教学"。

### （一）编码取向的教学

编码取向的教学（简称"编码取向派"）主要认为，识字是阅读的先决条件，幼儿大量集中识字之后就能开始阅读，阅读是大量识字的自然结果。

我国比较传统的阅读教学也认为，幼儿不识字是无法阅读的，因此有人提倡在早期识字，识字越早就可以越早开始阅读。这种观点虽然也认识到阅读的重要性，但违背了幼儿学习的规律。于是有人提出，关键不在于是否识字，而在于如何识字。随之涌现出大量识字方法，如游戏识字法、活动识字法、环境识字法等，以及当前比较常见和受欢迎的阅读识字法。所谓"阅读识字法"，主要是受到来自国外的大量用于读写学习的图画书的影响。

以往，我国没有专门为幼儿设计的用于学习汉字的图画书，这与中西方文字各自的特点有关。英文是拼音文字，其拼读规则有限，可以在一定数量的组合中完成所有字母组合、语音组合的学习。同时，英文是以语音为中介来进行学习的，文字以音素作为最小单位。幼儿学习了读音的组合，以口语语言经验为中介，就可以理解文字的意思，也就是说，幼儿可以不认识某个日常生活中常见的单词，但是可以凭借拼读规则读出来，读出来以后再对照自己生活中的经验就能理解这个单词的含义。例如，幼儿不知道 b-o-o-k 的组合是书的意思，但是他只

要听过 book 这个词，知道 book 是书的意思，然后凭借读音规则读出这个词，对照自己已有的口语经验就可以理解这个单词的意思。因此，我们经常可以看到，以英文（或其他拼音文字，笔者在此没有对其他语言进行研究）为母语的幼儿尝试进行拼写。他们的拼写往往错误百出，那是因为他们根据的是自己的口语经验和有限的拼写知识尝试着写出单字。为了能让幼儿获得正确的拼写知识，研究者和教育者设计了专门的图画书，用以帮助幼儿学习读写。

我们经常可以看到一些以教授字母、字母组合、拼读知识为内容的英文图画书。这些图画书往往选取非常有趣的、贴近幼儿生活的内容，用风趣幽默的图画讲述一个故事，在故事中运用一些拼读知识，帮助幼儿一边阅读，一边掌握相应的读写规则。例如，《猿猴的约会》（*Ape Date*）这本书里就大量地运用了 /ei/ 的发音——猿猴（the ape）、灰色的猿猴（the gray ape），文字和图画高度对应，让幼儿看着图画就能理解文字的意思；对照着文字，经由图画的提示，可以很快掌握文字的朗读。图画和文字在这里起到了相互提示、协助理解的作用。在这样的图文协作下，幼儿可以较快地阅读图书。

值得注意的是，这里的阅读和我们前面所说的阅读有着不同的含义。这里的阅读更多指的是将图画书中的文字朗读出来，其目的在于学习语音和拼读规则，图画的趣味性起到了吸引幼儿学习和辅助文字记忆与理解的作用。其根本目的在于学习读写规则。这种方式比纯粹地用练习的方式教授拼写规则更加有趣，能吸引小读者的注意，能帮助小读者更快地通过图画的提示，以语音为中介，记住文字的意思。

在中文图书中也有类似的图画书，主要是借鉴英文的这种教学方法设计的，其主要特点是图画和文字高度对应，借助图画的内容帮助幼儿理解文字。图画一般具有明显的预测性或者规律，让小读者很容易猜出图画对应的文字。一般有两种形式：第一种是递增扩展式，逐渐增加图画和文字的内容，往往从一个单字或单词开始，逐渐增加图画内容的同时增加文字内容；第二种是替换扩展式，全书使用一种句式，每页替换一处文字，同时图画变换或增加一处内容，文字表现的是被替换或增加内容的图画。无论哪种方式，设计者都会始终让图画和文字保持高度对应，让幼儿能够根据图画猜测出文字的意思，在不识记单个文字的情况下也能凭借对图画的理解和对图文关系的理解推测出文字的意思。

通过这样的"阅读"学习，小读者可以很快获得"读"的概念，能够凭借图文关系进行"朗读"。他们可能并不识认单个文字，但是通过对于图画的理解，能够推测或协助记住文字的读音，表现出"朗读"的样子。随着这个过程的积累，幼儿可以伴随性地记住文字，并随着识字量的增加，开始自己阅读有字的图画书。

这种借助于专门设计的、以识字为最终目的的图画书（教材）进行的阅读，可以说是编码取向教学的一种变式。其对于趣味的强调、对于幼儿学习过程的研究都比以往单纯学习拼写有了很大的进步。但是，这种读写学习方式，往往是为准备进入小学的儿童或小学低年级的学生准备的，其让语言作为一项技能进行学习和为正式读写做准备的目的是明显的。

尽管这种教学方式相对于简单刻板的拼读学习而言是一种进步，但全语言取向的教学还是对此方式提出了批评。

## （二）来自全语言取向的批判

全语言取向的教学理念源自以下理解："语言（口头语言或书面语言）不是割裂的，而是完整的；不能孤立地学习听、说、读、写，而应将其贯穿整个课程；允许学生进行真实的语文活动，从中发展语言和读写能力；整个课程不与学生的需要、思想和感受割裂，而是与其全部的生活整合，这样儿童的语言和读写能力发展得最好。"（Weaver，1990）全语言教育理念更倾向于将教师、儿童（学习者）、学习内容和环境视为一个相互作用的整体，期望整体中的各个参与者都能起到相互促进的作用，让整体达成一种积极的平衡，而不是由一方向另一方传递信息或者技能。因此，全语言教学更加强调学习者在全语言环境中的主动性。

如很多研究者所认为的，全语言理念更多的是一种对于学习、教学和语言发展的哲学观点。这种观点在产生之初获得了很大的反响，对割裂地看待儿童语言技能学习和生活需要的传统教学而言，这是一次巨大的震动。实践中的教师在很大程度上支持和推动了全语言教学的实践尝试。然而，最初最支持全语言教育的小学教师在一定时间的尝试后，逐渐失去了对全语言教学的兴趣。因为无论是教师还是儿童，他们虽然获得了非常好的实践感受且都对这种极大地调动学习者参与热情的学习给予了高度评价，但并没有随之发生变化的测验体系让全语言教育受到了质疑。在美国多个州的语言水平测试结果中，推行全语言教育的州没有得到预想的效果，反倒成为标准化测试下的失败者。

于是，美国语言教育界最初对于全语言教育的热情演变为一场看字读音教学与全语言教学的大论战。全语言教学的反对者认为，全语言教学以及其他整体取向的语言教学虽然改善了儿童的阅读态度，却使美国儿童的阅读水平有所下降。编码取向方法的一个好处就是教会了儿童一种分析陌生词汇的技巧，能让儿童在短时间内学到大量的语音和词汇知识。而全语言的支持者认为，编码取向的教学一直因缺乏真实生活情境和上下文的支持，有可能导致儿童虽然识字量增加，但阅读理解能力很差，且令儿童感觉十分枯燥无味（Adams，1990）。全语言教学注重儿童的阅读兴趣，它要保证每个儿童都有很高的阅读热情，其提倡者很看重阅读教学的意义性，强调儿童是阅读的主体，要对自己的阅读负责。他们认为，学习阅读与学习说话一样，是一个自然的过程。对于这种观点，一些研究者（Gough & Hillinger，1980；Liberman，1999）持否定态度，他们认为阅读的获得并不是一个自然的过程，不像儿童学习说话那样，在常规的课堂上就能不费力气地、自动地发展起来。没有哪个儿童需要教师来教他怎样说话，而阅读的获得需要教师在一定程度上进行基本技能的教授，尤其是需要教授一些正字法的原理。另外，全语言的教学法更强调整体意义上的理解，认为字词是伴随性地学习到的，是阅读的"副产品"，这就会在一定程度上忽略了儿童的阅读或拼写错误。

近来，随着对于阅读研究的进一步深入，越来越多的研究者放弃了对于某一种取向的支持，更多地将目光投向融合和平衡。他们认为，单纯地大量集中识字和理想化的全语言取向教学都不能满足研究者对于儿童阅读学习的期望，更不能满足儿童本身对于阅读这项活动的需要。尤其是当我们把目光投向学龄前儿童时，我们可以确信的是，幼儿在阅读中首先应该获得的是兴趣的满足，生动、有趣、幽默的故事是幼儿游戏性阅读体验的保证；其次是阅读理解的满足感，简单、重复的故事，可预测、可验证的情节可以增强幼儿对于故事理解的胜任感，从而形成足够的阅读信心；再次是在阅读过程中的思维挑战，通过对于图画的判断和推测，形成对于故事的整体预期和对于一些情节的预测，在阅读过程中不断加以验证和修正，使幼儿的阅读过程变成一个边阅读边思考的主动学习过程；最后是在阅读过程中理解作者的写作思路和写作手法，理解词汇的构成和使用，甚至理解一些简单文字的构成规律，并且在大量的阅读、对话和写作中进行运用。

## （三）平衡的呼唤

1998年，美国学者普雷斯利（Pressley）在他的著作《有效的读写教学：平衡取向教学》（Reading Instruction That Works: The Case for Balanced Teaching）中指出，成功的语言教学应该是将基本读写技能的教学，如看字读音教学、理解策略教学，与全语言的读写环境相结合的一种平衡教学，这对幼儿园和小学一年级的儿童来说尤为重要。缺乏元语言意识，就会影响儿童的编码技能，这又会进一步影响他们的阅读理解，单纯强调全语言教学或编码取向的教学都会走向极端。

平衡教学要培养儿童听、说、读、写以及思考的能力，同时尊重儿童的个体差异。平衡教学的实践主要包括以下几个基本成分（McCorkle，2005）：示范阅读（为儿童朗读）和示范写作；分享阅读和合作写作；指导性阅读和指导性写作；独立阅读和独立写作。其最常见的实践方法就是在交互式的阅读教学中融入元语言意识，尤其是语音意识的训练或者语音教学。研究结果显示，89%的美国小学语言课教师采用的都是平衡教学法，在交互式的教学情境下融入语音意识的训练或者直接的语音教学，并且取得了很好的教学效果。

随着研究的深入，实践者们在平衡语言教学理论（Theory of Balanced Literacy）的基础上发展出了目前在美国应用最广的一种早期阅读教学模式——"综合性语言教学模式"（Comprehensive Literacy Instruction）。该教学模式认为，综合性的教学有赖于"平衡"。达到平衡，意味着在进行课程和教学设计时要考虑两个不同的维度：第一，要平衡教学的内容；第二，要平衡讲授这些内容时所用的方法。要达成这个目标，课堂教学必须包含语言学习的三个层面：整体、部分和心灵。

### 1. 教授整体

课堂教学中的"整体"意味着在平衡教学内容时应该设计专门的教学环节来进行通篇理解，给儿童提供足够的时间以阅读的自然方式来阅读教师精选出来的故事类和非故事类的文章、书籍及文本。

"教授整体"也意味着把阅读看成一种社会性活动。交互作用理论（Rosenblatt，1938，1978，2004）告诉我们：人们在阅读时存在着读者与文字的交互作用，各人的理解都与自己的知识经验、情感有关，没有对错之分。因此，阅读教学应该帮助儿童从阅读材料中获取作者想要传达的信息，并将其与自身的经验、价值观、信念、情绪进行关联。所以，我们要鼓励儿童积极地参与讨论，表达自己的感受和理解，同时参与活动中，达到最优的互动，从而最有效地掌握所学的知识。

最后，"整体"还意味着要理解阅读与写作之间相互促进的特点。关注作者是如何传递思想的，从遣词造句到写作风格，等等，这将有助于提高儿童的写作能力。

### 2. 教授部分

文本是由字词、句子、段落等部分构成的，在学习阅读的过程中，读者不可避免地要关注字、词和句子，因此在阅读教学中"教授部分"意味着对文中字、词、句的学习，也就是解码取向的教学。另外，读者还需要超越单词的水平，学会在更广的层面上理解文本。皮尔逊、罗勒、多尔和达菲（Pearson，Roehler，Dole，& Duffy，1992）主张，课程设计应该能够使读者进行自我监控、信息综合、分析推理。杜克和皮尔逊（Duke & Pearson，2002）在这一策略清单上又加了几种：整合先前经验和当前文本，思考作者，思考记叙文的人物和场景，建构并修正对说明文的总结概括，用不同的方式阅读不同类型的文本。因此，在阅读教学中教授部分还意味着要教给儿童理解文本时所使用的各种策略。

### 3. 教授心灵

儿童用他们的大脑进行思考，却用他们的"心灵"来记忆。他们热爱和珍视的人与物、他们喜欢做的事情以及能够引起他们关注的事物，这些都是可以用来帮助儿童进行学习的工具。如果教师能够将新的知识与儿童在意的事物建立联系，那么学习就会变得轻松自如。

教学的效果取决于教师引起儿童关注的能力。也就是说，当教师选择教学中要使用的文章或其他材料时，需要考虑儿童的兴趣、需要、文化背景、家庭经验、先前知识。为了达到这一目的，教师可以通过谈论这些图书、讲述个人的故事、邀请儿童的家人加入课堂等多种策略来激发儿童的热情与兴趣。

教师还必须注意尽量减少用以维持阅读的外部奖励，让读者愿意参与阅读活动是因为他们对阅读感兴趣、能从阅读中获得成就感，而不是因为阅读之后可以获得游戏的机会或者其他替代物作为奖励。

综合性语言模式的阅读教学基于对编码取向的阅读教学模式和全语言取向教学模式的分析与批判，旨在培养热爱阅读的读者和能够自主阅读的读者。

随着综合性语言教育模式被介绍到我国，我们对于西方阅读教学的发展历程有了更清晰的了解，对几种模式的利弊有了更理性的判断。但是，我们需要思考的是，这种综合性语言教育模式仍然是小学阶段的教学形式，其目的是发展儿童的读写技能。此外，西方语言的拼音文字特征让学龄前儿童有更多机会以语音为中介，尝试各种拼写和语法结构的学习，而在中文中，我们是否也可以用这样的方式来协助幼儿的读写学习呢？

我们还要回到小霞老师最初的困惑上，三位专家的争论代表了对于早期阅读教学目标、方法和本质的不同理解。通过对于读写派、文学派、平衡派的分析，我们是否可以获得这样的结论：学龄前儿童在幼儿园参与早期阅读活动，其目的和价值在于培养阅读兴趣与习惯，积累丰富的阅读经验，为终身学习打下基础；方法可以有很多种，但关注幼儿需要和反应，以交互的形式进行，突出幼儿的主体地位是各种教学方法都应关注的原则；幼儿园早期阅读活动的本质应该是幼儿阅读需求的满足，而不是成人对学科系统性的追求；应该是基于幼儿已有生活经验的、具有文学性的经验拓展，而不是脱离幼儿当下生活、强加给幼儿的抽象技能的掌握。

## 阅读与思考

### 推荐阅读

- 《朗读手册》［美］吉姆·崔利斯著，陈冰、梅莉和徐海幈译
- 《绘本赏析与创意教学》 王林、余治莹著

### 思考

如何避免小学化的图画书阅读教学？

### 家园合作小贴士

没有家长的支持和配合，幼儿园的早期阅读活动很难有效、持续地开展，那么如何吸引家长参与呢？首先，我们要用优秀的图画书打动家长，用有趣的亲子活动吸引家长，更要向家长介绍一些切实可行的亲子阅读活动方法和策略。

为了能够切实地指导家长，我们为家长准备了一些亲子阅读小文章，通过幼儿园网站、班级信息栏的方式传递给家长。

#### 10 步晋级金牌“说书人”

想成为家里的故事大王？让我们看看那些有经验的妈妈、幼儿教师、图书馆阅读辅导员和阅读推广人是怎样做的吧。掌握了下面提到的 10 项技巧，你就向着“超级故事大王”的行列迈进了一大步。

提前熟悉故事内容，剔除绊脚石

上学时朗读课文的经历告诉我们，再简单的文字，我们在第一次朗读时也会出错，比如字音、断句、重音和连贯性上都会出现错误，而现在，这些错误肯定会影响你的小听众的注意力和对故事的理解。所以，你如果能抽出时间在朗读之前先通读一遍，了解故事脉络、角色特征、语言风格以及整体的情绪、节奏，就能够更好地完成朗读，不至于把“恶霸”处理成柔柔弱弱的效果，把悲剧读成欢

快的节奏。

### 表现出兴趣和热情，投入地朗读

想要培养孩子对于阅读的兴趣，父母首先要表现出乐在其中的状态。一方面，孩子会通过模仿向你学习；另一方面，你的情绪会感染他的情绪，而相对逻辑语词记忆、形象记忆和运动记忆而言，这种情绪记忆更为持久和深刻。所以，让孩子在亲子共读的过程中伴随强烈的情绪体验，可以更好地培养他的阅读兴趣，帮助他更好地理解和记忆阅读内容。

### 根据角色特征和情节发展，改变声音表情

想要把故事读得有声有色，"声音表情"是非常重要的，千万不要像念经一样读故事。虽然我们很难达到专业演播者的声音塑造力，但是最基本的声调高低、声音大小、音色的粗细以及生气或开心的腔调，还是可以有些变化的。你可以趁没人的时候练练这几个"基本款"：老爷爷、小姑娘、大灰狼和小白兔，基本就能应付60%的童话故事了。此外，朗读的时候尽量控制住速度，让孩子有时间去理解和吸收。

### 用手指点画页中的重点形象或内容

好的童书通常包括三条线索：文字讲述的线索、图画讲述的线索、文字和图画共同讲述的线索。因此，认真观察图画可以帮助孩子理解内容，并且培养他的观察力、想象力以及对于图画符号的领悟能力。所以，父母在朗读时用手指指点相应的图画或者文字内容，强调那些你希望他注意的部分，可以帮助孩子理解文与图的互补与互动，并且可以激发孩子去发现那些别具匠心的小细节。

### 适时地用口头语言进行解释说明

亲子共读的一个重要目的就是让孩子接触丰富的书面语言，但是理解书面语言需要一定的过程，而口头语言在其中起到了中介作用。读书的过程中，父母有意识地用口头语言或者半书面语言来解释书面语言，并且在日常生活中有意识地使用那些读过的书面词汇，可以更好地帮助孩子理解和记忆书面语。

故事中还有很多词汇和概念超出了孩子的经验范围，其中有些借助图画和故事进展就会得到解释，不需要专门解释，如"巫婆""咒语"，而有些在第一次接触时需要简明的解释，如"愚蠢""华丽"这样的形容词，父母可以用情景描述、

同义词替换或是联系到孩子已有的生活经验,帮助他理解"'愚蠢的主意'就是非常笨的主意,那不是一个好主意""'华丽的房子'是非常精美的房子,就像我们在颐和园看到的宫殿,在游乐园看到的城堡"。父母在朗读时不用拘泥于图书本身的语言,可以根据孩子的情况加以补充、说明和修饰,但随着朗读次数的增加,最终应该再回归到书籍的文字上。这是一个完整的过程。

### 配合夸张的手势、动作、表情和拟声词

模拟角色的动作、手势、声音,可以让故事情景形象化,也可以通过刺激来保持孩子的注意力。这是小投入、大产出的朗读手段。

### 通过提问鼓励和引导孩子思考

爸爸妈妈与点读笔、机器人、应用程序的差别在于,你能够注意到孩子的反应,并且在适当的位置停下来提出问题,引发思考。"接下来会发生什么事情呢?""他为什么这样做呢?""如果是你,你会怎么做呢?"这些问题可以为孩子指明思考的方向,引发他继续倾听的兴趣。但提问也要适可而止,不要让孩子感到有压力。

### 用语言补充情节、信息或经验

读书与看电视的重要差别在于,书籍无论每一页画面,还是页与页之间的时空跨越,都为孩子提供了丰富的想象空间和想象要求。不过在最开始的时候,孩子缺乏足够的经验来支持想象,所以需要父母帮助他补足。你可以在朗读之前结合内容和孩子进行简短的谈话,了解他对故事的主题知道些什么、有怎样的看法,在朗读后一起归纳和总结。这对于孩子的经验积累有非常大的帮助。

### 鼓励孩子提问,不在意故事被有意义的问题打断

在听故事的过程中提出问题或者表达自己的想法,是孩子认真听或听懂了的表现,所以请用接纳、欣赏的眼神和表情鼓励孩子提问和表达,并且通过认可以及简要的回答、解释、补充、提示来回应孩子。我们的目的不是读完故事,而是通过共读来培养孩子的阅读兴趣,发展阅读能力、表达能力和思维能力。

### 不要拒绝一读再读

孩子在重复中学习,并且不断产生新的发现和新的收获,所以父母要积极地对待重复。在每一次重复中,都需要观察小听众的反应,并从开始的父母占主导

位置，慢慢过渡到以孩子的阅读速度为主要依据。你要注意他会在哪里停留，在哪里表现出更多的兴趣或者迷惑，然后鼓励他说出自己的想法。要允许孩子按照自己的速度翻书，按照自己的需要回顾或者跳跃。

### 早期亲子阅读的误区及建议

随着整个社会对阅读问题的关注，0—6岁宝宝的早期阅读问题也成为家长们普遍关注的热点问题。"80后"的年轻家长普遍认为早期阅读很重要，但在什么是早期阅读，为什么要进行早期阅读以及如何进行等问题上，还存在着许多认识误区。现选择一些具有代表性的问题进行分析并提出相应建议。

**误区一：早期阅读和成人阅读没什么不同**

分析：早期阅读包含语言学习、认知发展、文学赏析以及亲子交往多个层面，既包括孩子和父母共同阅读一本书，也包括听成人讲故事、指认图片、诵读儿歌以及相关的语言游戏，甚至有人笼统地把孩子与印刷品的互动过程纳入早期阅读的范畴（如翻弄图书、拍打图书等）。这样宽泛的定义，正是为了让成人意识到孩子的阅读，尤其是0—3岁儿童的阅读不同于成人，他们必须依赖听觉、视觉、触觉和亲子互动完成这个意义建构的过程。

2岁前宝宝对花花绿绿的书比对书里讲的故事更感兴趣，对自己翻书的动作比对书更感兴趣，对单幅画比对连续的画面更感兴趣。因为他们的兴趣主要集中在物体的形态和自己的动作及其可能造成的后果上，而且还很难理解连贯的情节和画面，在维持注意和理解完整结构上存在一定困难。

建议：①重构早期阅读概念，接受宝宝特有的阅读行为；②为宝宝选择图卡书、布书和可以玩的书，鼓励他指认单幅画面中的物体，培养宝宝和书的亲近感，让宝宝觉得"阅读是最好的游戏，图画书是最好的玩具"。

**误区二：成人控制孩子的阅读，不许孩子看着"图多字少"的图画书"乱讲"**

分析：阅读是读者个体意义建构的过程，任何人都不能将自己的理解强加给读者。小读者同样有阅读的主权，成人不应用自己的理解代替孩子的理解。同时，孩子的所谓"乱讲"正是他内心感受的自然流露，从中不仅可以观察孩子的言语发展水平、思维水平，更可以看到孩子的内在需要和渴望。因此，给孩子

"乱讲"的机会正是给家长了解孩子的机会。

建议：和孩子一起读图，摆脱对抽象文字的依赖，重新用眼睛认识世界。任凭孩子天马行空的同时，也放开自己的想象力。

**误区三：因为早期阅读很重要，所以不进行早期阅读就很糟糕**

分析：家长们经常有一个不恰当的推理：因为××很重要，所以就必须做××。实际上，各领域的专家从本领域出发给出的建议，都是想提醒家长不要偏废和忽视，而不是说其他不重要，更不是说因为这个重要就要拼命地做这个，孩子如果不做这个就会"万劫不复"。对孩子的发展来说，其自身需要的满足最重要。在恰当的时候提供恰当的环境和支持，孩子自然会选择最适合自己的学习内容。例如，感官和动作发展是1.5岁宝宝的首要需要，他开始独立行走，视野和行动范围都比原来扩大，此时他最需要的不是坐在那里看书，而是通过自己的视觉、听觉、嗅觉、触觉接触这个真实的世界，所以他暂时不想看书是很正常的，家长不用担心。

建议：根据孩子的发展需要选择教育内容，而不是用教育内容来规定孩子的需要。

**误区四：图画书画多字少，性价比低，还是字多的书比较值，有拼音就更值了**

分析：对低幼儿童来说，观看图画获取信息既是他们的本能也是他们在学龄前阶段需要发展的重要能力之一。好的图画书除了丰富认知经验和语言经验外，还可以健全孩子的心理机能，丰富孩子的审美体验，所以千万不要低估图画书的作用。至于值与不值，不能用字数和拼音来衡量，否则买字典就是最值的。

建议：上网看看关于图画书阅读的网站，有很多图画书妈妈在分享他们的亲子阅读经验，相信您读了一定会有很大的感触和收获。

**误区五：为了让宝宝爱上阅读，我就强迫他看书**

分析：宝宝不爱看书可能是因为家长没有选对书，被别的活动吸引，当前的情绪不佳，甚至是宝宝的个性使然。家长不仅不能强迫宝宝看书，其他任何教育，也不是靠强迫奏效的。

建议：培养孩子的阅读兴趣，有三个重要因素：家庭的阅读气氛、适宜的阅读材料和搭建兴趣桥梁的手段。孩子的学习是从模仿开始的，想让孩子阅读，家长就要首先捧起书本；孩子感兴趣的材料才是适宜的材料，家长的兴趣不能取代孩子的兴趣；要从孩子目前感兴趣的东西入手，因势利导，而不是强人所难。

**误区六：孩子太小，他们什么都不懂，很多书不能给他们看**

分析：给孩子看的书当然有适宜和不适宜之分，给2岁的宝宝读《红楼梦》显然是徒劳的，但这并不代表4岁以上的宝宝不能接触相对复杂的题材。例如，当孩子对死亡、战争、公平等话题产生兴趣，回避和拒绝甚至粗暴地禁止都是不恰当的。优秀的图画书不再把小孩子当作什么都不懂的"傻瓜"，而是用充满童趣的方式对这些问题进行恰当的展现和探讨。反倒是有些家长会感到紧张和无所适从。

建议：用谦卑和宽容的心态看待孩子的好奇和渴望，和孩子一起学习。

**误区七：读书识字，不识字就没法读书**

分析：图画书为孩子们带来了不用识字也可以读书的乐趣，这也是为什么图画书是学龄前儿童首选阅读材料的原因。心理学界和教育学界的专家一直反对学龄前儿童集中大量识字。对学龄前儿童来说，有文字意识要比识字重要；对于阅读的兴趣，要比识字重要；享受亲子阅读的过程，要比识字重要。

早期亲子阅读的话题还有很多，在此无法一一展开，最后总结几句：早期亲子阅读的话题永远离不开儿童发展的大主题，关于儿童发展，有几个基本观点：①人的发展具有差异性，可能是方向不同，可能是速度不同，孩子年龄越小，其发展受到遗传因素的影响越大，所以接纳孩子的发展速度和方向就是接纳家长自己。②人的不同发展阶段有不同的重点，"亡羊补牢"和"揠苗助长"都得不偿失，适宜当前发展需要的教育就是最好的教育，家长不宜急躁也无须焦虑。③人是生活在一定文化环境中的，儿童的心理发展不可能脱离文化环境而单独存在，我们为儿童营造的文化氛围越多元越宽容，给予他们的心理发展空间也就越大。

## 一份用来指导家长的家园联系表

幼儿姓名_____

　　亲爱的家长朋友，您的孩子正在学习如何运用图片来推测故事情节，请您为您的孩子朗读这张纸上的文字。

- 任选一本书，将书名和作者写下来

书名：_____

作者：_____

- 在你的爸爸妈妈给你读这本书之前，请先看看书的封面，通过封面上的图画，说说你觉得这本书将会讲一个什么故事，请爸爸妈妈把它写在下面。

_____
_____
_____

- 听爸爸妈妈讲完故事后，请他们帮忙写下你听到了什么。和你猜想的一样吗？

_____
_____

幼儿签名_____

家长签名_____

# 第五章

## 以图画书作为课程资源的活动

**本章将会讨论：**

- 从全语言的视角看早期阅读
- 假如我们"不教"幼儿阅读
- 以图画书作为资源展开的生成课程
- 创设支持幼儿主动阅读的班级图书角
- 作为"蓄水池"的幼儿园图书馆和图画书资源库
- 对图画书进行资源化管理以支持幼儿园课程建设

早期阅读进入人们的视野，首先是从儿童的需求开始的。儿童有听故事的需求，有看图画书的需求，因为人们意识到图画书可以更好地帮助儿童认识世界，认识生活，所以便有了专门为儿童设计的图画书［一般认为，西方最早的图画书可以追溯到1658年捷克教育家夸美纽斯（Comenius）为儿童绘制的《世界图解》］。儿童图画书的诞生具有一种伟大的象征意义，有人甚至评价其标志着一个以儿童为本位的时代的到来。也正是因为有了专门为儿童设计的图文并茂的图画书以后，儿童通过看图和文字进行阅读才具备了可能性。

随着图画书的发展，创作者越来越多、越来越细致地为儿童考虑，让图画如同文字一样会讲故事，而不仅仅是呈现文字难以描述的细节。图画书讲述的内容也愈加丰富，不仅有讲述故事的图画书，还有讲述事实和现象的图画书，当然也有讲述做人道理的图画书。于是，图画书就必然地与儿童文学、儿童教育联系在了一起。

有了儿童的需求，有了满足需求的材料，当然还要有成人的协助和指导，于是便有了亲子阅读。最初的亲子阅读主要是成人将文字或图画形式的书籍读给儿童听，但朗读中总会有一些交流，于是人们慢慢发现，投入地表现、适时地交流、开放性的讨论以及鼓励儿童参与的阅读具有更好的阅读效果。这种以积极交流为特征的亲子阅读可以为儿童终身的阅读和学习奠定良好的基础。

因为有了适于学龄前儿童阅读的材料，又有了心理学界、教育学界关于早期开始阅读对于儿童终身影响的研究，于是早期阅读便进入了幼儿教育的视域。很多国家都把正式学习读写之前儿童参与的阅读书写活动称为"早期读写"。无论是持读写准备观点的人，还是持读写萌发观点的人，都意识到了阅读的重要意义。无论是将读写准备策略作为教学目标的人，还是将文学赏析作为阅读教学目标的人，都意识到了早期阅读应该进入幼儿园的课程系统之内。

我国的《纲要》也指出幼儿园应"利用图书、绘画和其他多种方式，引发幼儿对书籍、阅读和书写的兴趣，培养前阅读和前书写技能"，于是早期阅读进入幼儿园课程具有了理论和实践上的合理性。但是，随之而来的问题是：早期阅读如何进入幼儿园课程呢？

人们对早期阅读有着不同的理解，对幼儿发展和幼儿园课程有着不同的理解，因此早期阅读进入幼儿园课程的形态也有着很大差异。如前文所述，无论是读写派、文学派还是平衡派，都将阅读视为一项需要在幼儿园专门进行学习的内容。无论是通过阅读学习还是学习阅读本身，都试图在专门的阅读课程（时间）内，通过教师和幼儿的互动达成提高幼儿阅读兴趣，培养幼儿阅读习惯和初步阅读技能的目的。虽然三者在教学目标、教学方法和教学内容的选择以及教学效果的评量上各有特色，但我们可以笼统地将之视为一种教学形态，即"教授阅读"的早期阅读形态，或者说，我们可以称之为"以发展幼儿阅读兴趣、习惯和能力为直接目标的早期阅读教学形态"。

在这里，我们还想介绍另外一种幼儿园课程视野中的早期阅读形态，即不把早期阅读视为需要专门学习的学科领域，而将之视为幼儿园课程必备的文化资源和文化要素、幼儿赖以生存的文化环境的一个组成部分以及童年生活的组成部分。

## 一、从全语言的视角看早期阅读

"全语言"一词如同图画书一样，也可以追溯到 17 世纪捷克教育家夸美纽斯的著作，但其含义与当下人们所说的"全语言"有所不同。当前风行于教育界的"全语言"来自 20 世纪 70 年代的一场关于语言学、语言教育学以及语文教师角色的思想风暴。

虽然研究者对于全语言的诠释各有不同，但归结起来，可以体现为儿童如何学习、师生角色定位、语言课程观三个部分。也就是说，全语言要讨论的不仅仅是儿童如何学习语言的问题，而是对儿童整体学习的一种思考。

### （一）儿童是如何学习的

奉行全语言教育观念的学者认为，全语言首先不是一套成形的教学方法，而是"一种关于儿童学习方法的态度和信念"（Barron，1990）。而这一套信念，是基于皮亚杰和维果茨基的互动建构理论的。

皮亚杰认为，儿童并非如行为主义者所言，是通过模仿行为直接从环境中吸收知识的，而是在与环境的互动过程中主动地理解环境中人与物的意义，从而建构内在的知识。所以，即使没有成人的帮助，儿童通过"同化"与"顺应"的平衡作用也可以在与外部环境的互动过程中获得知识。全语言的学习观就建立在皮亚杰的互动建构学说之上。全语言认为，儿童是天生的学习者，学习不是成人给儿童划定的行为规范，而是儿童主动的探究过程，儿童从出生就开始学习了。由于学习是大脑的首要功能，所以从未间断过。无论是动机还是行为，儿童的语言学习都是一种自发的过程，所以只要有丰富的环境刺激，儿童就能够按照自己的兴趣和需要与环境互动，从而建构属于个体的知识。

维果茨基在皮亚杰的互动建构理论基础上，进一步提出了社会历史文化的重要性。他认为，儿童的学习不是孤立地与外部环境互动而进行的，儿童周边的人能够帮助儿童实现语言和思维的发展。维果茨基认为，儿童言语的发展是从指向外部的具有交际功能的"社交言语"转化为指向内部的"自我中心言语"。随着儿童的发展，自我中心言语逐步转化为内部言语，这种内部言语既服务于我向思考，又服务于逻辑思维。因此，具有互动性的学习环境能增强幼儿言语的社交功能，亦有助于他们认知的发展。其次，维果茨基还指出，儿童具有最近发展区，即儿童在当下不能独立完成的任务，与在成人或具有较高能力的同伴的帮助下可以完成并在这种支架的帮助下日后可以独立完成之间的这段能力空间。因此，要促进儿童的语言发展，成人需要发挥其支架作用，为儿童创设富于刺激的物质学习环境和社会学习环境，注重儿童与读写材料的互动以及与同伴之间的互动，并适时提供支持性的示范和指导。

根据皮亚杰和维果茨基的互动建构理论，坎伯恩（Cambourne，1984）提出物质环境（文字）与社会环境（语言）并重、自学与示范并行的"自然学习模式"，以显示儿童语言学习的过程。他认为，学习者应沉浸于不同种类的文字之中；可以在生活的环境中看见并听到许多有关文字结构以及运用的示范；得到来自成人的期待，看到成人的示范，并对自己的学习结果产生期待；在何时学、学什么、如何学等关于学习的事件上可以有自己的判断和决策，承担自行决定的责任；需要时间及机会去运用所学到的知识，将所学运用于有意义的实践；必须自愿去尝试，并不惧怕出现错误；必须在与其他有知识的人的交流中得到反馈，反馈应该是相关的、适宜的、即时的、随时可以提供的、不具有威胁性的、没有附加控制的。

根据坎伯恩关于儿童语言学习模式的论述,我们是否可以把儿童早期阅读学习中成人(家长和教师)的作用也做这样一个原则性的梳理。

- 成人应该为幼儿创设一个内容丰富的学习环境,充满适宜幼儿阅读的材料,让幼儿有机会沉浸于阅读的环境中,这种环境不仅包括图画书,还包括其他文字符号,让幼儿意识到文字在生活中的价值。
- 成人通过朗读、示范阅读思维过程、示范书写等活动,让幼儿有机会接触大量具有示范作用的沟通活动,尤其是具有示范作用的出声思考式的朗读,让幼儿有机会看到成熟的读者在阅读一本图画书时是如何使用判断、假设、验证、质疑等阅读策略的。
- 成人始终和幼儿发生积极的对话,对其阅读过程和阅读结果抱有积极的期待,让幼儿感受到他人对自己尝试阅读和书写的期待,认为自己能进行独立的阅读。
- 成人鼓励幼儿承担对自己阅读和书写学习的责任,为其设置真实的读写任务,使幼儿在读写过程中承担理解和传递信息等责任。
- 成人应帮助幼儿独立学习读写,敢于做出新的尝试,敢于用自己的方式解决问题,敢于提出自己的看法,并获得积极的反馈和建设性的意见。
- 成人为幼儿预留出大量时间和机会对其所阅读的内容进行尝试性运用,例如,在初次阅读一本书很久以后(而不是当时)运用阅读的内容联系生活实践,运用阅读到的语言进行交流等。
- 成人为幼儿提供机会,在实践中获得来自成人和同伴的良性反馈,在探究和做事的过程中有效运用阅读到的内容和阅读方法,让幼儿在实践中得到反馈,而不是来自成人的读写水平评判。

有研究者认为,由于幼儿会从周围环境的事物和人物行为中学习,只要其沉浸在真实、自然而有意义的环境中,无须太多正式、直接的教导,就能如同学习说话般学会读和写(Harp,1991;Vacca & Rasinski,1992;Weaver,1988)。然而,教师的示范对儿童也颇为重要,没有示范就没有学习(Crafton,1991;Smith,1989)。

## (二) 师生在学习中的地位和角色

既然儿童可以在准备充分的环境中自然而然地进入读写学习状态,那么教师在其中应当起到什么作用,处于何种地位,扮演何种角色呢?

### 1. 学习经验的规划者

全语言教学中的教师首先是幼儿(语言)学习经验的规划者。教师应首先对幼儿学习的规律有比较透彻的了解。教师不仅要了解幼儿将要学习的内容,还要了解幼儿已有的生活经验和背景,才能根据这些协助幼儿构建一个合理的学习经验框架或者路径。教师要致力于了解幼儿的需要、期望、文化背景及所处的社会环境,然后设计相应的、充满丰富语言经验的教室环境,从而鼓励幼儿在与教师和同伴的互动过程中建构并分享经验,与同伴合作解决问题。当教师能够敏感地发现教室中的幼儿显示出对某一主题的兴趣时,就可以及时抓住学习的机会,和幼儿共同缔造出一个有意义的课程方向。

### 2. 环境的主要营建者

教师应是教室物理环境和人际环境的主要提供者。教师要为幼儿适时地提供丰富的阅读材料,包括图画书等专门为幼儿设计的阅读材料和其他与学习内容有关的印刷品,以及能够引发幼儿读写行为的材料。教师应通过调换环境内的阅读内容,变换物理环境的设置,引发幼儿的好奇和兴趣;同时回应幼儿的需求,在幼儿的兴趣发生转移或深化时及时更换阅读材料,以支持学习者的进一步探索和学习。例如,幼儿在进行一个关于"洞"的主题探究活动中,一开始,由于教师提供的阅读材料是《动物绝对不应该穿衣服》,因此幼儿关于洞的讨论主要集中在衣服上。随着讨论的展开,教师又在阅读区域提供了《洞》《地下100层的房子》《洞里洞外的小老鼠》等图画书,协助幼儿将思路进一步拓展到其他关于洞的讨论上。

### 3. 示范和引导者

教师应为幼儿提供示范和引导。这种引导不仅仅是通过发问读物内容,引导幼儿理解读物，或者自我发现，还要教导幼儿思考的方法，促使他们讨论读和写的内容。教师的示范可以体现在多个方面，例如，教师可以通过出声思考的方式向幼儿示范自己是如何理解和演绎一本图画书的图画和文字的；自己是如何从一本图画书联想到另外一本图画书的；自己是如何一边阅读，一边对图画书中的人和事做出评论的，等等。这些出声思考都为小读者示范了一个成熟读者的阅读理解过程。同时，教师还应通过多种活动形式，促使幼儿同伴间发生合作和协助关系，通过同伴间的讨论提高他们的阅读水平和言语沟通技能。

#### 4.观察者、评估者和反馈者

教师还应是幼儿学习过程的观察者、评估者和反馈者。教师在幼儿阅读之初便对他们报以期待，并鼓励幼儿对自己的阅读抱有期待和负有责任。在幼儿阅读过程中，教师要对他们的成功表现给予建设性的反馈，例如，幼儿能用阅读到的内容解决问题、能对阅读的内容发表看法、能引用所阅读的内容和对话等。要注意的是，教师的评估不在于幼儿通过阅读掌握了多少文字或知识，而是鼓励幼儿对于阅读的积极态度和自主精神。同时，教师的反馈体现在对于课程目标的制定、实践和调整，教师在观察和评估幼儿发展的过程中要适时地对课程目标进行建设性的调整，以适应幼儿学习的需要，将幼儿当前的学习需要转化为下一步的课程目标、计划和教学以及环境调整的内容。总之，教师作为观察者、评估者和反馈者所起的作用在于支持幼儿的学习，而非控制幼儿的学习。

### （三）语言课程的内涵

"全语言"是一个关于语言及掌握语言的观点，是一个有关阅读、书写能力发展的理论和价值取向；同时，全语言也是包含一整套语言发展哲学，以及支持该哲学观的教学的完整理念，一套基于语言心理学理论的课程观。我们前文所提到的各种关于早期阅读的观点、教学方法，都多多少少地受到了全语言观点的影响，如：阅读时一种语言心理的猜测游戏，一种由上而下的取向；读者必须根据已有知识及语言经验才能了解文字的意义，儿童作为读者必须在阅读时理解表象所指的意象，重建表象系统，而不是单纯地进行符号的解码；等等。

但对语言学习的观点而言，因为结合了不同的学习观、教学观和课程观，还是会表现出不同的课程形态。美国教育家杜威（Dewey，1943）认为，语言必须与课程中的其他学科整合，因为教室是一个充满了材料和工具的实验室，儿童可以在主动探索创造的过程中利用语言这种工具讲述身边的事物。韩礼德（1975）指出，学习者在运用语言时，其实是在学习语言、通过语言进行学习，并学习与语言有关的知识。因此，全语言课程是一个双重课程，每个活动既是语言发展，又是认知发展的机会（Goodman，1989）。所以，全语言课程应围绕一个主题，整合语言发展与通过语言进行学习的内容。

结合以上理论和研究结论，我们可以这样对全语言理念中的早期阅读活动进行梳理，即用全语言的观点分析早期阅读活动在幼儿园课程中的可能表现形态。

### 1. 口头语言与书面语言学习

学龄前儿童语言发展的首要任务是积累丰富的口头语言经验，他们主要是通过听成人和同伴的语言，配合相应的场景来获取意义。因此通过倾听，幼儿可以在有意义的情境中接触完整的故事或语句、段落、篇章，然后具有一定的文字意识，了解：说出来的语言可以被书写记录；书写下来的文字可以被朗读出来；书写下来的文字具有通用性，每个人都可以看得懂。与此同时，无论是词汇、语法还是语用能力，都是以口语为基础获得的。书面语言的学习，也必须置身于某个真实的任务情境或文学情境中加以理解，而不能是孤立地、片段式地学习和练习。

### 2. 阅读与书写

无论是阅读还是书写，都不是单独存在的学习科目。在学龄前阶段，读写和听说一样，是幼儿在学习和探索时的一项需要。当阅读成为学习与发展的需要时，阅读对于幼儿才具有真实意义，书写也是一样。对语言学习而言，听、说、读、写是一组相互影响、密不可分的关系，幼儿在自主的探究活动中可以自然地接触到听、说、读、写的各种功能，并由此展开探索活动，从而在真实情景中认识它们的意义、价值、功能和基本方法，并不需要单独地教学来把抽象的概念和方法通过练习的方式教给他们。阅读与书写自然的联系可以使它们在幼儿的学习中共同发展，而不必有先后顺序，关键是要为幼儿提供尝试和运用的机会。

### 3. 学习阅读和通过阅读进行学习

面对阅读材料展开的学习，是一个完整的经验体，幼儿在阅读中既体验到了阅读内容中的知识和情感，又体验到了阅读的过程，通过阅读进行学习和学习阅读本身是一体的，无须割裂开来看待。

### 4. 阅读与经验

幼儿园课程是幼儿获得各种有益经验的过程。经验是幼儿通过操作、探究、交往、感受而获得的，是幼儿主动参与其中的。阅读的内容不能偏离幼儿当前的经验，不仅要基于幼儿已有的经验，更要适切幼儿当下的兴趣。阅读活动是外在于幼儿当下的生活且试图通过各种活动进入幼儿的生活，还是来源于幼儿的生活且从幼儿当下的兴趣出发适应幼儿当下的兴趣，是我们在为幼儿选择阅读内容和阅读方式时要考虑的问题。幼儿在阅读过程中是否可以获得有益的经验，并将这种经验运用于真实的生活且拓展相关的经验，是教师在思考阅读与幼儿的经验关系时必须关注的问题。

### 5. 阅读与课程

幼儿园的课程是与幼儿的生活紧密联系在一起的，幼儿是在生活中尤其是在行动中学习的。课程不是凭空而来的一套教学内容和方法的总和，它必须基于当前学习者的已有经验和现实的条件，最终转化为学习者个人的发展，而不仅仅是教学活动的完成。对教师而言，为幼儿设计读写活动就是为他们创造能够激发其读写行为的环境和条件，让幼儿发现读写在活动中的意义，从而主动进行有意义的、可以让活动自然延续的读写实践。课程对幼儿而言，不是一个现成的文本，不是教师照本宣科的教学过程，而是学习者和教师之间的互动过程，阅读在其中是一个变量，是教师为适应幼儿学习所提供的材料，是由幼儿当下学习的需求决定的。对学龄前儿童而言，系统的学科知识学习并不是其发展的核心任务。与中小学相比，幼儿课程要求的是一种多样性、参与性的学习，幼儿的学习不是书面的学习，不是学科的学习，而是通过多种渠道获取信息，通过多种方式表达学习的成果。也就是说，幼儿的学习是探究性和表达性的综合体，促进幼儿的发展就要为幼儿提供充分的探究和表达机会。

### 6. 阅读与环境

皮亚杰看重幼儿与环境中材料的互动，通过操作材料同化和顺应，以达到平衡，从而完成个体认知的发展；维果茨基看重环境中成人及其所代表的社会历史文化对儿童发展的作用。在他们的论述中，一个共同的观点就是，儿童应该是一个积极主动发展的个体，环境对其发展应该起到支持作用。我们所说的读写环境，既包括充满读写元素的物理环境，也包括早期读写意识；理解阅读对于幼儿之发展价值的成人及其为幼儿营造的与阅读和书写有关的心理环境，既包括班级内支持课程发展的读写环境，也包括家园合作营造的整体文化环境。

在接下来的几节中，我们将分别介绍教师如何规划课程，提供丰富的阅读材料，在生成课程中渗透早期读写内容，使幼儿自然而言地接触阅读、享受阅读、使用阅读，将早期读写作为其日常生活的一部分；以及教师如何规划和利用班级物理环境，帮助幼儿主动与环境发生作用，在可激发读写活动的环境中主动学习，从而实现教师与幼儿通过环境的支持共同发起读写活动。

## 二、假如我们"不教"幼儿阅读

通常认为，幼儿的读写活动包括两大部分，第一是日常生活中的符号识别、意义学习和尝试运用，例如，大多数幼儿园都会在教室的区角空间标记一些常见汉字，如"建筑区""娃娃家""图书角""植物角"等，教师也会鼓励幼儿通过画积木设计图、列娃娃家的购物清单、为图书角的图书分类、记录植物生长等方式理解文字符号的意义，并尝试运用；第二是专门读写活动中的体验学习，例如，教师会为幼儿朗读文学作品，用集体教学的形式讲读图画书等。但是，如果我们从另一个角度分析，可以把幼儿园的读写活动按照发起者的不同分为幼儿发起的读写活动、教师发起的读写活动以及在环境支持下师生共同发展起来的读写活动三种类型。在此，我们主要讨论前两种类型。

## （一）幼儿发起的读写活动

由幼儿发起的读写活动显示了幼儿当前对于读写的认知和兴趣，是教师了解幼儿读写需求的重要途径。例如：当幼儿请求教师给自己讲一本故事书时，教师可以以此为契机，请全部幼儿参与听故事的活动，并引发相应的讨论；当幼儿自发给自己或同伴讲故事（独自阅读或合作阅读一本书）时，教师可以了解幼儿当前的阅读水平和幼儿当下的阅读兴趣；当幼儿要求自主查阅资料，用符号进行标记时，教师可以由此为幼儿提供相应的工具和材料，引导幼儿进行更加深入的探索。

### 小霞老师的教学笔记 11：我给你讲个"鬼"故事[①]

顺顺是我们班的故事大王，他总有讲不完的故事。这两天，我发现在区角活动时间，总有几个小男孩围在顺顺旁边，他们在听顺顺讲故事。但是，奇怪的是，他们并不是像以往一样坐在阅读角边看书边讲故事，而是挤在阳光房的角落里，好像故意不让人听到他们的故事。如果有女孩过去，他们还会把女孩赶走。

我费了好大力气才得到他们的允许，听到他们讲故事的内容，原来顺顺在给小朋友们讲"鬼"故事。顺顺讲的时候嘴歪眼斜，面目狰狞，小朋友们也听得心惊胆战。顺顺为了让小朋友们明白他所说的"鬼"是什么样子的，还派人去拿了纸笔，把他口中的"鬼"画出来，让小朋友知道这些"鬼"有多可怕。

### 小霞老师的教学笔记 12：妈妈不给我读的故事书

昭昭是个腼腆的男孩，今天他拿着一本图画书坐在图书角，两只眼睛一直不看书，而是在偷偷看我。我安排好了其他区角的活动之后，来到昭昭身边，问他："昭昭，你今天想读什么书呢？"昭昭看我过来，非常高兴，他举起图画书《一只想当爸爸的熊》给我，说："老师，你能读给我听吗？我妈妈不给我读这本

---

[①] 事后，我向顺顺的妈妈了解到，他所说的"鬼"是从妈妈和他一起阅读《山海经》时听来的内容。

书。我想知道这本书讲的是什么故事。"①

### 小霞老师的教学笔记 13：我们查资料吧

在"桥"这个主题活动最初的讨论阶段，小朋友们提出了问题："老师，我们不知道真的桥是怎么建出来的啊！""我们需要多收集一些桥的照片才能做自己的桥。""我们可以找一本书来看看，书上肯定有各种各样的桥。""我家有一盒明信片，都是带桥的。"

在小霞老师的三段教学笔记中，我们可以看到幼儿发起的读写活动往往是零散的、随意的、不系统的，但又都充满了探究和学习的信号，充分表达了幼儿求知的愿望。一位具有全语言理念的教师会如何回应幼儿的这些信号呢？我们先来看看小霞老师的做法。

### 小霞老师的教学笔记 14：我给你讲个"鬼"故事（续）

晚上，我问了顺顺的妈妈，知道了顺顺口中的"鬼"实际上是他和妈妈阅读《山海经》时，妈妈给他讲的各种神话传说。我想，既然《山海经》让孩子们这么感兴趣，不如我也找来读读，看看里面有什么好玩的内容。于是我买了一本《山海经》，才知道原来很多我们平时耳熟能详的传说竟然都是出自这里。我想，以我目前的知识储备和组织水平，还有孩子们普遍的理解水平，还不足以和他们分享这部书，但是我可以把这部书介绍给孩子们，并且和他们讨论他们读过的神话传说，激发孩子们对于传说尤其是中国神话传说的兴趣。

第二天，我找来顺顺，问他《山海经》里有什么好玩的故事，有什么可怕的"鬼"。顺顺给我讲了女娲补天和嫦娥奔月的故事，还讲了人们用酒和鞋子抓猴子的故事。我觉得他讲得非常清楚，就请他在集体活动时间为全班小朋友讲了两个故事。小朋友们都对他非常佩服。我借机就向小朋友们介绍了这本厚厚的《山海经》。然后，请小朋友们回家和爸爸妈妈一起想一想他们还知道什么神话传说，第二天都可以到幼儿园来讲一讲。

---

① 这是一本讲述与生育有关的故事的书，很多妈妈和孩子阅读这样的书之后，都会采取回避的态度，不和孩子讨论，有的家长甚至拒绝给孩子读这样的书。

之后，我们进行了一个足足3周的"神话传说故事会"活动，就是利用每天餐点之后的过渡环节请一两个小朋友讲自己准备的神话传说，然后请小朋友们评分，最后经过几轮评选，选出我们的"故事大王"。同时，在区角加以配合，在阅读区增加中国神话传说的图画书，在美工区鼓励小朋友们画出自己心目中的传说人物等。

这个根据幼儿当时的兴趣产生的小活动取得了很好的效果，小朋友们热情高涨，讲故事、读故事的兴趣都很高。遗憾的是，由于这是一个临时发生的活动，并没有和月主题很好地配合，甚至在有点干扰了月主题的情况下进行。小朋友们每天都对故事会充满期待，故事会结束时，还有点意犹未尽呢。

我们可以分析一下小霞老师的教学决策。首先，她没有把顺顺的"鬼"故事当作坏行为来进行道德评判，而是敏锐地发现了中班幼儿的兴趣点，他们开始对离奇的角色和情节感兴趣，能够理解较为复杂的故事结构；他们不仅能够复述从家长那里听来的故事，并且能够运用图画等手段辅助自己的复述活动。在发现了这个契机之后，小霞老师采取的一系列教育活动都适时地满足了中班幼儿的学习兴趣，并且为他们的阅读和书写提供了机会。不足的是，小霞老师仍然把阅读和书写当作外在于课程的一项活动，虽然意识到这个活动没能和当月主题相配合，但并没有主动对课程进行调整（小霞老师认为，主要是自己没有权利，也没有能力这样调整）。此外，故事会的形式虽然满足了幼儿的需求，但仅仅在图书角提供一些关于神话传说的图画书，还不足以激励幼儿深入研究和讨论，当然，这也是受到了利用零散时间进行读写活动的限制。

### 小霞老师的教学笔记15：妈妈不给我读的故事书（续）

晚餐后，我让吃完饭的孩子坐在活动区，为他们朗读昭昭推荐的图画书《一只想当爸爸的熊》。孩子们安静地听完了故事，一个小朋友大声地问："老师，它们怎么才能生熊宝宝呢？"立刻，另一个小朋友回答："是大熊云。"可是，马上就有人反驳："不是，母熊都摇头了。"还没等我们展开讨论，离园时间到了。这倒让我松了一口气，否则，我还真不知道怎么和他们讨论这个问题呢。怪不得昭昭的妈妈不肯给他读这本书。我把书还给昭昭，昭昭很高兴。我还是忍不住问了他一个问题："昭昭，你说，怎么才能成为爸爸呢？"昭昭想了想说："得先找一份工作，这样才能赚钱，要不然没法当爸爸的。"看来，孩子们对这个问题的理解和我的并不一样。

小霞老师经历了每个成人都会经历的尴尬时刻，同时也让她意识到两个问题：①响应幼儿的阅读需求可以引发幼儿的思考；②成人不应对幼儿的理解妄加推测，而应给予幼儿充分表达的机会，允许他们自己讨论和探索。小霞老师的困惑在于，有些主题是否要跟幼儿分享，如果幼儿提出了这种问题，她该用什么方式回答？之后，小霞老师发现幼儿并没有进一步提出相关的问题，也就没有主动和幼儿展开探讨。对小霞这样的年轻教师来说，这样的处理方式可能是最恰当的。教师应对幼儿的需要发起响应，但不一定把每个响应都生成为可以持续进行的课程。课程持续进行的生命力在于幼儿的兴趣，而兴趣是建立在幼儿当前认知水平的基础上的。所以，追随和支持是教师的重要责任，而引导是建立在追随和支持之后的一种选择的结果。

### 小霞老师的教学笔记 16：我们查资料吧（续）

各个小组的小朋友都希望得到更多资料，我请他们讨论如何获得这些资料，他们提出了上网查、去书店买书和借书等办法，于是我请他们请求家长的帮助，在网络上查询与桥有关的资料，到图书馆去借阅有关桥的书籍。有个小朋友带来了图画书《摇摇晃晃独木桥》《三只山羊嘎啦嘎啦》以及一些关于桥梁的画册，还有的小朋友从家里带来了很多相关的专业书籍、纸模型玩具、照片、旅行画册，等等，让我们的这次主题活动有了非常丰富的参考资料。

随着小霞老师对幼儿读写发展的理解越发深入，教学经验日益丰富，她越来越认识到读写资源在幼儿主动探究活动中的意义和价值。因此，她会在每次主题活动之前鼓励幼儿讨论这个主题需要什么参考材料，从哪里可以获得。由于幼儿在平时已经养成阅读图画书、从图画书和其他文本材料中寻找资源的习惯，因此在主题讨论时，会很快找到方向。小霞老师现在的担忧是，自己读的图画书还是太少，有很多书都是幼儿先读然后推荐给她的。而且，由于阅读资源有限，她有时候没能先于幼儿找到适宜的资料来激发幼儿对于整个主题的兴趣或者展开对整个主题的思考。例如，就这个主题而言，虽然桥是幼儿日常生活中常见的事物，但对生活在我国北方大都市的幼儿来说,他们见过的最多的桥就是立交桥和过街天桥了,想让他们对生活中的桥有更多的认识、更深入和广泛的探究,就需要为他们准备更多的感性经验。在活动展开之前,小霞老师没有找到合适的图画书作为导入主题的资源,倒是在寻求资源的讨论中看到幼儿带来的两本图画书,尤其是其中的《摇摇晃晃独木桥》给了她很多启示,为后面活动的展开提供了不少探究和游戏的线索。小霞老师得到的启示是,作为一名对早期阅读感兴趣的教师,应该尽可能多地阅读图画书,并且将自己读过的每本图画书中可能涉及的点记录下来,这样在将来的主题展开或者幼儿生发出来的探究主题中,自己就可以快速地找到资源来支持幼儿的学习。

教师该如何应对幼儿发起的读写活动信号呢?我们总结出以下几个要点。

- 细心观察,积极发现。具有全语言理念的教师,能够珍视幼儿在生活中透露出的对读写需求的信息,并给予积极正向的反馈和支持,尽可能地为幼儿创造更多的机会去运用读写,或进行基于读写的交流。
- 积极响应,等待筛选。当幼儿提出读写需求时,教师要以积极的态度尽可能地满足幼儿的需求,然后对可能发生的读写活动进行筛选,以幼儿当前能接纳的、愿意持续进行的活动为首选,等待幼儿做出反应,而不是急着替幼儿做下一步的行动方案。
- 长期培养,随时准备。为幼儿营造一个积极应用读写的氛围,让幼儿把读写当作自己学习和生活的一种方式,而不是一个学习科目,鼓励幼儿通过读写解决生活、学习中的问题。同时,教师如果能够具备更多的阅读材料、方法和活动方案设想,就能更好地支持幼儿的学习。
- 适度响应,及时推动。虽然读写活动是幼儿主动发起的,但难免会遇到停滞或方向的调整时期,教师在此时可以通过对话、提供新的阅读材料或读写活动的方式帮助幼儿将活动进一步展开、延续或转型。

总之,在以幼儿为主体发起读写活动时,教师要先观察、判断,然后尽可能地积极响应和支持,这就需要教师理解幼儿的读写需求和读写发展规律,并且自己有较大的阅读量,才能跟上幼儿的脚步。

### （二）教师发起的读写活动

当前我们常见的由教师发起的读写活动，主要是利用零散时间为幼儿朗读图画书；在课程进行中渗入读写元素，向幼儿示范用文字和符号进行记录，请幼儿参与记录；通过对班级环境的布置和运用，激发真实的读写行为；以及开展专门的阅读教学活动，带领幼儿阅读图画书，并展开相关教学。

由教师发起的读写活动有时候会存在两种不宜的倾向，或者说误区。第一种是过度偏重读写练习，将提前学习小学内容视为读写活动，单纯以会写、会读为目的。虽然《纲要》指出幼儿园要为小学的正式读写学习做准备，但不意味着应该简单地提前学、重复学。

读书写字不是幼儿阶段发展的主要任务，幼儿还有更重要的事情要做，他们可以去发现生活中的符号，积极主动地学习分析这些符号，尝试运用这些符号，甚至创造符号；而那些将成人世界的符号规则强硬地教给幼儿，而不是支持他们主动探索的所谓教学，违背了幼儿学习的逻辑，使学习变得低效和乏味，可能破坏幼儿主动探究的能力和愿望，形成消极接纳和接受的习惯。

幼儿可以从图画书中获取信息，但阅读不是幼儿获取信息的主要来源，身体接触、动手尝试才是对幼儿来说最直接有效的学习。阅读可以支持幼儿的探究学习，但不是只有阅读才是学习。

第二种是生硬地吸引小读者关注当前的阅读内容，从而提取教育意义。例如：看一本图画书，以体会说谎的害处；知道刷牙的重要性；了解色彩的混合、雨的形成等。用生动有趣的内容吸引小读者阅读当然是好事，但如果教师过分演绎阅读内容，将文学体验和科学知识、道德规范强加结合，让小读者在阅读时体验到过多外在于阅读的、强加的任务，就会存在破坏阅读体验的风险。有些教师热爱图画书艺术，在图画书上发现了很多作者的匠心独运，于是也希望幼儿能够发现，因此不遗余力地启发幼儿发现教师发现的所有细节，认为幼儿只有发现了这些细节、体会了教师体会到的乐趣，才是一次有价值的、完整的阅读，但是这种具有强迫性的"阅读共享"使得小读者处于一种被动的地位，丧失了阅读时本该有的主体感。

我们认为的由教师发起的活动,绝不应是教师强制幼儿参与的活动,而应是教师根据幼儿当前发展和活动的需要,通过布置适宜的环境、提供丰富的阅读材料和读写工具,提供多种形式的示范和指导活动,在各种活动中运用读写元素,鼓励幼儿参与记录、书写、讲述等来体验读写,学习读写。也就是说,教师设计的活动虽然是先于幼儿的,但一定是基于幼儿当前生活的,而不是偏离幼儿现有生活的活动。

让我们一起来看四位教师发起的活动,分析其优点和不足。

### 大班图画书阅读活动《我的幸运一天》

今天,我为老师们展示的是一个早期阅读活动。《我的幸运一天》是一本有趣的图画书,讲述了一只小猪在森林里迷路,误闯狐狸的家,用自己的机智斗败狐狸,最后逃生的故事。

我把活动的目标定位为:①阅读图画书中的图画及人物情态,初步理解图画书内容,感知"幸运"一词;②感受图画书的风趣幽默,并大胆表达自己的见解;③知道遇事不慌张,要积极想办法。其中,以初步阅读图画及人物情态为重点,以感知"幸运"一词为难点。

我将阅读流程设计为:①激趣引题;②师生共同阅读;③设置悬念,引发继续阅读。在第一个环节中,我提问"狐狸是一种怎样的动物,小猪是一种怎样的动物,狐狸和小猪碰在一起会发生什么样的事情呢?",从而引出图画书《我的幸运一天》。问幼儿:"今天会是谁的幸运一天?"请幼儿说一说什么是幸运,猜猜图画书故事里谁会很幸运。在第二个环节中,我和幼儿一同阅读,教师导,幼儿阅,师生共同讨论。第一部分阅读从开始到狐狸把小猪抓起来的几个画面,让幼儿感到狐狸真的很幸运,也为小猪的走错路、敲错门感到紧张,产生狐狸会不会吃掉小猪的悬念。我采用层层设问的方法,引导幼儿细致观察画面细节。第二部分阅读分三个层次,分别是狐狸为小猪洗澡、做饭和按摩,我采用设问、插问等方式不断推动幼儿对内容的探究和理解。每页采用猜猜(做什么)、想想(怎么说)、说说(从哪里看出来)等问题,引导幼儿的视线始终集中在情节的变化上。最后一页,请小朋友扮演小猪和狐狸,相互按摩,体验按摩的辛苦和被按摩的舒服,为理解难点做经验准备。第三部分,让幼儿看最后一页,揭示结局,让幼儿说说这是谁的幸运的一天。让幼儿说说这个图画书中哪一页最好玩,最有趣；说一说自己觉得这是一只怎样的小猪、一只怎样的狐狸；看看小猪最后为什么画了一张地图，地图有什么用；知道在生活中应该远离危险。我中间跳过了若干页，为幼儿的阅读留下了悬念，请幼儿自己去阅读剩下的页面，可以反复阅读，持续阅读……

（节选自网络公开示范课）

## 比萨店的菜单

为了配合"感恩"的主题，我为孩子们选择了《第一百个客人》这本图画书进行分享。这本图画书讲的是大熊阿比和鳄鱼阿宝开了一家比萨店，迎来了一对贫穷的祖孙……我担心不是所有的孩子都知道什么是比萨，就特意去比萨店找来了宣传彩页，和孩子们分享吃比萨的经验，然后再来阅读这本书。在朗读之后，孩子们大多理解了什么是感恩，什么是"有时候，不吃也会饱"的含义。

于是，我按照计划将这本图画书的阅读进行拓展，和孩子们分享在比萨店的经验，给他们看我找来的比萨菜单，请他们根据自己的经验、我提供的材料以及书中提到的比萨准备开一家自己的比萨店。我希望孩子们在准备开店的过程中，能意识到经营一家比萨店需要宣传材料、菜单、招牌等。但是，不知道是我们的讨论不够充分，还是孩子们的相关经验不够丰富，这个活动并没有很好地进行下去。孩子们只制作了一份比萨菜单，这个活动就草草收场了。

（W老师的教学反思）

## 生日聚会邀请函和流程单

这个月的主题是"生日快乐"。我们为班里所有9月出生的小朋友过生日。其实，我们以往也有生日会的活动，一般都是家长买来蛋糕或者礼物，由"小寿星"和小朋友们分享。这次，我建议幼儿搞一个更加正式的生日聚会。于是我们讨论举办一个正式的生日聚会都需要什么。在讨论中，幼儿提到了两个非常重要的项目，一个是流程单，一个是邀请函。月月说："我们得知道先干什么后干什么，要有人报幕。"大志说："可以写一个报幕单子，还得写上需要买什么，做什么，别忘了。"我帮他们梳理了流程单和准备清单的概念，然后鼓励他们分小组设计自己的流程单和准备清单。另外两个小组认为邀请函非常重要,但是他们还不会写字,怎么能把邀请函写清楚呢?邀请函上都需要写什么呢?如何装饰邀请函呢?这成为另外两个小组的研究课题。

在整个"生日快乐"的主题活动中,我们准备了"回顾自己的成长""感谢爸爸妈妈对自己的培育""理解生日和日期的概念"等分主题,没想到孩子们对设计流程单和生日聚会邀请函如此感兴趣,占据了活动的大部分时间。这两个与读写有关的活动虽然是我发起的,但是得到孩子们的响应后,慢慢变成他们自己的活动,他们表现出来的主动性和创造性大大出乎我的意料。只是他们经常会觉得茫然,好像总是在做无用功。我有时候真有点替他们着急。可是,我又不知道是不是该去告诉他们怎么做。我怕自己的"教"会让孩子错失"学"的机会,但又不知道怎么能提升或者拓展他们的经验。

(小霞老师的教学反思)

## 创 造 文 字

本月的主题是"怎么来的"。我们班设计了一个"汉字是怎么来的"学习主题。按照以往的思路,我可能会和孩子们一起讨论寻找资料,请孩子们观看相关的录像。但是,这次我想通过一个阅读活动让孩子们自己体验发明文字的过程。我为孩子们朗读了我喜欢的图画书《我不知道我是谁》,孩子们一下子就被傻乎乎的达利B吸引了,每个人都笑得前仰后合。

我为小朋友们朗读之后,请他们复述这个故事。当然,我的目的不是真的让他们复述,而是让他们发现,通过符号可以帮助他们记录情节,辅助他们的复述。果然,一开始孩子们感到很困难,毕竟这是一个有相当篇幅而且充满了反问句和对话的图画书故事,并不像他们平时听到的那些故事那么简单。于是,我启发幼儿用一些图画来帮助自己记住这个故事的一些情节。例如,幼儿发现在讲述第二页(图中有一只挂在树上的猴子,一只抱着树干的树袋熊和一头站在树旁的豪猪)时,文字是"'我是一只猴子吗?'他说。'我是一只树袋熊吗?''我是一头豪猪吗?'"。他们虽然不认识字,但是可以很快就把这页的文字记住。为什么呢?经过讨论,幼儿发现,因为这一页上的图画能够提示他们文字的内容。我提示幼儿可以不去管书上的文字,自己用图画表示这一页上都有什么。

幼儿为这一页设计了如下符号。我提示他们，尽可能将符号变得简单，简单到用最少的笔画可以完成，越少越好。但是要保证别人能够看懂。

基本上把图画上的内容画出来了

孩子们选用了猴子、树袋熊和豪猪最典型的特征

孩子们用胖胖的弧线代表树袋熊、用米字形代表满身都是刺的豪猪，用树和尾巴代表猴子

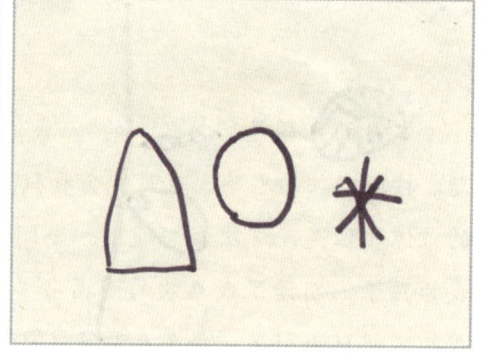

这是最后全班通过的符号，猴子比较瘦，用三角形；树袋熊比较胖，用圆形；豪猪还用"米"字，因为都是刺

孩子们觉得这是一个很好玩的游戏，于是分组将后面的所有画面都用自己的符号加以表示。

在我们把整本书都变成自己的符号后，孩子们开始既不读图画书上的文字，也不看图画书的图画，而是按照自己设计的符号书完整地讲述这个故事。

在孩子们自己创造了这些属于他们的"文字"之后，我们再展开关于"文字是怎么来的"一系列探讨和研究。这个好玩的读写活动变成孩子们理解文字由来的一系列经验的基础。他们很容易理解中国的象形文字最初是如何由图画演变成符号，又是如何有很多不同的写法，最后如何统一成一种大家都能认识的符号的。

反思这个活动，其实我最初选择这个图画书并没有什么特别的想法，只是觉得这本书好玩，讲述难度又比较大，可以形成挑战，从而鼓励孩子们用自己的符号来记录。但是，我现在思考的是，假如不是为了"汉字是怎么来的"这个主题，而是直接讲述这个故事，那么会引发孩子们怎样的思考和学习呢？我可不可以由一个图画书入手，引发一个探究主题呢？

（小霞老师的教学反思）

同样是教师发起的读写活动，但是在以上四个活动中，教师扮演了不同的角色。

在第一个活动中，教师设计了严谨的阅读流程，将阅读理解的每一个部分，包括概念（幸运）的解释、图画的观察（画面的重点内容）、情节的理解（分层次讲述故事）、结构的把握（分成几段来讲述，提前解释结果）都进行了设计。教师一直在牵引着幼儿跟着教师学习，其教学目标很明显是希望能够通过阅读活动教给幼儿阅读技能。假如我们的理论前提是，早期阅读技能是可以系统学习和教授的，那么这应当是一节成功的"阅读课"，上课的幼儿可以从中学到很多。然而，假如我们的理论前提是，幼儿是通过自己的方式理解故事和感知阅读的，那么这节课就有可能破坏了幼儿的阅读兴趣，并且限制了幼儿自己探索阅读的过程。

根据全语言的理论，我们认为，学龄前儿童的阅读学习和语言学习一样，应该是一个在以儿童为主导的自然真实的环境中进行的自主探究过程，而不是一个经过严密设计的、在由教师主导的流程中进行的被动接受的过程。虽然我们没有看到这个活动的完整过程，但是我们可以想象出幼儿从始至终都被有趣的图画书和教师的提问积极调动的情形，但这种被调动是否就是阅读呢？或者可以这样说，当教师把结局解释给幼儿，请幼儿自己去阅读剩下的部分时，真正的阅读开始了。我们可以说，这是一节"成功的阅读课"，但很难说这是一次幼儿经历的成功的早期阅读体验。

在这个活动中，教师是设计者、主导者、教学者，教师站在幼儿的前面、"上面"，远远地离开了幼儿。

在第二个活动中，教师原本是为了配合"感恩"的主题为幼儿选择图画书，但是无论是教师还是幼儿，实际上其兴趣都在"比萨"上，因此活动的方向并没有围绕原定的主题展开，而是根据幼儿的兴趣加以调整。但是，教师没有真正把握住幼儿的兴趣，而是将开比萨店中幼儿最不了解的经验——经营放在了首位，忽略了幼儿关于比萨的现有经验以及幼儿可能因为这个图画书而进一步发展的经验到底是什么。教师把图画书活动的拓展理解成表面功夫，想当然地将图画书赏析与读写延伸相结合，没有真的了解幼儿的兴趣点在哪里，这就是活动最后"草草收场"的原因。不过，值得庆幸的是，这位教师有着基本的教育素养，允许幼儿"草草收场"，而不是强制幼儿进行下去。在这个活动中，教师是引导者，但不是细致的观察者、倾听者。

在第三个活动中，教师带领幼儿一起发现了读写在真实生活中的价值，引导幼儿进入真实使用读写的活动情境中。教师懂得关注幼儿的兴趣和经验，尊重幼儿的速度和选择。应该说，教师正在逐步摆脱"编剧"和"导演"的角色，向着支持者的方向前进。来自教师的困惑在于她没有找到适宜的支持方式，有点"干着急"的感觉。当教师只把读写当作一种活动方式，而不是一种学习与发展的有效资源时，就会忽视幼儿阅读的力量。假如教师能够为幼儿提供丰富的阅读材料，让幼儿在阅读故事的过程中点燃灵感，支持自己的游戏活动，那么这种阅读就不仅仅是一个趣味盎然的过程，更是一个拓展经验的、充满思考力量的过程。在教师的反思之后，我们为教师推荐了一系列图画书，使得这个活动得以改善（具体内容见下一个专题）。

在第四个活动中，教师意识到阅读的力量，发现了阅读可以带给幼儿主动探究的空间，设计了一个非常有趣的导入活动，用书带动讲，用讲带动想，用阅读带动创造，用阅读带动幼儿探究文字的起源。教师把图画书和图画书的阅读视为幼儿学习的重要资源。但是，作为一个重要的资源，阅读应该以什么形式呈现呢？是引发主题的引子？是环境中随处可见的资料？是讨论时的依据？还是活动进行到一定程度时引发思考的"发酵剂"？教师开始思考作为课程资源的图画书的具体策略了。此时，阅读不再是需要成人层层分解来教授的技能，幼儿不是亦步亦趋学习阅读的跟随者，而是将早期阅读视为幼儿日常生活经验的重要组成部分，教师是这种资源的提供者，而且是一个非常专业的提供者。这种专业体现在：教师对图画书资源非常了解，能够适时提供最佳的图画书；教师对幼儿的学习非常了解，能够在恰当的时机给予最有力的支持；教师对教学的意义非常了解，能够基于对幼儿的观察提供适当的指导，既不代替幼儿思考，也不懈怠对于幼儿探究的支持。

由此我们可以看出，即使是教师发起的早期读写活动，也不一定是由教师占据主导地位的活动，而是考虑到了幼儿当前的学习兴趣和学习任务，因循幼儿已有经验发展起来的以幼儿为主体的探究活动。其中，教师为幼儿提供适宜的读写材料和读写任务，以适宜幼儿主动学习的方式展开。

## 三、以图画书作为资源展开的生成课程

图画书是学龄前儿童阅读的最佳资源，其内容符合幼儿的兴趣，形式符合幼儿的认知规律，同时其丰富的题材——信息和文化内涵——也可以成为幼儿展开学习的重要资源。因此，将图画书视为幼儿课程展开的资源，将阅读视为幼儿自主探究活动的方式之一，是另外一种幼儿园阅读活动的展开思路。

生成课程（emergent curriculum）也被称为"呼应课程"，它是美国太平洋橡树学院贝蒂·琼斯（Betty Jones）提出的。"生成"表示某种事物或现象发生和发展的动态过程，我们所说的生成往往与预设相对，"预设"是指已经完成、已经完结的状态。所谓生成课程是指以真正的对话情境为依托，在教师、学生、教材、环境等多种因素的持续相互作用过程中动态生长的建构性课程。与预设课程不同的是，生成课程不同意"本质先定，一切既成"的思维逻辑，而以"一切将成"来看待课程的发展和学生的学习。课程在过程中展开其本质，课程活动成为师生展现与创造生命意义的动态生成的生活过程，而非单纯的认识活动。

### （一）体验性是生成课程的核心特点

体验具有亲历性、个人性和默会性等特点，它根植于儿童的精神世界。正是

在体验过程中，课程资源才能够进入主体的探究视野，学习才能成为儿童的内部需要，成为一种愉悦的生命历程；如果失去了体验性，仅凭成人的灌输和教导，就不可能实现真正的学习。儿童的认知结构得以真正改变，只能是通过个体的体验。

### （二）师生关系是生成课程的基本保证

当前的课程研究和实践正日趋强调学生的体验性、生成性，其价值重心悄然发生着由"教"到"学"的转变，课程的主体从事先精心进行设计的教师（教材），逐步转变为投入学习中、自主生成意义的儿童，尤其是在这个过程中相互作用，共同搭建课程走向的教师、学生、教材和环境的合作体。学生不再是课程的被动接受者，而成为课程发展的主体，每名学生都会基于自己的经验和兴趣创造性地建构"自己的课程"。生成课程中的教师不是课程的设计者，而是儿童学习的追随者、支持者。教师在课程进行中要随时捕捉幼儿的兴趣和课程发展的走向，随时准备为幼儿学习的拓展和深入提供必要的支持。

### （三）课程目标不是知识的掌握，而是经验的拓展

生成课程的目标不是事先预设的，而是师生在教育情境中通过协商而动态生成的，课堂成为师生进行知识建构与发展的实验室，而非单纯教授知识的"讲堂"。

### （四）生成课程不是无目的地跟随，而是在共同建构中引导

生成课程虽然不是教育者预先设计好的、在教育过程中不可改变的僵死的计划，但也不是儿童无目的的、随意的、自发的活动。它是在师生互动过程中，通过教育者对儿童的需要和感兴趣的事物的价值判断，不断调整活动，以促进儿童更加有效学习的课程发展过程，是师生共同学习、共同建构世界以及对他们、对自己的态度和认识的一个动态过程。

对照生成课程的概念，反观全语言理念下的早期阅读活动，我们发现，早期阅读过程可以被视为一个师生以一个或多个阅读文本为对象共同展开话题的过程。这个过程往往会激发可以拓展的概念，其中需要教师对幼儿的活动和自己的教学实践不断地观察、记录和反思，也就是在教学过程中，师生共同产生新概念。生成课程同时反映幼儿的兴趣与成人的兴趣和价值观。因此，以图画书作为幼儿园课程主题拓展的起点，具有很大的可行性。

小霞老师在我的协助下设计和实施了两个主题探究活动。让我们以小霞老师的活动方案为例，分析图画书作为课程资源是如何支持幼儿拓展经验的。

### 主题一　生日

本月的主题是"生日"，这是一个很一般化但是容易拓展的主题，因为每个孩子都有过生日的经验，但他们的经验又往往都限制在吃、玩和礼物上。这一次，我想在课程中渗入读写元素，启发幼儿在真实情景中运用读写既完成主题活动要求的一般目标，又实现中班幼儿的读写目标。

在最初的主题网设计中，我和平行班老师一起设计了如下主题活动目标和内容，见表5.1和图5.1。

表5.1　主题活动目标和内容

| 当月主题 | 生日（大班上学期） | 备注 |
|---|---|---|
| 幼儿已有经验分析 | • 吃蛋糕、开生日会、送生日礼物、外出游玩。<br>• 部分幼儿知道自己的生日月份和日期、属相、出生地、老家以及"妈妈生的我"。 | 在活动进行之前，通过与幼儿交流，了解幼儿的已有经验。 |
| 可拓展经验分析 | • 生日是什么、年月日、属相的传说。<br>• 家人的生日。<br>• 尝试统计班级小朋友的生日。<br>• 生日礼物的含义，制作有意义的生日礼物。<br>• 设计和实施生日聚会，团队合作，举办一个班级生日聚会。 | 幼儿的经验大多零散而表浅，教师设计了可拓展的方向。 |

（续表）

| 当月主题 | | 生日（大班上学期） | 备注 |
|---|---|---|---|
| 月主题目标 | | • 情感–社会性：了解自己成长的过程，对自己的成长感到自豪；小组合作完成一系列任务，逐步形成团队荣誉感。<br>• 交流和语言：能够在真实情景中体验到阅读和书写的意义，尝试用"图＋符号"的形式记录小组讨论，表达想法；勇敢地在小组中发言，通过语言协调小组关系，推动小组工作进展。<br>• 数学发展：初步理解计次统计的概念，尝试统计班级幼儿的生日分布；理解流程的概念，理解事物发展要有顺序。<br>• 认识和理解周围的世界：了解生日的含义，知道周围亲人和朋友的生日，理解生日礼物的意义。<br>• 身体发展：初步了解人的出生过程，对生命产生好奇；知道保护自己的身体；使用材料，自主设计生日礼物。<br>• 创造性发展：探寻多种获得他人意见的方法；用音乐和美术表达自己的感受；对他人的创作表达自己的评价和想法。 | 在一般目标的基础上，将读写目标列为此次活动的一个重点，在各个目标的达成过程中都注重积极提供读写机会，帮助幼儿意识到读写的真实意义并尝试操作。 |
| 小主题分解 | 我的生日，你的生日 | • 知道自己的生日（年月日），并知道爸爸妈妈、爷爷奶奶（外公外婆）的生日，讨论生日的含义，对所有收集到的生日进行统计。<br>• 收集整理自己从小到大的照片、作品，制作自己的成长纪念册。<br>• 比对自己和爸爸妈妈的照片，看看自己更像谁，讨论出生的过程。 | 情感、认知、数学、读写。 |
| | 生日礼物 | • 展示自己收到过的生日礼物，分享收到礼物的心情。<br>• 为自己的朋友或亲人制作或寻找一份生日礼物，理解什么是最好的礼物。 | 情感、读写、认知、创造。 |
| | 生日蛋糕 | • 讨论生日一般吃什么。<br>• 生日蛋糕欣赏和制作。<br>• 讨论反式脂肪酸和其他垃圾食品。<br>• 制作水果生日蛋糕。<br>• 了解中国生日的庆祝传统，认识长寿面和寿桃。<br>• 分蛋糕游戏（户外体育）。 | 情感、身体、创造、认知、数学。 |
| | 生日会 | • 讨论生日会需要准备什么材料，尝试分组合作，组织一次班级生日会。 | 情感、认知、数学、创造、语言、读写、身体。 |

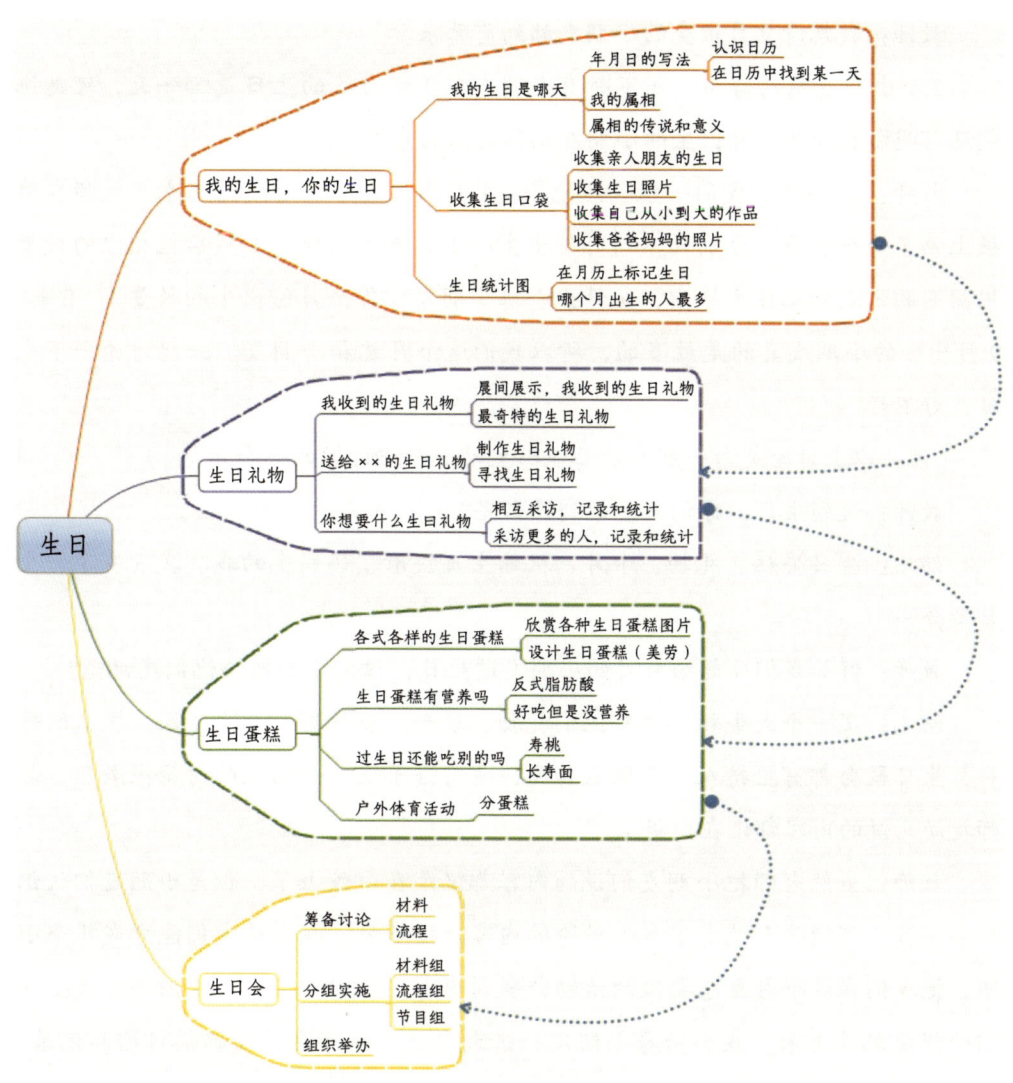

图 5.1 初始主题概念网

在指导老师的帮助下，我们和幼儿展开了该主题的第一次讨论。讨论的目的是向幼儿介绍即将进行的生日主题，集中听取幼儿的意见，和幼儿共同建构主题网脉络，对教师预设的主题网进行第一次调整。

**第一天讨论的内容（简）**

教师：这个月我想和小朋友们聊聊过生日的事情，谁知道自己的生日是哪一天？

幼儿纷纷举手，报出自己的生日，大部分是月、日，没有人说是哪年的。

教师：我想请9月出生的小朋友站到前面来。

7个小朋友站到前面。还不断有小朋友举手说自己的生日是哪一天，可见他们没有明白教师让9月出生的小朋友站到前面的意思。

教师：这样吧，我们一组一组地来。1月出生的小朋友请站起来（教师在白板上画了一个表格，分别让不同月份出生的小朋友依次起立，然后把相应的数量用圆圈的方式标记在表格中，统计出全班小朋友在各个月份出生的数量）。看来，9月出生的小朋友真的是最多的，所以我们这个月就和小朋友们一起讨论一下生日，好不好？

（注：以上讨论是为小朋友后面能够主动进行统计做的一个示范。）

教师：说到生日，你们都能想到什么呢？

幼儿：生日蛋糕、礼物、卡片、祝你生日快乐、妈妈生的我、我5岁了、生日聚会……

教师：假如我们一起给9月的小朋友过生日，你们想如何给他们庆祝呢？

幼儿：买一个大蛋糕、送给他们礼物、聚会。应该有一个主持人，报幕的那种，生日聚会都有主持人。要做装饰品，要有帽子吧……幼儿的讨论很激烈，教师把幼儿说的内容都记在白板上。

教师：虽然老师把小朋友们说的内容都记录在白板上了，但是小朋友们认识的字不多，可能明天就忘了我们讨论的内容。接下来，我希望我们能分成几个小组，把我们在这个月里想要做的活动分别列出来，再用你们熟悉的图画方式把你们的想法记录下来。我会给每个组发一张大白纸，老师会协助你们讨论和记录。我们怎么分组呢？

根据小朋友们的意向，我们分成了蛋糕组、礼物组、聚会组。第一次大讨论正式开始了。

（后略）

<u>第一天活动的教师反思（节选）</u>

今天的讨论很热烈，看来选择这个主题和最开始的统计生日活动取得了很好的效果。孩子们的思路主要局限在吃蛋糕和送礼物上。有人提出策划生日聚会，但讨论得并不深入。接下来，我打算按照指导老师的建议，引入图画书作为帮助孩子拓展思路的辅助手段。

第二天讨论的内容（简）

晨间活动：说生日。请幼儿将自己收集的父母、祖辈的生日、属相报出来（头一天布置的作业，鼓励幼儿用小纸条记下来，这样能够说得更清楚）。教师协助幼儿在一个大年历上将大家说的生日都记下来，便于后期的统计工作。

和幼儿集体阅读图画书《跳跳也有生日了》，引导幼儿讨论生日的含义。和幼儿讨论日期、属相等概念，为第二天阅读十二生肖的图画书做好铺垫。

（后略）

中期反思（节选）

根据幼儿的讨论和指导老师的建议，我把主题网络图重新进行调整，变成图画书阅读资源支持图。基本思路就是每个活动都由阅读一本或几本图画书引发。图画书在这里起到两个作用：①引导幼儿讨论，让幼儿从图画书中发现活动进一步展开的线索（教师引导讨论，如集体阅读《难忘的生日》）；②信息支持，让幼儿从图画书中获得各种信息，支持其活动的展开或深入（幼儿在图书角翻阅，如《小熊比尔和大熊爸爸：你是我最好的圣诞礼物》）。

平时，我总担心自己的发言会限制幼儿的思路，教师一发言，孩子们很容易就跟着教师的思路走。当我把图画书读给孩子们听时，他们就会从书中发现很多好点子，孩子们认为这都是他们自己想出来的，而且确实有些点子是我没有想到、没有发现的。图画书的加入，使得教师的干预变得隐形了。这样的课程既不是教师导演的，又不是孩子无目的进行的，而是以图画书作为中介，教师和孩子共同建构的。

后期反思（节选）

在幼儿的主动参与下，我们调整了思路，去掉了孩子们不感兴趣的部分，增加了图画书的阅读和分享。孩子们拿来了自己家中与主题相关的图画书，让我们的阅读资源更加丰富。一开始，教师花了大量时间寻找相关的图画书，总觉得资源不够用，目标不明确。慢慢地，随着活动的展开，孩子们也带来一些图画书，目标自然渐渐清晰了。图画书并不需要太多，一开始有几本就可以，慢慢地，会有更多书目进入活动的视线。

收获和启示

在这次活动之后，我获得以下几点启示。

**出主意不如给一本书**。图画书作为教师和幼儿对话的一个中介物,起到了非常好的作用。有时候,我想指导孩子,又怕我的思路限制了孩子,不妨就把一本图画书送到他们的眼前。但是,何时送图画书,送什么样的图画书是需要教师事先认真考虑的。在这个主题活动中,我主要是在前期向孩子介绍图画书,主要目的还是期待图画书能够提示孩子的思路,让图画书引导孩子。慢慢地,我发现,如果我把一些图画书放在图书角并鼓励孩子去图书角的书籍中寻找素材,孩子也可以自己发现书中的一些有用线索和素材。因此,我觉得,图画书在主题开端、主题进行和主题总结评价时都可以有效使用,但要注意的是,教师不要把图画书中教师认为有用的部分拎出来直接给孩子,而是要通过朗读图画书请孩子自己去讨论并发现。图画书不能仅仅成为辅助主题进展的工具,其本身的价值还是吸引孩子和让孩子喜爱阅读。孩子自己会从中找到自己感兴趣的内容。

**分别展示,重点突出**。如何向孩子展示图画书呢?我用了三种方法,第一种是集体阅读。我把一本书讲给孩子听,然后进行集体讨论,讨论围绕着主题进行。因为孩子当前的兴奋点就是生日这个主题,而图画书又是紧密围绕这个主题选取的,所以孩子很容易把注意的焦点集中在与主题生日会有关的信息上,因此讨论往往是高效集中的。第二种是自然投放。我会把一些相对简单、信息重复的图画书放在阅读区,供幼儿自主阅读、参考。我也会在活动进行中不断提示孩子:"可以到阅读区去查查资料。"第三种是示范阅读。当我们的主题进行遇到了瓶颈,例如,一组幼儿不知道如何列出程序单时,我就提议去图书角查查书,然后自己到图书角查找,幼儿也会随我一起想办法,最后在图书角找到参考资料。

**潜移默化,随时提供**。在主题活动中渗入读写元素是一种自然而然的过程,很多需求都是幼儿自己想出来的,而不是教师事先设计的。教师随着经验的丰富,可能会提前想到幼儿在哪里需要或者提出读写。最好的办法就是教师在活动过程中示范读写的作用,并且随时提供纸、笔,鼓励幼儿用纸笔方式记录、表达、沟通、总结。这是一个潜移默化的过程,一旦形成习惯,幼儿就很容易接受,并且会主动使用读写作为学习工具。多提供图画书并且鼓励幼儿将阅读的感受用画和写的方式表达出来,既允许个人完成也允许集体或小组完成,就是在培养幼儿的前读写态度和习惯。

**大声朗读,出声思考**。在为幼儿朗读图画书时,我基本上采用大声朗读和出声思考的方法，一般会在朗读前就图画书的重点简单沟通，将幼儿的注意力集中到图画书的主题上，然后声情并茂地朗读。在遇到一些较难的词或情节后，我会自言自语地解释，或者向幼儿提问，或者说出自己的想法。这样做是为幼儿示范一个成熟读者的阅读过程。我没有在阅读过程中就画面展开讨论，一般都是在朗读完成后就某个画面、主题、词汇展开讨论。我不希望幼儿完整的阅读情绪被过多的对话打扰。相对于教师的"教阅读"，我更看重幼儿自己的"阅读"，我相信只有在阅读的过程中，幼儿才能学会阅读。

在实施这个主题的时候，有以下几点困惑。

1.我在指导教师的帮助下，准备了大量与生日、聚会有关的图画书，并且分阶段将图画书投放到区角中。活动进行到一半（2周左右）的时候，有个幼儿问我："老师，除了生日书，还有别的书吗？"虽然大部分幼儿对于生日聚会活动的兴趣一直很高，可还是有部分幼儿对其他事物更感兴趣，或者希望读到其他题材的图画书。我应该允许他们"走神"吗？还是要他们一直专注于这个主题呢？我应该提供广泛的阅读材料呢，还是与主题紧密相关的材料呢？

2.在我准备的大量与生日、聚会有关的图画书中，大部分与幼儿的情绪情感有关，例如，表现幼儿对生日的期待、对礼物的期待，和妈妈共享生日的温情，获得朋友祝福的惊喜等。但是，因为整个活动是指向筹备一个集体生日聚会的，孩子们往往会更关注图画书中的信息，而忽略了对情感的深入体会，那么我要不要把图画书中体现出来的情绪情感单独拿出来讨论呢？还是像现在这样在朗读中表现出来就可以了呢？

3.孩子的阅读量、阅读习惯有差异，主要与家庭阅读习惯有关。每次集体阅读之后，无论是对图画书内涵的讨论，还是对图画书内信息的借鉴，总有几个孩子能最快做出反应。根据我的观察，他们也都是平时在家庭中阅读量比较大，阅读习惯比较好的孩子。那么，对于那些阅读习惯不太好的幼儿，我该怎么辅导他们呢？是在集体教学中多给他们做一些解释呢，还是在小组活动中多给他们一些阅读的机会呢，或者是跟他们的家长多做一些沟通呢？

这是小霞老师进行的第一个以图画书阅读作为课程资源的主题探究活动，在进行了一段时间的图画书阅读教学之后，她发现幼儿有能力理解图画书，幼儿会用自己的方式阅读。与其教幼儿阅读，不如陪他们阅读，为他们提供一个真实的、支持阅读和书写的情境。因此她尽可能放弃了原来"教幼儿读图画书"的方式，采用探究式主题教学的方法，用相对开放的、具有生成性质的课程组织方式在和幼儿共同建构的环境中将阅读和书写元素渗透到主题活动中。

在这个活动的设计中，最值得我们思考的是，小霞老师找到了那么多的图画书作为课程导入、展开、拓展的资源，那么这些资源是如何进入幼儿的视野的？在推动幼儿的探究活动上到底起了多大作用呢？

我们可以看这样三则记事。

彤彤拿着《难忘的生日》说："你看，人家都要演节目呢，我们的生日聚会也要演节目吧。"

\* \* \*

牛牛说："我们不能都是自己准备礼物啊，应该别人送给我们礼物。你看书里（《远方寄来的礼物》）都是别人送的礼物。"顺顺说："那谁能送我们礼物呢？爸爸妈妈又不在幼儿园。"牛牛说："我们请他们来幼儿园吧。"顺顺说："那让老师给他们打电话吧。"牛牛说："我们可以做邀请信啊。"顺顺说："那我们还得列出名单，贝贝熊的妈妈（《难忘的生日》）就列出名单了。得让老师给我们写。"

\* \* \*

佳怡说："老师你看，贝贝熊（小时候）写的字像蚯蚓一样，长大了才好看了。我带来的比它的好看多了。"

从上面的三则记事中，我们发现幼儿在图画书阅读中可以受到启发、找到佐证、进行对比。不同的幼儿根据自己不同的兴趣、当前活动中不同的任务，会对图画书中不同的信息表示关注，获得自己需要的内容。这时候，图画书对他们而言就是真实的资源，不仅有信息的支持，还有情感的支持。

对于小霞老师提出的三点困惑，我们可以做一个简要的分析。

在一段时间内大量集中投放某一主题的书会引导幼儿把兴趣集中在某一个主题上，对于维持幼儿的活动兴趣有一定帮助。但教师必须允许幼儿根据自己的兴趣进行调整，因此建议撤换掉其他图画书，只需要在特定的区域专门放置与当前主题有关的图画书，增加相应的标识和指导，例如在图书角内增设一个"主题参考区"。幼儿依旧可以在图书角阅读其他图画书。教师的指导重点在于适当地介绍和推荐，鼓励幼儿自主阅读，自主分享。

图画书内的信息和情感无法截然分开，教师在带领幼儿阅读时不要把图画书中对主题有用的信息作为重点，而是仍然以图画书本身的叙事风格和主题思想作为重点。例如，这个主题活动中出现的图画书《妈妈，生日快乐》《祝你生日快乐》以及《最好的礼物》都首先表达了人与人之间的关爱。在阅读时，教师仍然应该依据整本书的情绪展开。阅读之后，再根据幼儿的兴趣和活动需要提示幼儿思考书中有哪些值得借鉴的部分。比如，《最好的礼物》就为幼儿提供了一个很好的思路，为别人准备的礼物不一定是买的，关键是要知道别人想要什么礼物。怎样才能知道别人想要什么礼物呢？除了蛋糕和玩具之外，礼物还可以是什么呢？这些都是这本书对活动发展的贡献。

幼儿的阅读水平有差异，主要是在阅读经验上的差异。教师可以想方设法让阅读经验较少的幼儿多接触阅读，可以在他们的活动进行得不顺利的时候鼓励他们去图画书中寻求帮助，给他们讲更多的故事，指导他们自己或者和同伴共同阅读，主动向家长推荐图画书甚至外借图画书给他们。只有幼儿喜爱阅读了，阅读经验丰富了，才能提高阅读水平。

### 主题二　我们自己的图书馆[①]

我这次不想用若干本图画书带动幼儿的活动了。因为幼儿已经养成阅读的习惯，在遇到困难时，会主动要求老师帮助他们查找资料，所以我希望在今后的主题活动中把阅读和书写作为常规内容。我会把与主题相关的图画书投放到阅读角，更期待幼儿向大家推荐适宜的图画书。幼儿园能够提供的图画书毕竟有限，为了拓展幼儿的阅读范围，我们打算建立班级图书馆。班级图书馆的书有三个来源，第一是幼儿园的配书，第二是幼儿从家中带来的分享书，第三则是从社区图书馆借来的图书。为了建设我们自己的班级图书馆，我们决定走访社区图书馆，向他们取经学习。

以下是我们这次活动的过程记录和反思（见表5.2）。在指导老师的帮助下，

---

[①] 这是小霞老师进行的第四个主题活动，小霞老师已经阅读了大量图画书，对图画书的掌握和了解有了很大的进步，因此在选择适宜的图画书支持幼儿主题探究活动的发展上有了新的想法。

我们重新设计了主题探究活动记录表,用这种方式记录活动。其中"讨论和行动"部分是根据幼儿原话整理的,教师把幼儿的语言记录下来,放在班级的墙壁上。幼儿虽然认不全上面的文字,但是知道那是他们的讨论结果,可以作为下一步行动的备忘和指南。

表 5.2　过程记录和反思

| 活动 | 幼儿已有的经验 | 可拓展的经验 | 观察和指导的要点 | 备注 |
|---|---|---|---|---|
| 第一次走访图书馆:请图书馆馆长向幼儿介绍图书馆,参与故事会活动,每个幼儿可以借一本书,感受借阅流程 | • 幼儿已经看过很多图画书,有的幼儿到过图书馆,大部分幼儿进过书店,幼儿对教师拿来的贴有图书馆标记的书感兴趣<br>• 大家一起阅读了《喂!等一下,那是我的书》 | • 图书馆的规则。<br>• 图书馆的陈列。<br>• 图书分类。<br>• 图书馆与书店的区别。<br>• 图书馆里的人。 | 幼儿对什么感兴趣,注意观察图书馆的规则,思考为什么制定这些规则。 | 全班分两组进行,上下午各一组。 |
| 讨论和行动 | 幼儿发现图书馆的规则包括:<br>1. 不许大声讲话;<br>2. 饮水要到饮水区;<br>3. 一次最多拿三本书,看完书要放回去;<br>4. 先出示阅览卡才能进入;<br>5. 不能跑,不能叫;<br>6. 只能在看书的地方看书,不能去柜台里面和办公室里面;<br>7. 要有借书卡才能借书,借书要扫条码;<br>8. 每次最多能借 5 本,可以借 2 周,必须要还回来,不还回来不能借新书,还要罚款;<br>9. 可以坐在地上看书,但是不能踩到别人,可以脱鞋。<br><br>不明白的地方包括:<br>1. 如果想找一本书,怎么才能找到呢?<br>3. 书中夹的亮条(金属条)是什么?<br>4. 为什么有的书封面对人,有的书竖着(书脊)对人?<br>5. 为什么要到饮水区饮水(因为怕把书弄湿,当时就解决了)。<br>6. 图书馆的馆长怎么有这么多书呢?<br>7. 图书馆每天讲的故事都不一样吗? | | | |

（续表）

| 活动 | 幼儿已有的经验 | 可拓展的经验 | 观察和指导的要点 | 备注 |
|---|---|---|---|---|
| 第二次走访图书馆：感受还书流程；图书馆馆长告诉幼儿书下面纸条颜色和数字的含义，请幼儿把书放回原处；向幼儿介绍图书的分类摆放；回答幼儿提出的问题 | • 对图书馆有一定了解，对借书、还书流程有一定了解。<br>• 集体阅读了图画书《图书馆狮子》。 | • 进一步了解图书馆中的规定及其原因。<br>• 熟悉图书馆图书摆放规则和编码方法。<br>• 了解编码的意义。<br>• 了解馆长的职责。<br>• 观察和思考图书的分类。<br>• 了解图书馆管理软件的查询方法。完成两个任务，即用分类查询的方法找到一本指定的书；自由翻阅，找到与"书和图书馆"这个主题有关的书。 | 鼓励幼儿大胆提问，记录幼儿的提问，将其作为后续讨论的重点，引导幼儿关注图书馆的细节，如墙上的标志、海报、提示信息等。 | 馆长请幼儿帮助读者扫条码还书，幼儿非常感兴趣。 |
| 讨论和行动 | 怎样才能在图书馆最快地找到一本自己想要的书？<br>1. 如果知道书名，就问管理员阿姨，阿姨查计算机然后就知道书在哪儿了。<br>2. 如果不知道书名，但是知道内容，就去与那个内容有关的地方找，比如找"第一次发现·手电筒"系列图书就要到科学书那里去找。<br>3. 大人们知道出版社和作者，也可以找到书。<br>4. 可以预约借书。<br>5. 图书馆的书也是买来的，可以让图书馆买他们没有的书。<br>6. 看图书馆的推荐目录和海报，可以找到最新的书。<br><br>图书馆的书是如何分类摆放的？<br>1. 分成中文书和英文书。<br>2. 分成新书和旧书。<br>3. 分成故事书和科学书。<br>4. 分成硬皮书和软皮书，玩具书单独放。大孩子的书和小朋友的书分开放。<br>5. 预约的书是单独放的。 | | | |

(续表)

| 活动 | 幼儿已有的经验 | 可拓展的经验 | 观察和指导的要点 | 备注 |
|---|---|---|---|---|
| 讨论和行动 | 6. 封面面向大家的书是新书，或者是推荐给大家看的书；书脊面向大家的书，是一般的书。<br>7. 有些书是不能借回家看的。<br>8. 看到颜色就能找到位置，书下面的小条可以带书回家。<br>上次不明白的地方这次明白了吗？<br>1. 书中夹的亮条（金属条）是用来防盗的。<br>2. 推荐的书就用封面对着人，一般是新书，或者是主题月的书。<br>3. 图书馆的书也是买来的。<br>4. 图书馆每天讲的故事都不一样，到了周末会有更多的小朋友来听故事。周末讲四个故事，平时只讲两个故事。 | | | |
| 建设图书馆：我们决定建设一个自己的小小图书馆；开始协助幼儿讨论制定规则、设计标志、设计分类和摆放方法以及寻找书源等 | • 幼儿集体参观过图书馆后进行了相关讨论，家长带幼儿去参观成人图书馆、书店，体验阅览、借阅、还书的过程。<br>• 集体阅读《我喜欢书》《大野狼》。 | • 团队合作制定规则、设计标志、设计分类方法、设计细节、组织书源。 | 观察幼儿合作中出现的问题，及时给予协助和支持，尽可能让幼儿自己解决问题，回顾读过的四本书，鼓励幼儿从书中寻找支持。 | 幼儿又从图书馆借来不少书，有好几本都与"书和图书馆"这个主题相关。 |
| 讨论和行动 | 班级图书馆规定：<br>1. 在图书馆不能大声讲话，如果有特别重要的事情，可以走出去说，非常紧急的时候可以讲话（受到《图书馆狮子》的启发）；<br>2. 在图书馆不能打人、踢人、拉女孩的辫子，不能带玩具进来；<br>3. 每次最多只能拿两本书，看完书要放回原处；<br>4. 别的小朋友如果想借你现在看的书，要等你看完才能借；<br>5. 每次可以借一本书回家，在自己家里只能放三天，必须还书，不还书不能借新书；<br>6. 每个组每天有一个人负责在图书馆值班，看着小朋友，负责借书、还书登记，如果发现有损坏的书，就将其送到图书医院； | | | |

(续表)

| 活动 | 幼儿已有的经验 | 可拓展的经验 | 观察和指导的要点 | 备注 |
|---|---|---|---|---|
| 讨论和行动 | 7. 每天的值日生帮助图书管理员整理图书角；<br>8. 不能撕书，撕书要赔钱，也不能扔书；<br>9. 不能不登记就把书拿走。<br><br>接下来要做的：<br>1. 设计借阅登记表，学习填写；<br>2. 设立图书医院，向老师学习怎么修补图书（请老师给我们读《卢利尤伯伯》）；<br>3. 自己画一些图画书，让小朋友借阅；<br>4. 请爸爸妈妈帮忙买一些图画书；<br>5. 每个星期都去图书馆借图画书，放在班级图书馆里，大家分享（要记录哪本书是谁借来的，不然还的时候就麻烦了）；<br>6. 做一个借阅排行榜，看看哪本书最受欢迎（老师建议的）；<br>7. 制作小朋友的班级图书馆借书卡；<br>8. 制作每本书的分类条码；<br>9. 按照分类条码放图书；<br>10. 图书管理员要有胸牌，制作胸牌；<br>11. 把规定都画出来，贴在图书馆，大家都能看到。 | | | |
| 反思和总结 | 在这个关于图书馆的主题活动中，主题的生成是因为幼儿发现我总能带来新书给他们，而这些新书又都有标记，他们发现了我的秘密，于是我告诉他们，我的书都来自社区少儿图书馆。由此，他们产生了参观图书馆的想法。在参观之后，他们发现了图书馆的很多秘密，因此我们决定设计一个自己的班级图书馆。<br>在这个活动中，我没有事先设计太多的阅读和书写环节，但是幼儿已经熟悉用书写的方式记录或者要求我代为记录。他们已经对读写有了非常清晰的概念，并且懂得主动在真实情景中有效运用读写。<br>我也没有设计亦步亦趋的图画书阅读环节，只选择了四本书（《喂！等一下，那是我的书》《图书馆狮子》《我喜欢书》《大野狼》）作为集体阅读内容，再选择四本书（《小红书》《书中书》《嘟宝要睡觉》《新天堂乐园》）投放到阅读角。其中，我宣读的四本都是与图书馆、图书分类有着比较明显的关系的图画书，而投放的四本是以新奇有趣和情感丰富为主的图画书。幼儿会主动要求我朗读，我都是利用过渡环节或者在区角中朗读的。<br>我们反思这个主题的进行、图画书的使用更加自然，阅读和书写已经被老师和幼儿自然地当作主题探究学习的资源。 | | | |

（续表）

| 活动 | 幼儿已有的经验 | 可拓展的经验 | 观察和指导的要点 | 备注 |
|---|---|---|---|---|
| 反思和总结 | **活动不足**<br>• 由于时间关系，活动没有完全展开，还有很多内容没有涉及。<br>• 有一些科技内容，如条码、芯片，我不知道怎么向幼儿解释，也没找到合适的图书。<br>• 只参观了社区少儿图书馆，没有集体参观成人图书馆，还有很多图书馆的信息没有了解到。<br>• 没有展开对图书馆和书店的比较。<br>**后续工作**<br>• 长期坚持和社区少儿图书馆的互动，让幼儿可以看到更多好书。<br>• 组织幼儿到社区图书馆当小志愿者，协助馆员管理图书馆，给小朋友讲故事，增强幼儿与社区的互动。<br>• 吸纳家长参与班级图书馆建设。<br>• 将主题课程与图书馆建设积极互动。<br>• 组织幼儿自制图画书，补充图书馆内容，邀请出版社编辑来跟小朋友分享图书的制作出版过程。 | | | |

早期阅读活动已逐渐成为幼儿园课程的必备内容。当前常见的方式有几种：①把早期阅读简单视为传统语言活动的一部分，以接受性听说为主，忽视幼儿主动的前阅读、前书写态度和能力的培养；②将早期阅读作为一种学科课程，重视幼儿阅读技能的培养，却往往把"教"看得太重，忽略了幼儿在真实情景中的"读"；③以单一图画书为起点，就一本图画书展开集体阅读和讨论，幼儿虽然可以从中读到乐趣，但是纯粹的文学赏析很难与幼儿的生活进行真实的联结，使得阅读不能真正进入幼儿的生活活动，不能有效展开更为广泛自然的探究活动；④将早期阅读和前书写活动与主题探究活动相结合，让阅读和书写变成幼儿生活的一部分，成为课程发生发展的重要资源。这四种模式各有利弊，对教师的要求越来越高，实施难度也有差异，其所反映的儿童观、学习观也不尽相同。其中，第三种和第四种更能反映幼儿早期阅读和书写学习的需求，正在被越来越多的幼儿园选用（见图5.2）。

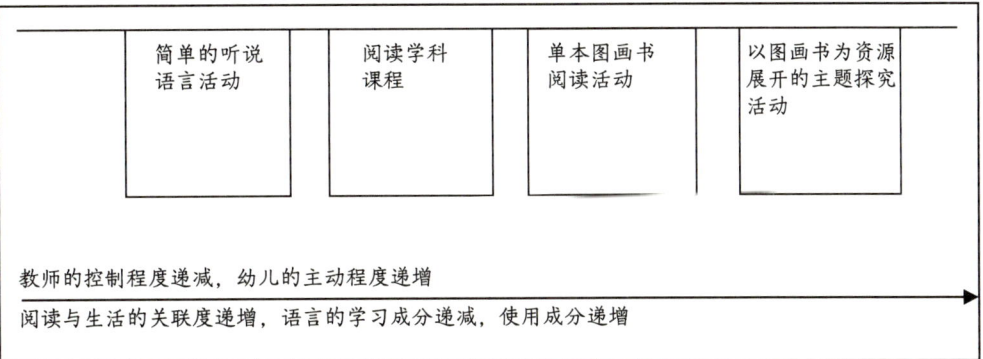

图 5.2 早期阅读活动的四种模式

## 四、创设支持幼儿主动阅读的班级图书角

早期阅读进入幼儿园课程的形式各不相同,这既受到园所原有课程模式的影响,又受到教师课程实施水平的限制,但无论采用哪种课程展开方式,教师都应积极利用班级的区角环境来支持幼儿的早期阅读和书写活动。教师对幼儿阅读的引导和影响,不仅应该在集体活动中展开,更应在幼儿的自主游戏活动中展开,而这种相对隐蔽的引导和影响甚至比集体活动中的影响更加持久、深入。

一般幼儿园都设有积木角、娃娃家、科学观察角等区域,但并不是每个班级都设有图书角。又或者有的班级虽然设有图书角,但这个图书角的作用不甚理想。有的班级只是因为幼儿园有要求,才会设立图书角,但并不理解图书角对于幼儿发展的价值。有的班级甚至将图书角作为惩罚幼儿的区域,不听话的孩子才要去图书角接受惩罚,因为在那里无所事事且必须保持安静。

这当然不是图书角应该有的样子。我们想象中的图书角应该是幼儿可以与喜爱的图画书共度美好时光的好地方……那里应该有舒适的椅子或靠垫,有柔软的毯子或者是一些让人可以完全放松的软垫。作为幼儿教育工作者,我们必须确保孩子们拥有这样一个角落:在那里,他们可以与各种各样自己喜欢的书度过愉快的阅读时间;会因为书的魅力而主动选择去图书角中独立阅读或者结对阅读;可以自由地进出图书角,不仅是身体的进出,还有思想的进出——可以在图书角里发现更多好玩的事情并把好主意带出图书角,也可以把图书角之外的问题带进图书角寻求答案。图书角必备的东西有两样：①好看且方便取得的图画书；②自由且自主的阅读气氛。这一节，我们来讨论如何建设班级图书角，以及如何使用班级图书角。

## （一）开始规划你的班级图书角

假如你的班级还没有一个图书角，或者你打算重新设计一个以小读者为中心的、更加有效的图书角，那么我们就一起看看如何从头开始规划。和其他区域一样，规划一个图书角，首先要明确它的功能和带给幼儿的活动价值。图书角，首先应该是一个开放的和具有吸引力的地方，它应该带给进入者愉悦的感受，让小读者因为被吸引而进入这里，并且因为被吸引而不舍得离开，不会被外部的无关刺激干扰；幼儿在图书角的自主阅读活动中可以体会文学带来的愉悦，可以增加读写经验，可以引发思考和讨论；幼儿在阅读角需要保持相对安静才能达到以上的目的。因此，吸引、充实、方便、不被干扰是我们建设图书角的原则。

### 1. 图书角的选址和整体设计

理想的图书角应该具备三大基本条件：安静、吸引、安全和舒适。

安静意味着图书角尽可能不在积木区、拼插区、娃娃家（或其他角色扮演区）的夹击中，而选择稍微远离这些区域的地方，这样图书角才具有安静的可能，否则那些相对活跃的区域会打扰在图书角中阅读的小读者。除了位置的考虑，图书角最好选择半开放的形式，也就是用柜子或者书架隔出一个小空间（见图 5.3）。有的教室会将书架挨着墙摆放，让图书角直接面对教室中心，这样的摆放虽然可以通过漂亮的图画书吸引幼儿进入，但存在两个大问题。第一是破坏了图书角的安静和神秘感，让幼儿容易来也容易走；第二是浪费了若干个展示的空间——书柜的背面、侧面都可以用来作为区角规则、书目一览、作品展示、新书推荐等用途的空间。最重要的是，图书角应该是一个既相对独立又与幼儿生活息息相关的地方，这些被精心设计出来的平面起到了沟通图书角内外的作用。

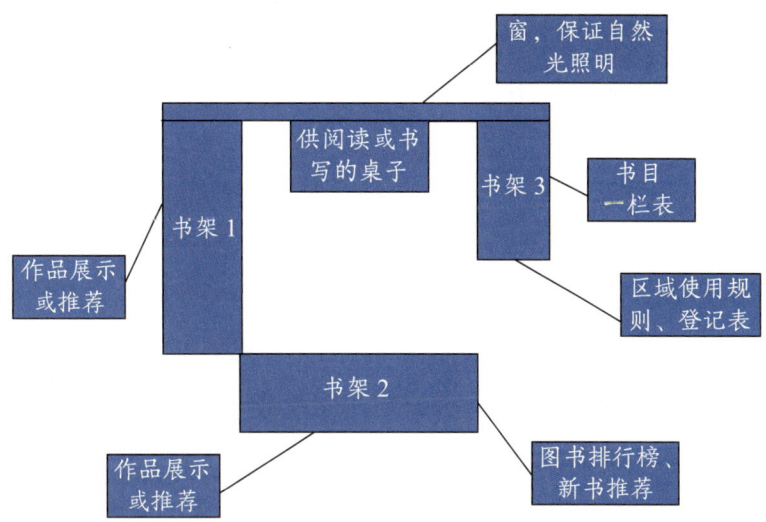

图 5.3 半开放的空间有一个相对安静的阅读场所，被精心设计的几个展示区域起到了沟通图书角内外的作用，让图书角既可以吸引幼儿的视线，又不至于一览无余

有些幼儿园班级空间有限，不能放置足够多的书架，因此用其他形式存放图书，例如，用布袋存放图书，在走廊放置图书等。可能做不到半开放空间，但教师可以尝试因陋就简，用地垫或桌椅等做一个视觉上的区隔，至少让幼儿在心理上产生进入阅读角的仪式感，做好安静下来读书的准备。

吸引幼儿的不仅来自图书角内丰富有趣的图书，还来自图书角设计者的用心。虽然我们不可能像公共图书馆那样有开阔的场地、充裕的资金，但优秀的图书馆设计成果还是可以给予我们一些启示。

当然，吸引幼儿的还来自图书角为其提供的活动，我们将在后面关于图书角的利用中进行讨论。

安全和舒适首先意味着有充足的光线、适宜幼儿阅读的照明，所以尽可能选择在窗旁，可以保证充足的自然光线。如果空间条件不允许，则要考虑用灯光补足。同时，还要考虑幼儿的数量和空间的大小。一般而言，图书角最好能同时容纳五六人（根据班级人数和班级所能提供的区角数量来计算，假如一个班级有30名幼儿，有6个可以自由选择的区角，那么阅读角应该允许五六人同时进入）。

2. 图书角的材料配备

确定图书角的位置后，教师的下一项工作就是选取在图书角中摆放的家具和各种必备的物品。就像我们前面看到的几个不同的班级图书角一样，依据园所自身的条件，图书角可能选用不同的设备，但有一些原则是通用的。

（1）舒适但不懒散

一般而言，柔软的地垫或者地毯更容易营造一种充满接纳感的环境，因此很多班级图书角都选择用这种席地而坐的方式让幼儿在图书角阅读，同时可以节省有限的空间。但有时候，教师会为此疑惑：在阅读角让幼儿太"舒适"了而不注意坐姿和用眼卫生，是不是不符合保教结合的原则呢？实际上，舒适和"不规矩"并不一定画等号，舒适往往意味着幼儿能够以一种自主、自在的状态在阅读角里被图画书吸引，情不自禁地投入进去。因此，柔软的靠垫、地垫仍应是图书角的首选，至于坐姿和用眼卫生则需要教师的有效示范和善意提醒。

（2）实用不必豪华

一些幼儿园为了给幼儿营造良好的阅读气氛而不惜用重金打造班级图书角，这当然是一种重视阅读的良好态度，但豪华不意味着有效，实用才是最好的。在图书角里，幼儿自制的图书分类盒（按难度分、按题材分、按体裁分，等等）、教师和幼儿共同设计的分类标志、图书排行榜、主题推荐栏都是实用的设备，蕴含着对于图书角价值的充分理解和挖掘，这种粗糙的"实用"要好过精致的豪华。

（3）存放展示兼备

有国外研究者认为，一个班级的图书角藏书量应在全班人数的5倍左右。那么，一个40人的班级就要有200本藏书。显然，国内一般幼儿园的班级图书角要存放这么多图书并不容易。假设这个数字是适宜的，那么班级图书角就要考虑哪些书是要用封面对着读者的，哪些书只能用书脊对着读者，以及这两类书是如何变换角色的。因此，班级图书角的书架既要有存放功能，又要注意展示功能。

（4）开放而不喧闹

图书角里如果仅有图画书，就无法完全实现我们前面所提倡的创设真实的阅读和书写环境的想法，因此图书角里至少还应该有一些支持书写的纸、笔，那么用于表演的设备和材料呢？用于修补图画书的工具和材料呢？还有那些用来提示幼儿图书角行为规范的标语、警示牌以及装饰品呢？这些东西似乎都是应该有的，可是如果这些东西都堆放在本来就狭小的图书角里，图书角会不会显得更加拥挤甚至喧闹呢？

　　这不是合理摆放的问题，而是我们如何看待图书角的开放性的问题。假使我们把图书角看作一个必须遵守规定、老老实实看书的场所，那么所有这些都该被请到图书角之外；假如我们把图书角看作一个支持幼儿读写学习、允许幼儿自主决定活动内容和活动方式的地方，那么这些东西无论原来摆放在哪里，幼儿都有可能在最适宜的时机进入图书角。因此，为幼儿在表演区准备一块法兰绒板和若干与阅读内容相关的角色卡片、手偶；在美工区准备一些可移动的书写板、纸笔和修补工具；在图书角的角落准备一些小书签、心情小便签，就都是合适的。图书角不应该是喧闹的，但一定是开放的，当规则是为阅读的需要服务时，规则就不再是为了约束不适宜的行为而是为了支持更加适宜的行为。

### 3. 用好书来充实图书角

　　创设图书角时要做的最重要的事就是准备大量好看的图书。但要注意的是，不要把所有书一次性展示出来，这会让幼儿无所适从，不知道如何选择。可以一次展示少数几个主题的图书，并且至少每周更新一次。关于一次可以展示多少本书，有一个很好的应用公式：图书的数量应是一次进入图书角的幼儿数量的2倍。比如说，如果有4名幼儿进入图书角，那么图书角的书架上应该有8本书。至于其他主题的图书，教师可以放到封闭的书架、篮子、箱子或者其他地方。

　　什么是好书、如何为幼儿选择图画书，我们已经在前面的章节中有所介绍，这里要强调的是，对于不同年龄班，教师在选择图书时要考虑各年龄班的特点。对托班幼儿而言，用嘴巴和手探索是他们最大的需要，所以要选择一定量的无毒布书、纸板书、可以发出声音的玩具书、异形书等，这个年龄段对书本身的故事要求并不高，但对探究书这种形式的要求很高，所以要尽可能选择那些不宜破损的图书，以增加幼儿对于书的亲近度；对于小班幼儿，图文高度对应的图卡书、儿歌书和专为低幼儿童设计的图画书当然是首选；对中班和大班幼儿而言，故事性强的图画书、各种题材的非故事类图画书都可以进入幼儿的视野。

　　风格或者说文本的类型，是教师为图书角选择图书时应该考虑的另一个因素。图书的风格多种多样，有叙事性风格的，有信息获取类的，有过程描述类的。所有不同类型的文本都有它特定的目的和用途。教师应确保教室中有各种风格类型的图书。如果教室中只有叙事风格的书或者仅有用于操作和练习的书，幼儿对书籍的兴趣就不会很浓厚。而且，多风格的文体为幼儿提供了更深入探索自己喜欢的文体及接触其他文体的机会。提供多风格的文体将会吸引幼儿更多地进入图书角阅读。

### 4. 在预算不足的情况下如何寻找好书

虽然几乎每位教师都希望自己的班级图书角有充足的好书供幼儿阅读，但实际情况是我们的经费永远处于不足状态。如何在经费不足的情况下尽可能拓展图书的来源呢？以下是小霞老师的一些好主意，供大家参考。

#### （1）图书馆总有好书

小霞老师非常会利用当地的图书馆，她不仅为自己办理了市少儿图书馆、区少儿图书馆的借阅卡，还办理了社区图书馆的借阅卡，这样每个月都可以从这些图书馆借到至少20本最新的图画书分享给班里的幼儿。她所要做的，就是按时将图书还到图书馆，并且叮嘱孩子们一定要对借来的图书倍加爱护。

#### （2）感谢家长的好意

总有些家长希望为幼儿园做点什么，例如，在孩子生日的时候有些家长会买来生日蛋糕让孩子和同学分享。一个蛋糕要100元左右，30分钟就吃完了，而且过多的脂肪和糖对幼儿不一定是好事，因此小霞老师总是奉劝家长，如果真的希望能为幼儿做点什么，不如捐赠1本图画书给幼儿园，这种分享可以更加持久，也更加有意义。

#### （3）每个班级都不是一个孤岛

幼儿园有那么多班级，每个年级都有平行班，大家都有各种各样的书源，如果把班级图书角对别的班开放，那就意味着别的班的图书资源也将对本班开放。因此，小霞老师总是主动和各个班级的同事沟通，争取让班级之间的图书资源流动起来。

#### （4）我们可以留给幼儿园什么

除了过生日时会收到来自家长的礼物，幼儿毕业离园时也经常愿意送一些礼物给幼儿园。小霞老师和园长商量，不如鼓励即将离园的大班幼儿把自己的一本心爱的图画书送给幼儿园的弟弟妹妹吧。尽量不让幼儿特意购买新书，而是把自己最喜欢的旧书连同自己的阅读感受一起赠送给幼儿园的图书馆,而各个班级又都可以从这个赠书库中选择自己需要的图书。

(5) 家庭图书漂起来

图书漂流的活动不仅可以在班级间进行,也可以在家庭和幼儿园之间进行。尤其是在配合主题活动时,很多幼儿愿意把自己心爱的玩具和图书拿到幼儿园与同伴分享。在班级内建立小小的班级图书漂流制度,其实并不难,只要做好登记和家长说明工作就可以了(见表5.3)。

表5.3 漂流登记表

| 编号 | 图书信息 | 图书来源 | 漂流去向 | 漂出日期 | 漂回日期 | 备注 |
| --- | --- | --- | --- | --- | --- | --- |
| 1 | 《我爸爸》 | 张小明 | 李顺顺 | 9月14日 | 9月17日 | 完好无损 |
| 2 | | | | | | |
| 3 | | | | | | |
| 4 | | | | | | |
| 5 | | | | | | |

(6) 自制图画书

利用主题活动、美劳活动和亲子课堂等活动鼓励幼儿和家长自制图画书,可以是仿绘经典图画书,也可以是自编自制图书。这些图书作为班级图书角的重要组成部分,既可以丰富图书内容,又可以激励幼儿的阅读和书写热情。

## (二)合作建设班级图书角

假如图书角完全是由教师规划、设计、建设的,那么建设之后的一个重要任务就是说服幼儿进入图书角。但是,假如从一开始,这个图书角就是由教师和幼儿共同建设的,那么就可以取消说服工作。我们可以一起来分析,在刚才所说的"规划一个图书角"的工作中,有哪些工作是幼儿可以参与的,不同年龄段的幼儿可以参与哪些工作,参与到什么程度?我们不妨为各个年龄段的幼儿设计一个班级图书角建设参与目标表(见表5.4)。

表 5.4 班级图书角建设参与目标表

| 年级 | 图书选择 | 自制图画书 | 规则制定 | 设备制作 | 环境布置 |
|---|---|---|---|---|---|
| 小班 | 分享自己的图画书。 | 在教师的指导下,全班或小组合作自制图画书。 | 以教师为主导,讨论规则并学习遵守规则。 | 在教师的指导下参与部分设备的制作,如分类标签等。 | 在教师的指导下,参与环境布置。 |
| 中班 | 提出阅读需求和建议,分享自己的图画书。 | 在教师和家长的协助下自制图画书。 | 在教师的指导下讨论规则的内容和意义。 | 在教师的指导下,参与设备制作并提出自己的想法,如分类盒、推荐栏、排行榜等。 | 在教师的指导下,主动参与环境布置,提出自己的想法,用自己的作品装饰环境。 |
| 大班 | 提出分类标准、推荐主题图书展示、评选最受欢迎的图画书并说明理由。 | 在教师和家长的支持下自制图画书。 | 在教师的支持下讨论和制定规则。 | 在教师的支持下,主动设计实用的设备并不断提出改进意见。 | 在教师的支持下参与环境布置的设计,提出自己的看法,主导图书角的环境布置,兼顾环境的美观和实用。 |

像小霞老师那样带领幼儿参观社区图书馆（或者动员家长带领幼儿参观图书馆、书店）可能是建设班级图书角的一个重要活动。幼儿在参观图书馆之后，有了一定的经验，才能更好地参与建设自己班级的图书角。将每名幼儿视作图书角的建设者、管理者，而不仅仅是消费者，才能让图书角最具有吸引力。

### （三）维护一个积极有效的班级图书角

图书角的位置确定了，各种设施齐全了，图书也选好了，接下来要做的工作就是让幼儿更好地利用图书角。下面是小霞老师和大家分享的一些让图书角更有趣和最大限度地发挥图书角作用的建议。

舒适的环境和有趣的图书会吸引幼儿"光顾"图书角。但是，如果想让幼儿常常来图书角并且长时间停留,就需要教师做更多的努力了。我们需要点燃幼儿的阅读兴趣,以下是我在班级图书角的一些具体的做法。

### 1. 多多走进图书角

教师的注意力总是会被各个区角中活动的幼儿"分享",而进入图书角的幼儿往往会选择相对安静的方式活动,因此图书角往往是最不需要教师"分心劳神"的地方。久而久之,那里也就容易变成教师不易"光顾"的角落。因为教师对图书角"放心"而导致的"缺席",通常会为幼儿传递一种信号——老师并不喜欢图书角里的小读者和他们所从事的活动。因此,教师经常走进图书角和孩子一起阅读,观察他们的阅读活动,倾听他们讲故事,无疑是最佳的表态。

### 2. 采取多种手段向幼儿"推销"图书角

不断地"推销"会吊起幼儿阅读的胃口。例如,教师可以在任何一个有趣的集体活动后向幼儿提及:有一本与此相关的图画书刚刚被"藏进了"图书角,对此有兴趣的小朋友可以在自由活动时间去找到这本书。第一个找到这本书的幼儿有"特权"要求教师为他朗读这本书。

### 3. 将图书角的图书与主题活动相对应

开辟主题活动阅读专区,让幼儿的阅读总与当前的活动密切相关,让阅读成为幼儿学习、生活的有机组成部分,既能支持当前的学习,又能为未来的学习引发新的话题。

### 4. 图书角是个大宝库

图书角可以成为开展其他区域活动的资源和后盾。比如,在表演区(角色扮演区),为了了解消防员的装束和工作内容,幼儿可能会到图书角寻找答案。幼儿记起曾在图书角的某本书中看到蝴蝶是由毛毛虫变成的,也会把相关的知识运用到科学角对毛毛虫的探索中。与幼儿在其他区域活动时,教师也可以经常提醒幼儿:图书角中有很多有用的信息,他们可以利用其中的资源来解决问题。

### 5. 欢迎"作者"光临图书角

既然有那么多自制图画书成为图书角的必备内容，那么为什么不邀请这些图画书的"作者"在图书角和读者分享自己的作品呢？定期在图书角召开"新书发布会"，让小作者为读者介绍自己的作品或者推介自己从家中带来的新书，都是吸引幼儿进入图书角的好办法。

### 6. 让读书的人流动起来

无论是邀请其他班级的教师、幼儿来本班的图书角做客，还是鼓励本班幼儿到别的班级去当朗读志愿者，都可以增加图书角的活力。既然图书可以漂流，讲故事的人为什么不可以呢？尤其是当幼儿作为志愿者到低年龄班去带领弟弟妹妹读书、讲故事时，一个全园范围内的阅读环境就在逐渐形成。

### 7. 让幼儿带书回家

向幼儿的家人开放图书角。教师应建立一个图书借阅制度，幼儿可以把他们喜欢的书带回家同家人分享或者自己阅读。这项制度对那些图书短缺的家庭来说更为重要，而且会拓宽家庭获取高质量阅读材料的途径，延长家庭阅读的时间。再配合班级－家庭图书漂流活动，图书角的利用率就会大幅提高。

### 8. 自主管理和登记

指导或协助幼儿设计可以用于自主管理和登记的表格（见表5.5），让幼儿形成阅读的仪式感，增强进入阅读区的游戏性体验，同时教师也能够从这些登记卡中了解到哪些书最受幼儿欢迎，哪些书（的内容或主题）已经成为幼儿的已有经验和当前兴趣点。

表 5.5　登记卡

| 幼儿自助借阅登记卡 | | | |
|---|---|---|---|
| 姓名 | | 阅读卡编号 | |
| 日期 | 借阅记录（图书编号） | 阅读感受 | 难度感受 |
| 9月17日 | Pb001 | ☺ | ↗ |
| | Pb002 | ☹ | ↘ |
| 10月21日 | | | |

一个规划合理的图书角会为幼儿的早期读写态度、习惯和能力提供多方面发展的机会。舒适的家具、高质量的阅读材料和精心的规划会让图书角成为教室中最繁忙的区域。图书角可以是幼儿独自阅读故事书的安静角落，也可以是教师和幼儿一起阅读信息类图书的聚会角。遵循本节提到的原则和一些具体的建议，你将会为幼儿创设一个有效发展、尽享早期读写乐趣的快乐园地。

## 五、作为"蓄水池"的幼儿园图书馆和图画书资源库

随着幼儿园早期阅读活动的展开，幼儿有了对图画书越来越大的需求，建设一个具有蓄水池功能的图书馆，可以支持整个园所图画书资源的有效利用；同时，这样一个具有资源整合作用的图画书聚集场所，也将有效地支持幼儿园园本课程的建设。以下两节，我们就用小霞老师建设图书馆和图画书资源库的亲身经历讲一讲如何建设一个有蓄水池功能的幼儿园图书馆和一个具有多种用途的幼儿园图画书电子资源库。

## （一）幼儿园常见的图书角困境

### 小霞老师的教学日记（11月13日）

开展早期阅读教学已经有一段时间了，我发现班级的图书角越来越不能满足孩子们和我的需要，我们需要更多的书籍。虽然我鼓励孩子和家长去社区图书馆、绘本馆借书，鼓励孩子把自家的图画书带来幼儿园，但这种零散而随机的方式有很多问题，如消毒的问题、保护的问题、分享的问题以及时间的问题……如果能把幼儿园的图书馆利用起来就好了。

小霞老师知道，要想培养出真正热爱阅读的幼儿，教室里就应该处处飘散着书香。不仅图书角有大量适宜而且经常更换的图画书，其他区域也应该有能够支持幼儿游戏和活动的相应书籍。最重要的是，小霞老师希望，这些书籍不是老师强加给孩子的，而是由他们自主选择的。

现实的状况是，幼儿园会根据每学期的预算情况采购一批书籍，各个年级组长和语言组的教师会集中起来选书，把自己认为可能适合本班幼儿的书"抢"回班里。这些书要在班里停留至少一个学期，中间几乎很少有增补的机会。有些书已经被翻阅得很烂了，有些书却少有人问津。这很可能是因为教师"抢"来的书并不一定适合幼儿当前的能力和兴趣，但班级之间是不能相互换书的，这不利于书籍的管理，也有卫生问题。有时候，孩子们看了一本书，提出了一些重要的问题，但是由于书籍的内容与当前预设的教学内容无关，教师很难拿出太多的时间和孩子们展开讨论，只能眼睁睁地看着教育机会的流失。

与此同时，幼儿园的图书馆利用率并不高。幼儿园早就建立了一个规模不算太小的图书馆，图书馆里的图画书藏书也差不多有1000册。当然，有一些书有多本副本，也有一些书只有一两本副本。因为缺乏有效的图书馆管理和使用方案，教师们也不清楚如何利用图书馆，使得这个被装饰得漂漂亮亮的图书馆很少有孩子来拜访。只有在阅读月，或者家长开放日，或者有人来访时，图书馆才能"发挥作用"。

小霞老师下定决心，要说服园长，让幼儿园图书馆活起来，既解决班级图书角书籍数量少、流动性差和课程支持性差的问题，又解决图书馆利用率低，资源浪费的问题。

### （二）让图书馆活起来

　　幼儿园的图书馆是不是一个真正的图书馆呢？孩子们需要一个真正的图书馆吗？一个真正的图书馆能够带给孩子们哪些有益的学习经验呢？小霞老师之前带孩子们参观过社区少儿图书馆（参见本章"主题二　我们自己的图书馆"一文），孩子们也对图书馆有了初步的概念：图书馆的书是分类摆放的；书上都标有条码，这些条码上的编号有一定意义，便于查找，也可以放回原位；在图书馆里应该保持安静，取放书籍都应该轻拿轻放；图书馆的书可以阅览，也可以借阅……这些都是进一步建设幼儿园图书馆和组织开展图书馆教学活动的经验基础。

　　于是，小霞老师把那次主题活动的总结和自己对于幼儿园图书馆的建设思路进行了整理，向园长提交了一份"幼儿园图书馆改造建议书"。

**幼儿园图书馆改造建议书**

亲爱的园长：

　　在您的支持和指导下，我带领班级进行早期阅读实践已经有一段时间了，我们班的孩子无论在阅读兴趣还是阅读能力上都有了明显的提高。您也参加了我们班的图书馆走访活动，相信您也为孩子们的进步感到高兴。

　　受到您的大力支持，幼儿园的图书馆也建成一段时间了，里面有那么多好书，又有漂亮的环境，我们班的孩子偶尔经过那个漂亮的图书馆都很想进去看看。但是因为现在图书馆的使用规则还不明确，我们也没有规划出合理的使用时间，所以利用图书馆的机会很少，利用的效果也有限。我想，能不能以我们班为试点，建立起一系列的图书馆使用规则，让图书馆成为孩子们喜欢去的地方，让图书馆里的资源活起来？

　　我的建议如下。

　　1. 图书馆就像其他资源教室一样，也采用登记预约使用制度，每个班级每周提前在资源教室的公开板上填写占用时间。

　　2. 对图书馆内的书籍进行资源分析，让图画书推荐板、图画书排行榜、图画书预约卡这些在班级里行之有效的办法也能在图书馆运用。

3. 有专门的教师根据每班当前的课程主题和生成性活动，给出有关图画书的支持性建议。

4. 孩子们可以来图书馆借书，带回班级，让图画书在图书馆和班级阅读角流动起来。

5. 孩子们可以在书籍后面标注自己的阅读感受和评价，作为分龄推荐的依据。

我现在能想到的只有这些，具体如何操作，我想还需要用我们班来试一试，可能会发现更多问题，也会找到更多解决办法。

小霞

12月18日

小霞老师给园长的信很快就得到回复，园长很高兴看到年轻教师积极主动思考幼儿园课程资源建设和利用问题。园长组织了全园教师开会讨论图书馆的使用问题，小霞老师成为这个项目的召集人，小霞老师的班级也成为实验班。没过多久，一个让"图书资源活起来"的园本教研项目在幼儿园取得了一定成果。

## （三）让图书馆成为班级阅读蓄水池的方法

### 1. 图书馆使用制度：预约登记、借阅、还书、打分

首先，小霞老师在本班班级图书角建设（参见本章"以图画书作为资源展开的课程实例"部分）的基础上带孩子们一起梳理了图书馆使用制度。孩子们发现，图书馆和班级图书角最大的区别是，有些书不只有一本，因此他们需要在给图画书编号时做特殊处理。

孩子们还发现，如果要把书籍借回班级，那就需要重新整理班级里的书，把班里的书都修补好，先送到图书馆，这样每个班级教室里的图画书都回到了图书馆，大家就可以看到别人班里的书了。

有的孩子认为，应该有一个专门的标志，记录这本书已经被我们班借过了，这样下次就不会借重了；也有的孩子认为，如果小朋友很喜欢那本书，借一次后隔一段时间还是可以再借的，借重了也没关系……

在这样的讨论下，孩子们梳理出了图书馆预约登记、借阅、还书、打分制度。

*预约登记*。每班每星期至少有一次机会可以在图书馆里待很长时间，不被别的班打扰。在图书馆门外挂一个预约牌，就像木工区、沙坑的预约牌一样，教师和幼儿商量好提前占上那个时间段；如果有的班级在排演绘本剧或者其他需要很多图画书的时候，也可以多占几次；教师登记好了时间，全班幼儿就都要去图书馆活动。

*借阅*。教师为每名幼儿准备一个小布包，大家可以背着小布包去图书馆借书还书，这样显得很有仪式感。幼儿在小布包里装着自己的借书卡、卡书板和小印章，这样就不会把图书馆里的书弄乱，也不会忘记带借书卡；在图书馆里可以随意看自己喜欢的书，离开图书馆前，每人最多可以借走3本自己喜欢的图画书，请图书馆教师帮忙扫描登记，自己用小印章盖章登记；如果上一次借走的图画书暂时不想还给图书馆，那就只能还几本借几本，所以一定要先还书才能借书。

*还书*。对于有些书，幼儿特别喜欢，想将其留在自己的班里，可是又想借新书，就可以和教师商量，因为每位教师每一次可以借10本书，幼儿可以先把书还了，再拜托教师把书借回来。当然，也可以和别的小朋友商量，由他们借回来。总之，每次要还3本书，才能再借3本书。

*打分*。教师在每本书的封三部分附上一个打分卡，幼儿在还书的时候要为这本书打分，在"读起来有点难 😞""在老师的帮助下能看懂 🧑‍🦯"和"自己很容易就看懂了 ☺"的标志上印上自己的小印章（小印章根据幼儿年龄班，颜色不同）。还可以用小印章为自己喜欢的图画书投票，教师每星期都会根据幼儿的推举整理出最受欢迎的图画书，做一个推荐书榜供其他幼儿参考。

## 2. 书籍在班级和图书馆之间的流动

小霞老师和孩子们有了这些约定之后，要做的第一步就是把班里现有的图画书进行登记整理，修补已经破损的图画书，然后把班里所有的书送回图书馆。

教师们也在紧锣密鼓地完善现有图书馆书籍的登记、贴标签以及打分卡的准备工作。很快，图书馆就向小霞老师班级试开放了。

孩子们在小霞老师提前预约的时间背着自己的小布包进入了图书馆，他们选到自己想要看的书之后，就把自己的卡书板放在那本书的位置。有的孩子独自看书，有的孩子和小伙伴一起看书，还有的孩子选了自己喜欢的书请小霞老师读给他听。每个孩子都找到了自己喜欢的新书，非常开心。他们的选择范围变大了，个人不同倾向的兴趣也得到了更大满足。

小霞老师根据这个月班级进行的主题教学活动选择了一些相关的图画书，又根据区域活动的需要选择了几本图画书。她感觉这方面还需要更多的支持，于是把自己对图画书的需求写在了留言板上。

我需要更多在建构区游戏中可以支持孩子们了解建筑结构的书籍，如果有哪位老师看到，欢迎推荐给我。

我需要一些与新年、冬天和冰雪有关的书，如果有线索，欢迎给我留言。

大一班小霞老师

大约过了30分钟，孩子们大多找到了自己喜欢的书籍，在小霞老师和图书馆资源老师的帮助下完成借阅、扫描、盖小印章的工作，把借来的新书放进自己的小布包高高兴兴地回到本班教室了。回到教室以后，教师给幼儿准备好透明胶条和便笺纸，幼儿在借来的书籍封面上贴上了数字标识并盖上了自己的小印章，然后找到和它相对应的书架上的标识，放到了书架上。这样，孩子们既知道哪本书是自己借来的，要负责维护保管，下周要还图书馆，也能把别人借来的书看完后放回原位。有一些书经过教师和幼儿的讨论，被放在游戏区域，教师也带着幼儿为它们找到了新家。

现在，小霞老师的教室里有了更多图画书，图画书的数量是本班幼儿的3倍；这样充足的存书量让幼儿可以更广泛地阅读；书是幼儿自己选回来的，自然激发了幼儿阅读的热情，很多幼儿会主动把自己选来的书推荐给其他小朋友；每一本书都有自己临时的小主人，每一位小主人都关心着自己的书有没有破损，读完后是不是被放回了原位。

1周后，幼儿都能根据自己的小印章找到自己借阅的图画书，教师帮助幼儿撕下书上的数字标识就可以将书还到图书馆。这次，幼儿背着小布包排好队，一个一个地还书，然后再拿着自己的卡书板、借书证和小印章开始了新一轮借书。

大一班的实验非常成功，借书、还书有序，孩子们的阅读热情高涨，这让其他班的幼儿和教师非常羡慕，于是幼儿园图书馆正式向全园小朋友开放了。

3. 作为课程资源的主题分类和登记制度

图书馆和班级图画书的双向流动工作进行得非常顺利，图书馆为了避免交叉感染，会把孩子们还回来的书籍进行紫外线消毒，然后再放回到书架上，供下一个班级的幼儿借阅。孩子们和老师们也对还书、消毒、借阅、打分的流程越来越熟悉，孩子们都能熟练地使用小印章进行登记和打分。但是，小霞老师的问题能得到解决吗？她看到有人在她的留言后提供了几条图画书的信息，这虽然对她有所帮助，但是她希望得到更多的资源和信息。于是，小霞老师开始自己实验如何把图画书和主题教学、区域活动联系起来。

小霞老师开始把自己以前做过的主题和用过的相关图画书进行整理，然后把这些资源发到网络教研群组中，请大家都来填写，集思广益，看看能不能得到更多的信息和资源。小霞老师的想法很好，得到了园长的支持。在本书作者的帮助下，园长决定进行一系列的教研活动，建立一个更加高效丰富的图画书课程资源库，这一部分将在下一节具体说明。

4. 图书馆内的小型主题活动和双向荐书系统

随着图书馆向全园幼儿全面开放预约登记使用，图书馆变得热闹起来，不仅所有班级都把自己班上的图画书进行整理，加入大循环中，还出现了更多有趣的现象和衍生活动。

大班的小朋友在给绘本打分时，有时候会觉得这本书太容易了，所以觉得应该把这本书推荐给小班或者中班的弟弟妹妹，他们甚至专门去挑选那些他们以前看过的觉得很好的书，请教师登记下来，说"这是我们为弟弟妹妹们选的书"。于是，有大班老师就联合全体大班做了一个"给弟弟妹妹选书"的小型主题活动，大班的哥哥姐姐们非常认真地选出了他们认为适合小班和中班小朋友的各10本书，并且承诺以后看到这样的书再添加到推荐目录里。在每月一次的混龄串班活动中，大班的哥哥姐姐们拿着自己推荐的书去给小班的弟弟妹妹们讲故事。

中班的一个小朋友最近非常迷恋地铁，他请爸爸妈妈给他买了有关地铁的书，还带到班里来和小朋友分享，于是班里掀起了一阵地铁、铁道、机场相关主题书籍阅读的热潮。小朋友们纷纷到图书馆找这样的图画书阅读。教师把孩子们借回来的主题相似的书单独陈列在一起,形成班级中的一个小小主题阅读区,孩子们的自选游戏也随之发生了变化:他们想知道的越多,就越想去阅读;他们读得越多,就能让游戏内容愈加丰满、生动;他们的游戏越有深度,他们就想知道更多……教师看到了幼儿自主阅读和自主游戏之间的关系,也看到了图书馆在幼儿学习中的意义。

在这样的气氛中,幼儿园图书馆的双向推荐制度慢慢成形了。图书馆里逐步建立起越来越多的排行榜和主题推荐栏。有的是教师们根据当前的主题(如"秋天到了""我身边的线""幼儿园里朋友多""端午节的故事")为幼儿推荐的书籍,有的则是孩子们自己选择的推荐主题(恐龙书专辑、公主书专辑、地铁火车书专辑、怪兽书专辑,等等)。小朋友们走进图书馆时,很期待看到有没有新的推荐专栏,也很期待看到自己推荐的书有没有被别人借走。如果他们推荐的书受到好评,他们就会非常开心。

幼儿园的资源老师、科研老师和语言组的老师想出了很多适合在图书馆进行的小型专题活动,如一本好书的分享、一个简短的绘本剧、绘本猜谜活动(老师自制图画谜面,请小朋友猜出是什么书,猜出来的小朋友可以把书借走,不算在3本书限额之内)、制作图画书角色头饰活动、修补图书活动。孩子们在图书馆不仅可以借书听故事,还能进行丰富多彩的活动,这让每周的图书馆日成为他们十分期待的活动之一。

### 5. 图书馆内的小型展览和发布会

图书馆相对于班级而言,空间更大,又有着安静的气氛,非常适合办展览。于是,有的班级在家长开放日就打起了图书馆的主意。

大三班老师带孩子们制作了很多创意美术作品,又带他们去参观了美术馆,回来以后,孩子们也想给自己的作品办一个展览。他们找来了大纸箱子、硬卡纸、竹竿、线绳,做成自己的展架、展台。和园长协商后,就借用了图书馆,进行为期1周的公开展览,直到家长开放日当天。这个班的幼儿不仅承担了布展工作,还承担了导览工作,带着家长一边参观自己的作品,一边进行解说。

大三班的艺术展览大获成功,从此,图书馆又有了一个新功能:举办小型展览和发布会。孩子们不仅会请教师预定图书馆，还会把自己要展览、表演或者发布的内容做成海报贴在图书馆外，或者发到别的班里，欢迎大家来欣赏他们的成果。

经过一个学期的努力，小霞老师觉得幼儿园的图书馆终于活起来了。它不仅成为班级图书馆的蓄水池，让班里幼儿一直有新鲜的书可以看、可以用；而且调动了幼儿的积极性，让他们对阅读有着一份特别的期待；更为重要的是，阅读不再是一件只与图画书有关的事情，它慢慢变成大三班甚至全园的一种生活方式，一种文化气氛。每个教师和孩子都能嗅到幼儿园里浓浓的书香。

## 六、对图画书进行资源化管理以支持幼儿园课程建设

一个理想中的幼儿园图书馆，不仅有明亮、安静、舒适的空间环境，有丰富多样的藏书，还需要有一套高效运作的借阅管理制度，才能真正起到为小读者服务的作用。但仅仅能为小读者服务还远远不够，图书馆还应该作为一个丰富的教学资源库辅助教师完成课程设计和课程实施。就像小霞老师希望的那样，如果走进图书馆，就能够得到与本班当前主题有关的图画书推荐，或者有某个区域游戏的相关图画书推荐，那该有多好啊！为了完成这个愿望，小霞老师在园长的支持下开始了自己的研究——摸索"图画书作为幼儿园课程资源的数据化管理方法"，她需要全园教师的共同参与才能完成这项研究。

### （一）用管理数据的方式管理图画书信息资源

小霞老师首先受到搜索引擎的启发，她发现我们在网络上搜索资源时只要输入几个关键词就能找到大量的相关资源，输入的关键词越多，找到的资源匹配度就越高。她在图书馆寻找书籍时，也用到了这样的检索系统，包括书名、作者名、关键词、出版社等在内的信息都可以被检索到。那么，幼儿园图书馆是不是也可以有这种检索系统呢？

小霞老师向我询问之后，我向她推荐了我常用的一个手机应用程序，并教

会小霞老师把自己读过的图画书通过扫码、贴标签、写笔记的步骤录入应用程序中。然后，小霞老师和我互加好友，就可以共享对方的数据资源。小霞老师如获至宝，没过几天，就输入了几十本图画书的信息。因为这个应用程序关联到图书出版的基本信息，所以只需要用户扫描书后的条码就可以完成录入工作，而需要人工进行的就是"贴标签"，标签贴得越多，未来检索起来就越容易。

小霞老师熟练使用这个应用程序后就申请主持了一次集体教研活动，教会全园教师使用这个应用程序，并且组建了一个小组，共享输入资源。

## （二）图画书编码的过程，就是全园教师业务学习的过程

园长建议小霞老师让全体教师都加入建设数据资源库的过程中，因为扫码录入不是目的，让每位教师都熟悉图画书并理解图画书可能对课程形成的资源贡献才是教研的目的。于是，在接下来的几个月中，每周三中午的教研时间全体教师都是在图书馆度过的。他们每人会从书架上取下 5~10 本图画书，先扫码登记，以确保这些书没有被重复录入过；然后逐一认真阅读自己手里的书，把这些书里的一些关键信息，如时间（时代、季节、时段等）、地点（国家、城市/乡村/森林、场所等）、主要角色（身份、职业等）、动物角色、起到关键作用的物件（汽车、魔法棒、宝剑、枪、木头、沙子、船等）、相关知识经验（冬眠、三态变化、植物生长、动物繁殖、交通规则等）、艺术表现手法（水墨、油画、拼贴、剪纸、形状变形等）、文体（生活故事、神话传说、童话、诗歌韵文等）等做成电子标签在应用程序上进行标注。完成这项工作后，他们会在已经录入过的书上贴上一个小标签，写上录入人姓名，表明这本书已经被录入过了，也欢迎其他教师在完成自己的录入工作后再来补充标签。每一个为这本书贴过标签的人，都要在书后写上自己的名字。

教师们在阅读和贴标签的过程中，可以随时和同伴分享自己的阅读感受，也可以讨论标签是否适宜。在这里，标签没有绝对的对错标准，只是为了将来有一天当教师处于某个教学场景需要用到某一本书的时候，更及时、便捷地找到这本书。所以一本书可以有很多标签，也可以有每个人不同的理解，贴上不同的标签，就会成为一个开放的、持续更新中的数据系统。

只用了不到两个月，全园 2000 多本图画书就都完成了信息录入和贴标签建立关键词数据库工作。因为这个应用程序中的数据可以转成表格文件导出，非常方便用户查询，所以当小霞老师再想寻找有关冬天、动物、冬眠、冰、雪的图画书时，就不需要在图书馆留言板上留言了。

在这两个月中，教师们不仅完成了数据库建设的工作，更培养了对图画书阅读的强烈兴趣。通过贴标签的讨论，他们发现了很多以前没有注意到的图画书中的细节和价值。教师们以往拥有的 10 本书借阅权利，大多留给那些不想还书的小朋友，而现在，教师可以通过关键词检索找到目前最能支持自己的主题教学和区域指导的图画书，借阅的积极性也提高了。孩子们借回班里的图画书也被教师根据关键词的线索合理地安排到各个学习区域，图画书的价值在班级里得到了更大的发挥。

### （三）把图画书和参考课程、以往教学内容进行关联

园长看到小霞老师组织的图书馆项目带动了全园教师课程资源利用的研讨，也提出了自己的想法。她希望能够把幼儿园现有常见主题和图画书资源进行关联，让每位教师无论用到哪个主题，都能直接找到相应的图画书。于是，园长又委托业务园长组织了以下教研活动。

- 根据本园的课程组织状况，请教师以年级组为单位，把经常用来参考的课程指导方案和曾经进行过的生成主题进行整理，找出其中最常用的 24 个主题（上、下学期各 12 个）。
- 将幼儿园现有的图画书根据关键词、年龄、推荐度等信息匹配到这 24 个主题当中。
- 将主题相关书籍按照其与主题相关的紧密程度区分为主题的引发、主题的延展、自主参考三类。
- 为每一本入选图画书建立主题使用档案，在使用时记录幼儿的反应以及图画书对主题发展的贡献，以便进一步调整。
- 逐步完善主题图画书资源库，将其作为一项幼儿园教研常备项目。

没过多久，这个主题图画书资源库就初步建成了，接下来项目组又继续进行区域图画书资源库的建设、中外节庆主题图画书资源库建设等分支项目的研究。一个有2000多本藏书的幼儿园图书馆就这样成为一个取之不尽、用之不竭的资源大宝库。对全园教师来说，在图画书作为课程资源数据库的建设中，在具有蓄水池功能的图书馆的使用中，他们发现图画书、图书馆、班级图书角、基础课程、生成课程、教师及幼儿被连在了一起，形成了一条有机的链条。幼儿在这个链条中拥有了更大的选择权和决定权。图画书不仅是早期阅读的材料，更是园所课程设计和实施的重要资源，也是全园课程文化发展不可或缺的一部分。

### （四）建设一个开放的、具有支持性的系统需要一群热爱读书的人

小霞老师对图画书的热爱带动了全园教师，全园教师对图画书的热爱改变了园所课程资源的结构。当教师睁开一双观看图画书的眼睛之后，他们会发现图画书里具有大量有价值的课程资源，更能看到幼儿在阅读图画书时获得了哪些经验。

优秀的幼儿园教师应该认真研究可以利用的课程资源，更要研究这些资源是如何被幼儿使用的。当教师看到孩子们在阅读完《小黑鱼》后，就自发在表演区开始了小黑鱼的表演游戏；当教师看到孩子们在看了"巴巴爸爸经典故事系列"图书之后就开始迷恋泥工区，做出了各色各样的巴巴爸爸变形；当教师看到孩子们在看了《哎呀呀，这可真是太好了》之后，就不停地在生活中重复这句让人精神振奋的话……教师们找到了和幼儿讨论阅读的钥匙，或者说路径。

通过图画书提升幼儿的早期阅读兴趣和能力，可能始于教师对图画书的研究和热爱，但必须依托幼儿读者对图画书真正的热爱以及教师对这份热爱的理解。幼儿在对图画书的内容、形式、情感、意义做出反应并将其融入自己的游戏和生活时，就是教师支持幼儿游戏和学习的关键时刻。幼儿在教师发起的共读中获得早期阅读预备策略的示范和指导，但只有在大量充满乐趣的阅读实践中才能真正获得丰富而独特的阅读体验，才能真正获得读写能力的感性基础和书面语言发展的机会。

幼儿园通过全体师生参与建设开放性的图书馆软硬件设施和图画书课程资源库，培养了一群热爱读书的人——爱读书的教师陪着爱读书的孩子，他们一起开心地阅读是这个图书馆里最美的风景。

## 阅读与思考

**推荐阅读**

- 《打造儿童阅读环境》［英］艾登·钱伯斯著，许慧贞译
- 《幼儿园读写萌发课程》 黄瑞琴著

**思考**

寻找身边的书源，看看你能从哪里找到便宜或者免费的图画书来充实班级的图书角，丰富你的班级早期阅读活动。

**家园合作小贴士**

无论是在课程中广泛运用优质的图画书，还是在幼儿园环境中提供好的阅读材料，教师都必须广泛阅读图画书。只有爱阅读的教师，才能培养出一群爱阅读的孩子，并且带动一批爱阅读的家庭。

# 附　录

## 附录一　当我们谈论早期阅读时，我们在谈论什么?

"当谈论早期阅读时，我们在谈论什么"，这是一种一度曾经非常流行的句式，今天我用它来反思一下我们的早期阅读推广工作。

我们在做一件事时，往往不会思考更深层次的东西，比如早期阅读这件事。首先，我们先把出书的、卖书的放到一边，我不是说他们这样不好，人家有明确的商业诉求，并且有益于市场繁荣、文化繁荣，这挺好，我想说的是我这种既不出书又不卖书、热衷于让更多孩子看上好书、享受好书的人，到底在做什么。

首先，我们是读书的受益人，我们知道热爱阅读、阅读好书是多么享受的事情，我们不会被任何围墙所挡，就算我们的肉身不能翻墙，我们的灵魂也在阅读中与古往今来、天南海北的智者相伴、畅谈，所以书是我们的渡河之舟，书是我们的翻墙之梯，书是我们的筋斗云。

其次，我们看到那么多孩子没书看、不看书、看不到好书时很心疼，总想着为什么他们没有机会如我们这般得了甜头，就总想着分享我们的快乐，让他们的心灵也能自由驰骋。

最后，我们看到一些人将读书这件美好的事情愣是做成让孩子深恶痛绝的苦差，于是我们去给家长、老师讲，该让孩子读好书、好读书，才可明白读书好啊!

只是，在我们讲的过程中，总有些被误解或者被利用的地方，于是我总结出几条感想，说一说当我谈论早期阅读时，我在谈论什么。

## 一、早期阅读与早期不阅读

假如我们把幼儿（指幼儿园 3—6 岁的孩子，更小一些的孩子睡眠时间更长，暂且不提）的一天稍加区分就会发现，他们用 10~12 小时睡眠，3~4 小时吃饭、饭前准备、饭后晃悠，1 小时如厕、洗手，这样算下来可以支配的清醒时间每天不过 6~8 小时。那么，这 6~8 小时里，孩子们在做什么？在幼儿园里必须要做的晒太阳、做操等活动占去 2 小时，这个必不可少。一般幼儿园上下午都有集体教学活动，加上区角活动，占去 3 小时。现在算算看，还有 2 小时吗？孩子的时间真的好宝贵啊！早期阅读，到底发生在什么时候？

所以，我们讲早期阅读实际上是在挑战"不阅读"这种现象。对那些把时间花在家长打麻将、孩子看电视的家庭来说，早期阅读是一种基本的启蒙工作。

那么为什么不能让孩子长时间看电视，而是要让孩子读书呢？

- 我们的眼睛在阅读时，眼球靠后面的六条睫状肌做横向的扫描运动，因此才能逐行阅读，或者做画面的扫描，而我们在观看电视的时候是不需要这个动作的，长期下去，眼周肌肉得不到锻炼，视力就会受损，这并不是液晶屏幕能解决的问题。

- 我们在看书时会受到阅读速度的控制，有人读得快，有人读得慢，根据自己的能力调节速度。在调节的过程中，能力逐步得到提升，这是一个主动的过程，即使是阅读图画书，也有阅读节奏，每个人可以根据自己的经验和能力在一个画面上快速通过或者停下来思考。但是看电视的时候，观众必须适应电视的节奏，信息接收的过程是被动的。

- 长时间观看电视，电视机产生的静电会裹挟空气中的灰尘落在孩子的脸上，孩子会用眨眼、抽动等方式对这些微小的刺激做出反应，长期如此，可能会形成抽动症，也就是我们常见到的不自觉"挤眉弄眼"的孩子，他们大多是长时间看电视的受害者。

- 孩子长时间看电视往往是家长陪伴缺失的结果，因此对话减少，口语交流不足，孩子无法得到及时的反馈，从而造成表达上的不足。

这样想一想，我们还能把孩子长期留在电视机前面吗？有人说，电视机里的卡通形象教会了孩子排便、吃饭、有礼貌……不能不说，一些好的电视节目可以为孩子树立正面榜样，减少家庭同龄同伴不足带来的问题，但是这依然不是把孩子独自留在电视机前的理由，因为孩子的学习不是靠听、看，而是靠做，是靠及时正向反馈获得的。那么，早期阅读呢？

在阅读中，孩子的眼睛会随着家长的手指在画面上移动，从而锻炼了眼周肌肉，避免阅读障碍的形成；通过自己反复翻阅图画书，形成学习的主动性和自主性；不会受到静电尘的刺激；和家长共读的过程就是亲子交流的过程，学习真正的人类语言的运用。

所以，早期阅读是想让孩子在极其有限的时间里远离电视机等设备，开始进入图文世界。但是，这并不意味着早期阅读是一个必须"大做、快做、多做"的事情，相比孩子的身体运动、直接经验获取、日常生活技能和习惯养成、对父母的信任感等，早期阅读只是一个"背景音乐"。我们有那么多途径可以帮助孩子获取主动性、信任感、良好的人格和品格，早期阅读不是唯一的办法。因此，早期阅读是为我们提供了一个相对于看电视而言更好的、更有益于儿童发展的选择。

## 二、早期阅读与早期苦阅读

早期阅读的第二个对手是早期苦阅读，这是对那些太把孩子的前途锁定在名牌大学身上的家长而言的。

我们都知道生活竞争日益激烈，都期待孩子为将来的"血雨腥风"做好准备，但是我们有没有仔细思考，应对未来，我们该准备什么？有人说，"学好数理化，走遍天下都不怕"。那么看看那些出现心理问题的博士们，他们学得不好吗？现在，大学毕业、就业、竞争的压力被转移到高考、中考、小升初甚至幼儿园入学，很多家长期待孩子以后有一份高薪的工作，那么我们的人生有什么意义呢？难道我们不能把眼光放得再远一些吗？教育的全部目的只是教人更好地生活，幸福地生活。你说"没有钱怎么生活"，我说"有了钱你就会生活吗？"。当我们把逻辑建立在机械地读书、赚钱、生活的死循环上，眼前就只能剩下分数，而忽略了获取这个分数的人的感受：他幸福吗？他快乐吗？

我们都知道，任何知识经验都不可能被灌进孩子的脑子，任何道德规范都不可能被贴在孩子的身上，只有孩子有兴趣、主动地去吸收了，那些人类千百年来的智慧精华才能被他汲取，他才有可能参与到人类未来更加无限的创造中去。所以，我们要和不顾孩子感受的苦阅读对决。

### （一）早期阅读的目的不是外在于孩子的

早期阅读的目的在于让孩子接触印刷形式，积累阅读经验，丰富阅读审美体验，感受文学表达形式，从而形成自己的阅读习惯，把阅读作为自己的一种生活选择，知道可以从阅读中获取经验、感受快乐、获得共鸣。我们为孩子提供图画书和其他文字材料，都是出于对孩子需要的满足，对孩子兴趣的响应。从这个角度出发，我们的行为就有了最合理的依据和解释。当然，我们也一定会有自己的目的，例如，我们更倾向于给孩子选择那些包含正面的形象、有趣的故事以及具有审美情趣的图画，而不是低俗恶劣、枯燥无味、粗制滥造的东西。这些既是为了保证孩子阅读的愉悦感，也是我们的文化品位的自然表露。太刻意的目的，例如，塑造孩子良好的品格、教导孩子正确的行为、教会孩子某项知识技能，并不是不可以，但我们往往会觉得自己的投入得不到立竿见影的效果。实际上，这些良好品行和知识的获得并不是一个简单地教等于学的过程，而是一种潜移默化的结果。我们在懂得给予的同时，还要懂得等待，等待孩子自己来吸收、消化。对孩子来说，所有这些成人赋予的目的都不如他们自己的兴趣来得直接、有效和持久。

### （二）早期阅读不等于早期识字

那些成功地为孩子设计图画书、编故事的人，他们在创作图画书或者故事时都有一个共同的特点，那就是他们懂得用图画和文字为孩子讲述故事——真正能让孩子理解、喜爱的故事。文字或图画，只是一种表达方式，其核心是故事，而故事都是有结构的，也就是我们通常说的，时间、地点、人物这几个要素，以及联系这些要素的起承转合。孩子通过成人的朗读、自己看图画（而大多是这两者的结合）在不知不觉中形成故事感，掌握故事结构，然后再结合自身的经验慢慢理解故事所要表达的意思、道理或者知识。这些都是早期阅读的功能。但有些人误以为，假如孩子不识字，谈什么阅读呢？如果孩子在6岁以前能认识成百上千个汉字，他们不就可以大量阅读、自己阅读了吗？这样，他们的知识增长速度会更快，道德水准会更高，语文水平也会更高……所有这些期待都基于一种假设，那就是识字就等于阅读，而实际上，单个地识字如果不配合大量的美好阅读经验，没有强烈的阅读兴趣，没有主动的思考过程，没有对于故事结构的积累和掌握，就无法实现良好的阅读效果。最可怕的是，有些家长为了提高孩子的识字量而牺牲了有趣的阅读，让阅读变成一件痛苦、无趣的事情，从而导致一批会识字但是不想阅读的孩子。

### （三）早期阅读不等于早期阅读教育

早期阅读最主要的发生场所应该也必须是家庭，亲子间其乐融融的气氛加上好看的图画书、好听的故事，营造了真实的阅读气氛、和谐的阅读空间。在亲子阅读中，成人把好听的故事带给孩子，孩子随时可以提出问题，成人诚恳而感性地作答，于是孩子便有了最佳的童年阅读体验。这都将为孩子一生的阅读打下良好的基础。反之，假若家长把亲子阅读视为重要且刻板的"教育"活动，要孩子说出每本书告诉我们什么道理，记住每本书的情节，回答出为什么、怎么样、后来等问题，就生硬地破坏了这种阅读体验。在阅读过程中，家长不是不可以提问，恰到好处地提问会让故事更加起伏跌宕、扣人心弦，而不良的问题会让孩子觉得趣味全无。原则很简单，就是要跟随孩子的兴趣，引导孩子的兴趣，所有的提问和交流都紧跟情节发展，让提问为阅读服务，而不是让阅读为回答服务。

早期阅读是快乐的过程，才会具有真正的价值，否则痛苦地大量阅读只能为未来的发展埋下隐患，而不是播种"幸福的种子"。

## 三、早期阅读 vs 早期独阅读

假如家长存有一种心思——"让孩子早早识字吧，让孩子早早阅读吧，这样他就可以自己去读书，不要来烦我啦！"——那么虽然家长的行为是一样的，比如，给孩子买书，带孩子阅读，等等，但目的不同，心态不同，效果也一定不同。想要早早摆脱孩子"纠缠"的父母，可能是工作辛苦的父母，可能是心态尚不成熟的父母，可能是有实际困难的父母，但无论如何，想要推卸做父母的责任，一定会在日后为自己的行为付出代价。

因此，我们必须说，早期阅读不等于早期独阅读。亲子阅读过程中，家长不仅仅是一个朗读器，否则要录音机就好了，录音机里播音员讲得更加字正腔圆、生动有趣；家长也不仅仅是一个图书资源的供货商，否则把孩子放到图书馆就好了。家长在给孩子提供好的图书、朗读故事的背后，有着自己和孩子共同生活的经验，没有人比爸爸妈妈更了解孩子，能更多地和孩子分享你们曾经共同经历的事情。我们都知道"言传身教"以及先天条件和后天环境之间的关系，那么我们怎么可以不把自己的生命与孩子的成长密切相连呢？和孩子一起读书，不仅仅是一个培养孩子的过程，更是一个提高自身修养的过程，只要用心，我们同样可以在好的儿童文学作品中获得滋养，洞悉人性，完善人格。我们不可能给孩子一切好的东西，但我们可以给孩子最好的自己。一个懂得珍惜爱、懂得付出诚心、懂得敬畏生命、懂得享受生活、懂得守候幸福的家长，一定可以培养出一个身心健康的孩子，而家长只要从和孩子一起读图画书开始就好了。

所以，不要想着用快马加鞭的方式催孩子离开你，而是要用细嚼慢咽的方式和孩子共同享受童年。别怕孩子因得到你的爱太多而舍不得展翅高飞，真正享受了爱、知道了什么是安全港湾的孩子才能扬帆远航，因为他们知道有一份最安全的爱在背后默默地支持着他们。

那么，让我们来总结一起阅读的要领。

- 热情地把好看的书推荐给孩子。
- 声情并茂地读给孩子听，和孩子讨论、分享，诚恳地回答孩子所有的问题，不怕不懂，就怕装懂。
- 坚持读下去，一直读到再也没有机会读为止。
- 孩子能看懂和能听懂大致相差2年，可以在4岁以后给他读稍微长一点的故事，如儿童系列故事、你喜欢的诗歌散文以及简短的新闻，等等。
- 不要急着让他读给你听，他有一天会想给你读的。
- 每天不要读得太多，让孩子体谅你的辛苦，一两本（个）就好了，好好地说，他会懂的。

当我们谈论早期阅读的时候，我们并不是要收回孩子奔跑的脚步，和他们争夺游戏的时间；也不是要让孩子在阅读中学到多少东西，或者让他们早早丢开父母的手。我们谈论的是童年，是发展，是孩子应该有的幸福。我们期待孩子能够在早期阅读中找到童年的快乐、充实和幸福，期待他们能把阅读当成生活的一部分。"一个国家的阅读史，就是一个国家的精神成长史。"我们期待孩子们有丰满的灵魂、健硕的精神，能够独立判断和谐共处，理性思考，感性生活。所有这些，都可以在阅读中实现。

我们不应该把目的和手段混淆，一个人成长的全部目的就是幸福地生活，而不是学富五车或者成绩斐然。当我们把手段等同于目的时，我们就会牺牲不应该牺牲的东西，迷失在手段的辉煌中，忘却了美好的起因。所以，当我们谈论早期阅读时，我们谈论的是儿童的幸福，切记！

（本文节选自《当我们谈论早期阅读时，我们在谈论什么？》，有删减）

## 附录二 读者优先——幼儿园图画书阅读活动翻转课堂的可能性

图画书，作为一种彰显少儿读者主体性的图文读物，受到少儿读者的喜爱。在我国，自2000年前后，图画书日益成为家庭和幼儿园供给幼儿阅读的重要材料。

在图画书在中产阶级家庭普及之前，大多数幼儿的文学经验主要来自非文本渠道，如口耳相传的儿歌童谣、长辈讲述的故事、收音机里的口播故事以及电视动画等。以上渠道确实在一定程度上丰富了幼儿的精神、文化生活，同时起到了丰富口语词汇和示范母语语法结构等作用。但是，由于这些输入途径都具有即时性特征，幼儿较难依据自己的速度反复倾听、观看，沉浸其中；更难以就同一素材展开同伴之间的讨论，也难以整合多种资讯来源，实现更加丰富、延展的学习。

配有图画的童书在中国有着悠久的历史，最早的图画书雏形可以追溯到魏晋时代。随着印刷技术的发展，得以较大范围传播的少儿图文书籍大致从明朝开始，历经"插图蒙书—故事画/图画教科书—图画故事—图画书/绘本"几个阶段。无论哪种形式，图画作为书籍的重要组成部分都表现出创作者、出版者（成人）让儿童借助图画的帮助提高阅读兴趣并辅助阅读理解的目的。虽然有学者认为，古代零星图文读物的出现不能代表具有儿童本位性质的儿童文学的出现，但图文读物的出现确实具有关照非识字人群，以图画演绎、补充说明文字的目的和作用。因此可以认为，图文读物的产生本身就是基于读者考虑的出版形式。

## 一、被忽视的"阅读者优先"

随着现代儿童观念的树立和转变，以建构主义心理学为基础的教育理念成为显学。以"学习者为中心"的教育理念在理论层面日益得到传播和认可。"儿童是有能力的学习者，儿童是主动的学习者，儿童是具有创造性的学习者"几乎成为学前教育主流的通用口号。

以学习者为中心的课程也被称为"学习者优先"的课程理念，有着深远的历史渊源，无论中外，都可以追溯到教育的最初时代，如中国孔子的"因材施教说"、古希腊苏格拉底的"助产士说"等。尽管不同时代中学习者所学习的内容、方式以及目的不同，教育的内涵和外延也有所不同，但是学习者地位、师生在教学矛盾中的关系一直是课程论中被讨论的主题。当代课程学者对"学习者中心"课程做出了如下描述。

美国教育家阿瑟·K. 埃利斯（Arthur K. Ellis）认为，学习者中心课程就是一种典型的关于发现的课程，主张兴趣说。学习者的个人成长和发展是基础，其核心是学习者个人而不是传统的学术性学科，其特征表现在开放教育、情感教育、适宜儿童发展水准的实践以及创造性和自我指导。学习者处于课程控制的中心，它是一种个性化的课程，同时不忽略学习者和教师以及学习者之间的联系。[①]

美国学者约翰·D. 麦克尼尔（John D. Macneil）概括了学习者中心课程的六个特点：强调学生对自己的学习承担更多的责任；承认和欣赏学生世界观的差异；课程设计的起点从学生多样性的目标和背景开始；强调以学生为中心并不排

---

[①] Ellis A K. Exemplars of curriculum theory [M]. London: Routledge, 2003.

斥学科知识体系的价值；创造环境，以帮助学生把自己的真实生活与课堂学习建立联系，通过重组思考和信念来建构知识；学习者需具备相应的认知发展水准，学生的自主及对学习的控制会给课程进展带来一定的难度。①

然而，作为年幼儿童的教育者，往往更容易同意年幼儿童可以通过操作材料、器械得到有益的学习经验，但这些经验主要局限于感知经验、认知经验、数理逻辑经验和部分审美经验；一旦涉及文字符号、文化、文学等更具有人类文化规定的内容时，教育者往往就会犹豫，表现出对年幼学习者的信任和支持不足；或者表现为相信这一类经验需要由成人进行充分的选择、甄别、组织之后才能呈现给学习者，并且教育者普遍认为需要详细规范学习者的学习路径和方法才能使他们获得最佳成长。

在操作层面，这样对文学、文化层面的学习内容的特殊态度表现为教育者要求权威人士或制度提供某一年龄段的必读书目，需要分级阅读方案，希望获得结构化的教学法，以道德伦理、阅读技能学习及知识学习等作为可分解、可执行的阅读教学目标，强烈需要测评标准和方法等。

基于对我国幼儿园、小学等教育阶段的教育现实的观察，研究者认为，成人试图借由文学故事形式教育儿童遵守成人规范以强化道德伦理传统，试图在文学文本中阐释具有规训意味的主题。借由图画书等儿童喜欢且能够胜任的阅读媒介实现成人预设的教育目标仍然是当前我国幼儿园、小学文学阅读教学和课程设计的主流。

尽管当前幼儿图画书创作主流提倡文学性、教育性、儿童性及游戏性并重，我国也通过大量国外图画书的引进让国人看到更多图画书以及幼儿文学的可能性，对长期以来教育性优先、说教规训为主的儿童文学传统形成一定的冲击和消解，但很多文学作品仍旧以成人立场进行创作，或者使一个文本在成人的诠释下背离幼儿读者的兴趣，忽略读者自身的感受，轻视年幼读者的表达权利。也许我们可以这样概括，本来应该从属于"学习者优先"的"读者优先"的意识尚未在幼儿教育界的共识形成过程中，幼儿读者的身份确立还需要更多的理论准备和实践探索。

---

① Macneil J D. Curriculum：The teacher's initiative［M］. 3rd edition. New York：Pearson, 2003：65-66.

## 二、基于"读者接受理论"的"读者优先"理念

读者接受理论脱胎于接受美学理论,"接受美学"是 20 世纪 60 年代末 70 年代初在德国出现的美学思潮。德国文艺理论家、美学家汉斯·罗伯特·姚斯（Hans Robert Jaus）和沃尔夫冈·伊泽尔（Wolfgang Iser）提出，美学研究应集中在读者对作品的接受、反应、阅读过程以及读者的审美经验和接受效果在文学的社会功能中的作用等方面，通过问与答和进行解释的方法来研究创作与接受以及作者、作品、读者之间的动态交往过程，要求把文学史从实证主义的死胡同中引出来，把审美经验放在社会历史的条件下去考察。

读者接受理论认为，意义是在阅读中发生的，并不作为文本中预设的因素而存在。阅读不是为了偷懒：当读者要理解文本时，他不得不凭借个人原有的经验和当前的能力来创造关联，填补裂缝，做出推理，提出假设。因此，一个读者就是一个积极主动的学习者。

波兰文学理论家罗曼·英伽登（Roman Ingarden）认为，文本不过是一系列的图式——可预料的或惯性的图式——读者对这种图式进行阐释并使之形成有意义的语言。读者是带着"前理解"这种一整套语境、信念与期待来进行阅读的。这种观念认为有三个相互关联的世界：作者的世界、文本的世界与读者的世界。

### （一）幼儿读者的特殊性

本文所讨论的幼儿读者指的是 3—6 岁的儿童。这个阶段的儿童有着自己的阅读特征。

首先，相对于 0—2 岁的婴儿、学步儿而言，他们已经基本掌握了母语的发音规则、生活中大部分常用的口语词汇和常用的口语语法，能够实现和成人的言语沟通，能够进行较为灵活的言语活动。他们大多对语音产生了兴趣，对于童谣和绕口令所蕴含的押韵、节奏等语言现象有所觉察。他们积累了一定的感知经验和生活经验，并且能够将之与语言关联。他们已经进入了口语文化的世界，并且能够在这个世界中主动获取和建构意义。

其次，与 7 岁以上开始识字并且进入学校系统把文字作为主要学习和思维工

具的儿童不同,他们在国家现有的教育政策下不被鼓励大量识字,即使在家人和学校的要求下开始识字,实际上也并不把文字作为主要的学习和思维工具。他们对文字具有好奇心,并且有探索字音、字形和字义关系的欲望,但是神经系统的发展还不足以支持他们大量阅读和运用书面语思考。

以上幼儿个体的发展规律和外部教育环境,使得幼儿这个群体获得文学赏析和娱乐的途径主要来自听觉通道和配有图画的书籍,这也是为什么"图画书是最适合幼儿阅读的书籍"。他们用耳朵听成人讲故事,用眼睛观看图画,从而建构自己对图画书内容的理解,而这种理解往往与成人预期的不同。这种差异主要来自读者个体的生活经验的不同。成人作者在创作图画书时不一定总是清晰地定位自己的读者对象,很多作者都希望创作出"0—99岁读者都喜欢"的图画书,因此也就意味着,0—99岁的读者势必有着自己不同的阐释空间。

（二）图画书确立的幼儿读者身份

图画书与其他读物的最主要差别在于图文两种符号系统共同叙事的特质。图画书中的图不仅起到装饰作用,还起到了叙事作用。图画书有时由一位作者完成图文创作,有时则有两位作者,一人写文、一人画图。而画家画图的过程,就是不同的人用不同的符号系统进行阐释的过程。也就是说,画家在为作品配图时已经对文本进行了一次再创造,而这种再创造有时候已经和原文作者的意图有了一定差距,可能是丰富了,可能是削减了,也可能发生了图文之间的歧义,或者说产生了新的意义。

图文之间的不稳定性,当然也让图文的解读具有多种可能性,而最终的解读差异就在于读者自身的经验。

幼儿读者在纯文字作品面前往往是无力的,他们需要成人帮他们把符号转化成语音,甚至做从书面语到口语的解释。尽管如此,每一位小读者（或者说小听众）对于作品的理解也是千人千面的,但是他们较难摆脱成人来独立完成这个听读过程。图画书的出现使年幼读者可以凭借图画产生更多的理解,他们有机会和图画作者的表达面对面地直接交流,而无须成人的解释和说明,具有更大的自主权。

尽管有学者认为图画的复杂性使其无法真正被年幼读者完全理解,图画内部依然存在着大量的灰色意义空间，读者需要有复杂的文化背景才能真正掌握互文经验，但我们也无法否认幼儿有权利偏离作者预设的轨道，让作品成为读者自我建构意义的场域。

如果说，对年长儿童和成人来说，读者接受理论只是还给读者其应有的权利，减少对读者的控制；那么对幼儿来说，成人想要真正实现控制总是困难的，他们并不在乎成人的解释，或者说，他们理解成人的解释与理解成人相信的书本的原意一样困难，既然这样，他们不如自己创造意义好了。

这种实际上的理解差异与图画书这种允许多样性理解的文本特质造就了幼儿读者独特的读者身份，一种比不确定性更加不确定的身份。

### 三、翻转课堂在幼儿园图画书阅读中实践的必要性和可能性

随着图画书的普及，我国的幼儿园越来越多地使用图画书作为课程资源，从2000年至今，图画书在幼儿园的使用也发生了一些变化。从原来的把图画书当作识字、语法等语言学习工具到意识到图画书的文学性、艺术性和娱乐性特质；从用图画书上课，到在日常教学和游戏活动中使用图画书，把图画书当作课程资源使用。尽管有了这些可喜的变化，但教师们普遍存在一些困惑或者说是使用上的误区。例如，教师往往在集体教学时间带幼儿一起读图画书，并且通过投影要求幼儿观看图画书中图画的细节，并进行讨论，将观察、判断、预测、验证等阅读策略的学习和使用作为幼儿图画书阅读学习的显性目标，却忽略了每名幼儿的原有经验和当下感受。一般幼儿园每班30人以上的集体阅读环境令教师很难兼顾每个年幼读者的阅读感受；又如，教师希望幼儿在阅读之后能有一定的拓展活动，所以在阅读后设计了艺术表征、科学探究等"游戏"活动，希望孩子立刻将在阅读中获得的经验迁移到教师设计好的游戏活动中，并不关心幼儿当时的阅读体验和情绪感受，也不给幼儿自己建构意义、表达感受的机会等。

以上这些教师试图通过设计阅读过程、结果，决定幼儿读者阅读感受的课程实践，使得幼儿读者难以获得真正完整的阅读体验，被剥夺或者被部分限制了自主阅读的机会。阅读更像一种具有标准答案的猜谜活动，而不是个人化的体验活动。

## （一）翻转课堂的理念和特征

2011年左右，在美国兴起的翻转课堂（Flipped Classroom）得益于以"可汗学院"为代表的技术支持，迅速在教育各阶段教学实践中被尝试应用，成为全球变革传统学校教育的契机和希望。翻转课堂是相对传统课堂而言的一种新的教学模式，将知识的传授、吸收、内化迁移等过程在时间和空间上进行了互换，即将教师的知识传授过程前置在课前，通过学生自主学习来完成；将知识内化和迁移的过程后移至课中，通过教师精心设计的主动性学习活动，基于教师和学生、学生与学生的社会性互动来完成。翻转课堂的基本要义是教学流程变革所带来的知识传授的提前和知识内化的优化。

翻转课堂是一种强调以学习者为中心的教学模式，它至少包括课前的自主学习和课中的集体或个性化学习活动两个部分；如何有效并最大化地利用课堂师生面对面的时间是翻转教学的核心问题，其中如何设计促进学生主动学习的学习活动是关键；翻转课堂将学生通过自学可以掌握的基础知识放在课前，而课中通过小组合作或教师讲授主要解决学生通过自学难以完成的复杂高阶知识。

翻转课堂的理念为我们带来了极大启示，用以解决以上所罗列的幼儿园在使用图画书时遇到的困惑或误区。

## （二）幼儿园图画书阅读活动借用翻转课堂理念的必要性

当前对固守传统教学理念和方法的教师而言，最大的挑战就是集体教学时间被大量消减的问题。原来，幼儿园每天至少有两个时段，每个时段有40~60分钟可以用于集体教学。大多数幼儿园也相信集体教学的有效性，故而将国家教育相关规定里描述的幼儿发展指标转化成集体教学活动——统称为"上课"——来实现。随着教育政策制定者和执行者观念的改变，人们越发相信幼儿的学习是在自己的操作和感受中进行的，例如，社会性领域的目标就明确指出幼儿社会性发展目标应该在与人的实际交往中达成。因此，官方政策规定幼儿园每天的集体教学活动不能超过一次，每次不能超过一定时长。

一方面，政策和理念上的变化使得幼儿园不得不减少集体阅读活动的时间；另一方面，全民阅读的倡导政策以及日渐形成的对幼儿早期阅读、前阅读、幼儿文学体验等的关注又要求幼儿园提供阅读材料和阅读活动。因此，幼儿园作为幼儿发展的社会义务承担者，有必要进行课程改革，以满足幼儿的发展需求和社会文化的要求。

### （三）幼儿园图画书阅读活动借用翻转课堂技术实现阅读个性化的可能性

实际上，幼儿真正的阅读往往不发生在集体阅读活动中。家庭中一对一的阅读活动更能够满足幼儿个性化的阅读需求；在图书区域的自选阅读可以在满足幼儿阅读需要的同时，满足其基于读物的社交需求；阅读之后发生的自主游戏行为可以满足幼儿阅读后的输出需求，以完成经验的整合。幼儿的阅读不仅仅发生在显性的、一般认为的图文阅读过程中，还发生在阅读中的对话和阅读后的游戏中。

实际上，幼儿真正的阅读需要成人参与，不仅体现在成人帮助幼儿读出图画书中的文字，还体现在成人与幼儿一对一地交换意见。虽然养育者和孩子具有不同的认知经验，但他们往往共同经历了很多事件和情境，因此能够唤起相似的经验网络，从而在较为接近的范围内共建意义。较少人参与的阅读，让对话变得更容易，幼儿的语言可以被更好地倾听和记录，并得到及时反馈。养育者在陪伴阅读的过程中往往会通过手指动作、眼神、声音、语气、语调等非教导性的行为为幼儿提供阅读示范，而这种示范恰恰可以协助幼儿达成对读物的理解。是亲子共读这个不断交互的行为集合促成幼儿有效的阅读学习，完成幼儿的阅读体验。

美国文学理论家斯坦利·费什（Stanley Fish）认为，读者属于"阐释的共同体"，这个共同体中的成员共享阅读的策略、价值与预设，这就构成了"有知识的读者"（informed reader）。费什感兴趣的是文本"做了什么"，而不是文本"意味着什么"。对他而言，文本"意味着什么"以及它如何产生那种意义，是通过阅读在读者之中发生的，意义并不是作为文本的先在因素而存在的。

然而，"制度化"仍然是当前我国幼儿教育的主流，研究者必须因应当前我国幼儿园普遍存在的"共读一本书"的"制度"承认大多数幼儿园必须有一个共同的学习主题才能开展活动，而无法在大班额、统一评价等现实面前实现完全基于每个人经验和需求的指导方案。"局部改革"往往是当前我国教育改革和课程改革的宿命。因此，依据读者接受理论和翻转课堂提供的启示，研究者尝试进行教学流程层面的改革尝试，把当下文化规定的"制度化"的图画书阅读活动的部分环节前置并回归到家庭亲子阅读中，由养育者在家庭中展开一对一的阅读活动，同时请幼儿园教师在有限的集体活动时间内尽量减少全本演示图画书的无效阅读时间。把集体活动的目标定位为学习者经验分享、基于问题的讨论和探索，以及完成一些需要合作的阅读感受发表。

具体的做法如下。

- 幼儿在养育者的帮助下获得阅读材料，并在家庭中开展共读。
- 养育者首先请幼儿自己翻阅绘本，不急于给幼儿讲解；幼儿如果有要求就可以说出书名，如果没有要求则任由幼儿翻阅。
- 养育者参考研究者提供的亲子阅读观察记录表，记录幼儿初次翻阅绘本的行为表现。
- 在幼儿翻阅结束后，养育者给幼儿讲读绘本并在讲读过程中允许幼儿随时提问、回顾、离开，同时养育者需要忠实记录幼儿的反应。养育者被鼓励尽可能绘声绘色地为幼儿讲读，激发幼儿参与阅读的兴趣。
- 养育者允许且鼓励幼儿在第一次讲读后提出问题，并将幼儿的提问、感想等相关语言记录在表格中。
- 养育者被鼓励用视频或拍照的形式记录亲子阅读过程，并将其上传到相关内部网站供班级教师参考，同时将记录表格反馈给教师，作为教师课程决策的主要依据。
- 养育者被鼓励持续与幼儿就所读绘本展开对话，可随时通过手机记录对话内容并上传到分享平台，与其他养育者分享。
- 教师依据养育者提供的资讯，在研究者的指导下提取本班幼儿的阅读兴趣点，为之后几日形成具有连续性的课程方案做准备，其中尤其要注意将幼儿的反馈分散到非集体活动时间，如区域活动或零散的谈话活动、生活活动，形成小组或个人的行动方案。
- 研究者认为幼儿的表达是阅读经验和个人生活经验的整合，是阅读理解的重要组成部分，因此教师需要依据幼儿的兴趣点提供材料和支持，高度关注幼儿对绘本的故事情节、人物特点、人物行动、情绪情感、主要冲突等文学要素的理解和表达，帮助幼儿使用多种方式（包括口头讲述、角色扮演、绘画表征、游戏等）表达阅读感受。

- 教师忠实记录幼儿在幼儿园里与绘本有关的集体、小组和个人活动与行动，并将之反馈给养育者，形成家园资讯闭环，让养育者可以在亲子反复共读的时间里延续幼儿在幼儿园的活动经验，支持他们持续的阅读兴趣和深入的阅读行为，如反复阅读、角色扮演、绘画表征等。

为实现以上空间和时间上的改革，研究者需要互联网和记录技术的支持。研究者可以使用微信朋友圈、微信群组、微信小打卡、在线直播等互联网技术实现以上家园资讯互动。

## 四、以图画书《老轮胎》为例，说明图画书在幼儿世界中的消解和再构

本节将以中文原创图画书《老轮胎》的阅读活动展开为例，解释研究者团队在实验过程中对"读者优先"理念的贯彻，对"翻转课堂"理念的执行，以及文本、幼儿、成人三者的动态关系。

### （一）《老轮胎》的成人立场和成人解读

《老轮胎》是兼具幼儿园教师和儿童文学作家身份的贾为作文，著名图画书画家朱成梁绘图的图画书，讲述了一只老轮胎离开废弃的汽车后独自流浪的童话故事。出版社图书介绍上写道："《老轮胎》是一本关于生命的图画书，每个人都有老去的时候，每件物品都有被放弃的可能，一个美丽的老轮胎在最后以为自己的生活会停滞，自己会变成无用的东西而慢慢被遗忘，然而它看到了更浪漫的晚霞……"

该书绘者朱成梁说："荒野里，锈迹斑斑的吉普车、老化的旧轮胎，还有鼠儿、兔儿、蛙儿、乌龟、甲虫、蚂蚁……它们就像生活在社会底层的草根百姓，日子过得很艰辛，却没忘了自得其乐，'穷开心'。这就是我在画这个故事时找到的感觉。"

该书出版者、图画书画家周翔说:"《老轮胎》真挚、沧桑、动人,老轮胎那只不灭的眼睛里跃动着它高贵自由的灵魂,诉说着人生旅途的故事。看着《老轮胎》,我感受到了山花盛放在办公桌上的那种欣喜。"

这本书是作为期刊《东方娃娃》幼儿睡前故事读物出版的,因此有着明确的读者对象意识,即为3—6岁幼儿所阅读的文学作品。

从以上文字和出版设计中,我们不难看出,在这本书的创作和出版过程中,成人希望向3—6岁的幼儿读者传达和分享一种经过了相当的人生阅历之后才会有的感受,并且相信这种情感能够唤起幼儿的共鸣。

研究者请参与研究的教师共读这本书并写出感受。在教师的笔下,他们这样理解这本书:"曾经的我们有过怎样的精彩故事,若干年后又有怎样的人生规划?""从驰骋天涯到落定旷野,风霜雨雪、四季风景都是人生必须经历的,对待未来最奢侈的选择就是安静地享受现在,专注当下,才会感受到幸福。""老轮胎传递出一种积极的、富有探索精神的生命态度。"

尽管这是一本为幼儿创作的图画书,但是教师普遍对"这算不算一本儿童本位的作品"表示困惑。它选用了图画书这种艺术表现方式,用童话的手法,加入了很多小动物角色,但在分享一种中年人才可能有的人生感受。对3—6岁的幼儿来说,他们能否理解这种情感和人生态度呢?所以,教师们普遍认为,这是一部形式上的儿童本位,实际上充满了成人立场,且很难引起幼儿共鸣的作品。

### (二)误读还是建构——幼儿读者的反应

在研究者设定的阅读流程中,成人必须给幼儿一个独立翻阅的机会,即让幼儿在正式阅读前形成一种整体印象和阅读期待。幼儿往往会对图画书中的表现动态的画面、色彩对比强烈的画面、有熟悉经验的画面以及视觉焦点集中的画面产生更多兴趣和预期,这些画面往往会成为幼儿在听图画书故事时积极关注的点。

在某种意义上,所有的阅读都是误读,读者不可能完全还原作者表现的意图,甚至作者本人也在不断修改自己对作品的解释。这种对作者、作品和读者的看法,决定了我们更愿意相信幼儿读者有权利进行意义的建构,而不是误读。我们得到了以下小读者的阅读感受(括号里的文字为研究者注解)。

以下是来自实验执行教师的一次课堂对话实录。

教师：上个星期，不少小朋友都在家里读了《老轮胎》这本书，请说说你们最喜欢哪一页，要说出自己的理由。说到哪一页，我就翻到哪一页，我们大家一起来看。

瑶瑶：我喜欢轮胎上有很多老鼠的那一页，因为我看到这一页时感觉很温馨，老鼠把轮胎当成了家。（对动态画面的反应）

妞妞：我喜欢有很多青蛙的那一页，因为这一页上有很多动物，有"水蜘蛛"，水里很奇妙。（对熟悉经验的反应、对色彩对比强烈的画面的反应）

安安：我也喜欢这一页，我觉得老轮胎身上很痒一定是那个水蜘蛛爬来爬去造成的。（用图画中看到的内容来解释文字）

一一：我喜欢马戏团那一页，因为它就像我以前看的马戏团一样。（对熟悉经验的反应）

宝宝：当水塘干的时候，青蛙和其他小动物都离开了，我感到孤独。（带入个人情绪体验）

教师：我们看到这一页上有不少动物，它们都在干什么？

孩子们：有的在走钢丝，有的在顶球，我也喜欢这一页。很好玩的。

跳跳：我喜欢轮胎从车子上掉下来的那一页。我想知道，轮胎是怎么掉下来的。（对重点突出的画面、动态画面的反应）

虫虫：因为这是一辆旧车，上面的螺丝松了。（用原有经验解释图画）

跳跳：我还看到，它从车子上掉下来往下滚的时候，第一次看到了自己的样子，它第一次看到自己，才开始自己喜欢的生活。（用原有经验体会角色）

从以上幼儿读者的反应中可以看出，幼儿读者在初次阅读时，阅读的重点在于透过画面提供的资讯结合自己原有的生活经验形成对单幅图画的意义建构，主要解释了一系列再现性资讯，如是什么（谁）、在哪里、做什么、怎么做等；也有部分幼儿指向表现性资讯，如角色的感受、情绪以及角色之间的关系等。

随着教师和幼儿对话的继续，我们看到幼儿对图画书作品全文的理解也逐步展现出来。

妮妮：轮胎滚动撞到石头的那一页，好刺激。

妞妞：这是一辆吉普车。

虫虫：它去很远很远的路上，就像在草原上一样。

跳跳：它还敢在悬崖上开，它很勇敢。

瑶瑶：它和爸爸妈妈平时开的车不一样。它喜欢去海边，去悬崖。我觉得它像一个探险家。（对主角的认识和评价）

伊伊：我读到我的旅程结束了，我觉得有点难过，我都要哭了。老轮胎年轻的时候，它的旅行是刺激的、快乐的。当车子停下来以后，老轮胎开始自己的旅行也是快乐的、刺激的，后来老轮胎撞上大石头，它以为旅行结束了，它孤独过，但也有很多快乐，经过欢快的夏天、孤独的冬天，当春天来的时候，老轮胎感到了幸福。（对全文情感脉络的把握）

安安：最后一页的小女孩是谁？

小宝：就是玩轮胎的人啊，她把轮胎当秋千玩啊。我们幼儿园不是也有轮胎做的秋千吗？（联结生活环境和经验）

瑶瑶：有一个女孩在荡秋千？我觉得这个故事还没有写完，应该是小女孩不想再荡秋千的时候就把它卸下来，用力一滚，轮胎就可以继续去旅行了。（对图画书结构的理解）

幼儿在家庭中完成一对一的亲子阅读，有机会反复细致地观看画面（这是幼儿园班级集体阅读中无法实现的阅读效果），能够和具有支架能力的成人进行讨论，部分地吸收成人的经验和观点，因此他们得以将一个"读者共同体"的经验在课堂上再现，并进行交换。教师也可以借助养育者事先提供的阅读记录以及幼儿在集体讨论时所做出的反应，对幼儿的阅读兴趣、困难疑问等进行有效归纳。教师根据以上资讯归纳幼儿的阅读关注点如下。

角色：吉普车与轮胎——轮胎是怎么掉下来的？这是一辆什么样的车？（旧吉普、无人驾驶？）

画面：在丰富的画面中，动物分别在做什么？（青蛙、马戏团、老鼠三个画面）

情节：轮胎的心情起伏与经历。（不同季节下的心情、轮胎滚落前后的心情）

疑问：小女孩是谁？（可以和轮胎一起做什么？）

### （三）儿童读者优先的课程决策策略

在教师归纳幼儿阅读反应的基础上，教师将后续课程发展设计为三个方向：对轮胎的探索，装饰轮胎并建造轮胎花坛，旅行和成长的经历。对轮胎的探索包括发现幼儿园里的轮胎，统计轮胎的数量、特征（如大小、花纹）和用途等，用轮胎印作画、用轮胎做游戏等；装饰轮胎和建造轮胎花坛的动机来自图画书中的一个页面，进而演变为幼儿主导的项目活动，教师为幼儿提供绘画工具并支持幼儿选择花种，指导幼儿播种花种，幼儿很期待能看到自己再现图画书中的某个场景；幼儿因感受到老轮胎做了很多了不起的事情，所以把旅行和自己的成长列为课程的可选择方向，把自己的成长、旅行经验与老轮胎的成长、旅行经验进行类比。

在发现幼儿园里的轮胎时，有幼儿提出："这些轮胎在来到我们的幼儿园之前，去过哪些地方呢？它们有什么旅行故事吗？它们是自己旅行的吗？"这显然是对文学作品的呼应，是文学经验在现实生活中的延伸。

通过以上案例，我们看到了一个被成人读者理解为成人立场的幼儿文学作品，却被幼儿用自己的特有游戏文化进行了消解，转化成属于自己的文化话语和文化实践。这种消解既没有完成作者最初的创作意图——感受沧桑美，也没有如成人读者所担心的那样——完全不能体会作品的情绪变化和运动停滞等带来的情感变化。可以说，基于读者接受理论和翻转课堂概念的流程转变以及研究者在实验中提倡的教师课程决策部分后置于幼儿读者接受的决策策略，使教师、养育者、幼儿读者的关系发生了质的变化。课程和教学不再是图画书文本的审查机制和解读过程，而是幼儿读者反应的催化剂和支持力量、是幼儿读者对文本的持续演绎和幼儿与成人双方的意义共构过程。

### 结论

本行动研究自2018年开始至2020年已持续了一年多，对42本图画书（分布于小、中、大班）进行了幼儿读者反应、家长阅读支持和教师课程决策的持续研究。目前，基本完成理论架构和流程确立，以及读者反应类型的模型建构工作,尚有大量研究数据在整理分析中。从目前实验班级幼儿、教师和家长的反馈中可以看出,本研究产生的最大影响在于对成人读者原有阅读理念的颠覆,和由于流程(时空转换)改变带来的成人对幼儿阅读理解水准与表达水准看法的改变。基于读者接受理论和翻转课堂理念的"读者优先",幼儿图画书阅读实验尚有很多问题需要探讨,例如幼儿图画书阅读与幼儿文化生态环境的关系、幼儿图画书阅读与幻想游戏的关系以及幼儿图画书阅读与其他文本形式阅读的关系等,以上问题将是本研究要继续探讨的内容。

(本文发表于"台东大学儿童文学研究所"主办的"2019 少儿文学与文化研讨会:谁在说儿少读者";文中的案例记录来自本研究项目实验幼儿园江苏省常州市银河幼儿园王静老师的教学实践)

## 附录三 被冒犯的读者

当我想到一个尚不识字的年幼读者在面对一本图画书和一个讲故事的人时(大多数时候,他身边还有一群同样在等待听故事的同伴),我的头脑中就会冒出一个奇怪的字眼——被冒犯的读者。这个词可能始于某一种愤愤不平的情绪,而这种情绪来自我对幼儿园图画书教学的观察。

图画书——也多被称为"绘本"——的主要特征是通过图像进行叙事,表达意义。无论是先有文字故事再配以图画的创作,抑或是图文作者一体的以图像表达为主的创作,都隐含着一个前提,那就是图画可以大部分甚至完全地表达作者的想法,以获得尚不识字的读者的理解。图画表达的多义性更甚于文字,因此很多图画书在创作时若非在故意为读者创造多种建构意义的可能性,也会很宽容地允许歧义的存在(如《小黑点小白点》)。正是这种图文两种符号共同表达意义的文本特质,为幼儿提供了一种崭新的更为自由的阅读体验,也对成人和幼儿的共读提出了从目的到形式再到评价标准的挑战。目前,我们需要的,正是对这种挑战的思考。

我之所以会想到"冒犯"这个词,可能是因为我对幼儿的阅读充满了惊叹。他们似乎总能在图文之间发现成人没有注意到或者没有意识到的问题;而这些问题又似乎直接指向了文本的核心价值。在一次和 5 岁的孩子共读《印度豹大甩卖》的过程中，孩子的提问让我不得不重新审视成人对这本书的理解。

《印度豹大甩卖》讲的是一只在路边摆摊的印度豹，正在生意惨淡无所事事的时候，迎来了一位奇怪的顾客——顾客要买的是印度豹身上的黑点。印度豹心想，既然有人买，那就卖吧，于是把自己身上的黑点卖给了顾客。失去了黑点的印度豹面对自己身上的空白有点失落，于是用彩色笔给每一个空白处填上了颜色，成为一只炫酷的印度豹。这样一来，路过的客人都被这只与众不同的印度豹吸引，它货亭里那些平淡无奇的商品也被一扫而光。生意兴隆的印度豹再次遇到了奇怪的买家，这次要买的是印度豹身上的黄色。印度豹依然觉得，既然有人要买，那就卖吧，于是把黄色也卖给了顾客，自己则只剩下白色的底色和自己涂色的彩色点点。印度豹觉得这样有点丢人，于是用货亭里仅剩的贴纸贴满了全身。第二天，印度豹货亭生意转型，开始专门经营贴纸。

这看起来既是一则商业寓言，又对商品社会的买卖行为、商业炒作、市场气氛、购物心理等现象有所映射。在成人读者的眼中，这个故事似乎可以找到很多解读的方向，可以探讨到相当的深度。但是，并不介意成人解读的幼儿读者给出了自己的解释。

这只印度豹是人扮演的，因为真正的豹子是不可能把黑点和颜色卖给别人的。

这只印度豹就是人，他穿着印度豹的卡通外套，就像商场里的人偶一样。因为他旁边的都是人，只有他是动物，这不可能的。

那个人真奇怪，商店里明明有豹子花纹的大衣卖，她为什么还要买印度豹的颜色和点点呢？

印度豹把黄色和点点卖出去，他就不是印度豹了，所以他觉得很丢人，就像没穿衣服一样丢人，所以他在身上贴贴纸。

从这些谈话中可以看出，幼儿读者讨论的是"身份"问题。印度豹之所以是印度豹是因为它有黄色的皮毛和黑色的斑点，这让它即使在人类的商品世界里贩卖纪念品也仍然可以是印度豹。它可以直立行走，可以和人说话，但是它不能失去自己身份的标志。一旦它可以贩卖自己的身份特质，最值得怀疑的就是它的身份。

但是，幼儿对这本书直接指向核心问题的解读并没有在幼儿园的课堂上被识别出来，我接下来看到的阅读讨论和拓展活动却走向了如何用贴纸装饰出炫酷感觉的艺术活动、模拟摆摊贩卖活动等幼儿园常见的"游戏活动"。

这就是让我产生"冒犯"感受的源头——幼儿读者对于作品独到而又深刻的理解被一种常规性的教学惯性冲淡或转移，一个真正属于读者的感受和由此可以延展开来的更富于建设性的谈话不见了。这种对幼儿读者的冒犯源自哪里呢？

美国幼儿教育专家、作家薇薇安·佩利在她的著作中描述了大量幼儿阅读文学作品后的讨论，其中令我印象最为深刻的恐怕就是她对于图画书《蒂科与金翅膀》所引发的幼儿读者反应的持续探究了。

在她比较早期的一本书《沃利的故事：幼儿园里的对话》(Wally's Stories: Conversations in the Kindergarten, 1981)里，她发现孩子们对于蒂科的反应并不是她所预期的同情，对蒂科的伙伴们排挤蒂科的行为也没有气愤。相反，孩子们大多认为蒂科不应该乞求有一对金翅膀，或者许愿鸟不该给蒂科一对金翅膀，这种超越了公平的赐予让蒂科陷入了困境。佩利认为，蒂科不是一个墨守成规的人，而孩子们认为他是团体的威胁。

孩子们的理解让佩利陷入困惑，她最开始认为作者让蒂科失去金羽毛来讨好每一只乌鸦最后成为一只普通的乌鸦，是作者在表达一种无奈；但当她看到孩子们因为这个终于达到公平的结局而如释重负时，意识到"这位作家支持这个同龄群体的观点"。佩利在幼儿的阅读感受中学到了，年幼的孩子需要的是公平，所有令他们产生嫉妒情绪的行为或人都会被他们定义为"坏"，这是幼儿对自身身份确立的要求以及对团体间人际关系的需求，这些决定了他们对文学作品的理解。

然而故事并没有就此结束，佩利继续关注着孩子们对金翅膀蒂科的反应。幼儿读者对一部作品的反应往往不是在阅读之后就结束了，他们会在自己的幻想游戏、自编故事甚至日常交往中不断提及那些令他们印象深刻的作品和角色，通过扮演或者导演这些角色和情节进一步建构对作品的理解。可以说，作品的意义建构是一个持续甚至后置的过程。

大概在讨论的1周后，沃利编了一个故事："有一只鸟，名叫蒂科。他的教母说：'如果你杀死巨人，我就会给你金翅膀。'然后，他就等到巨人睡着了砍掉他的头，然后他抓了会生金蛋的母鸡，神仙给了他金翅膀。"在这个故事的后续表演中，没有人再觉得蒂科的金翅膀碍眼，让人心生嫉妒。因为蒂科得到金翅膀的前提是他杀死了巨人，他成为了英雄，于是他的愿望就应该实现，他可以得到奖赏，而不会被世俗嫉妒，这是公平的。

另一个叫丽萨的女孩也说了一个新的金翅膀的故事："有一只长着黑翅膀的鸟叫蒂科。然后他梦到一只许愿鸟。'我想要金色的翅膀。''你要做我的朋友吗？那样你就会有金色的翅膀。''好，我当你的朋友。'于是他就有了金色的翅膀。"这个故事也得到了同伴的认可，因为蒂科获得金翅膀有了正当的理由——"为了友谊，他可以保留他的金翅膀"。

这样的讨论虽然让佩利意识到幼儿读者和成人读者在欣赏一部文学作品时势必有着不同的视角和理解，但其中巨大的差异仍旧让她耿耿于怀，以至于在她从教生涯的最后一年因为班里一位黑人女孩瑞妮对于《蒂科与金翅膀》的作者充满热情，金翅膀蒂科的话题又被提出来讨论〔这个故事被记录在《共读绘本的一年：孩子如何在故事里探索世界》(The Girl with the Brown Crayon)中〕。和以往一样，孩子们无一例外地站在了蒂科无情的伙伴一边，他们仍旧和以往佩利带过的班级中的孩子们一样，认为"是他使人嫉妒，他不该拥有金翅膀"。于是，佩利求助于瑞妮，她认为一向有着独立见解且拒绝被他人融合的黑人女孩瑞妮可能会有不一样的解释。瑞妮经过认真思考后，对她说："我想，他是可以那样（许愿有金翅膀，同时又拥有朋友），他能有那样的愿望……但是，要是他的朋友会因此不再喜欢他，他宁愿不要金翅膀，因为他会觉得太孤单、寂寞。"佩利理解了瑞妮的解释，这个黑人女孩相信，蒂科想拥有金翅膀并没有错，他为此感到骄傲也没错，但是他为了获得朋友的接纳就必须调整自己，这是他必须面对的选择。他所做的不是值得悲哀的事情，那是他自己的决定。

终于，佩利在即将结束自己的从教生涯时理解了公平对于幼儿的巨大价值，也理解了幼儿读者在解读一部作品时所关涉的"自身经验"究竟是什么。那不是我们一般所强调的知道某一种事实的相关经验，比如是不是知道乌鸦作为鸟类的属性、羽毛的颜色或者其他所谓科学的知识。他们更需要的自身经验，是真的与他们"自我建立"有关的那些感受。当我们忽略这种"原有经验"的时候，我们可能就在冒犯这些年幼的读者。

这让我想到另一次发生在幼儿园的阅读活动。教师带着5岁左右的孩子们阅读《小老虎的花衣服》。故事讲的是一只小老虎在出门去郊游的路上遇到了很多需要帮助的小动物，于是它把自己身上的条纹摘下来给它们修补了爬树的梯子、过河的桥、过马路的斑马线，还有破洞的房顶和船。一路下来，小老虎失去了它所有的条纹，回到家时已经面目全非。这时，它感到疲惫和冷，翻来覆去睡不着。第二天早晨，它收到了一个大盒子，上面写着"给小老虎卡勒，你的朋友们"，里面装的是小老虎帮助过的小动物们身上的各色花纹，小老虎把它们装饰在自己身上时，它成了"世界上最美丽、最幸福的小老虎"。

幼儿园教师很容易把这本书解读为"助人为乐"和"好人有好报"的故事，这当然没错，但孩子们关注的重点出乎教师的意料。他们关心的是："小老虎的花纹怎么可以摘下来呢？它的条纹真的可以做那些事情吗？那些动物为什么不自己想办法，它们接受了小老虎的条纹，小老虎多可怜啊。"也有孩子表示，如果条纹能让小老虎有很多朋友，那么它失去条纹也是可以接受的，毕竟和没有条纹比起来，没有朋友更加可怜。当孩子们最后看到小老虎得到了各色各样的花纹时，他们对来自"朋友"的回馈感到安心。而之前被教师视为一种挑战的质疑——小老虎很可怜，它不应该帮助别人而失去自己的花纹（让教师为难的是如何回答那些提问，比这更重要也更难的是弄清楚孩子到底是什么意思？他到底在关心什么？他想表达什么？）——在这里就因为圆满的结局而烟消云散了。可是，这个涉及自我认同、自我和群体的关系及交换权利获得友谊的话题，似乎和佩利遇到的金翅膀蒂科在孩子们中引发的讨论十分相似，只是没有被教师识别并加以深入讨论。这大概也是我理解的一种冒犯（忽略、无视或回避儿童的问题，或者不去深究儿童提问的意义，就是不关心儿童真正的需要）。

年幼的读者不得不因为站在文言世界［此处推荐《口语文化与书面文化：语词的技术化》( Orality and Literacy: The Technologizing of the Word )］之外而处于一种双重意义建构的场域中。文本在他们理解的意义之外，还有成人世界附加于其上的意义；故事在他们所感受到的情绪之外，还有成人期待他们表达出来的情绪；他们投入其中的故事所发生的场景之外，还有一个要与教师或父母或其他同伴相呼应的外在场景。在这样双重意义的现场，他们的思想如果可以通过持续对话得以清晰表达，那么两个场域就能达到协调统一；但如果他们没有足够的时间和权利发言表达，这两个场域就会变得彼此封闭而成为压迫他们理解的重担，于是就出现了我感受到的"冒犯"。

在我看来，将成人的理解强加给幼儿是一种冒犯，忽略幼儿的感受急于过渡到成人事先安排好的结论和活动中也是一种冒犯。这种冒犯的感觉，无论是在幼儿园的教室里还是在亲子一对一的家庭阅读环境中，都时有发生。这也许源于我们对于儿童阅读理解的无知，以及成人自以为是的傲慢和基于此的"教学心态"。我们似乎掌握着一个文本的终极解释权，有责任和义务也有能力把这个终极答案教给幼儿，才完成一本书的阅读。但是，正如本文最初所说的，图画书的图文形式，其本意就在于打破理解的单一性和文字阅读者的霸权，它用尽浑身解数想要给以图画为主要信息获取途径的小读者一个自由呼吸、自由理解的缺口，而不仅仅依赖成人的解释。孩子们总是在图画中寻找蛛丝马迹来帮助自己理解角色和事件，并且用自己的有限生命经验与之贴合，对角色和事件进行解释，从而创造出一个故事。

曾经担任过幼儿园教师的美国儿童文学专家劳伦斯·R. 赛普（Lawrence R. Sipe）在其著作《故事时间：教室内的儿童文学理解》（*Storytime: Young Children's Literary Understanding in the Classroom*）中提出了年幼儿童（3—8岁）文学理解的五种典型反应：分析（analytical）、互文（intertextual）、个人反应（personal）、透明（transparent）和表演（performative）。"分析"包括儿童对文本语词结构和意义、叙事结构特征、叙事元素、书籍的制作特征所引发的讨论；"互文"指的是幼儿对图画书内容与其他文学形式（包括影视作品、周边产品等）的关联的理解；"个人反应"是指孩子们将自己的经历与文本联系起来的反应，在这里要着重强调的是，赛普认为"个人反应"是"在教室里经常被低估的谈话，因为它可能看起来很不正确"。而这正与我们前面所讨论的主旨相关，我们对"原有经验"的理解往往限于有助于理解故事情节和意义的那些事实层面的知识，忽略了让孩子思考"故事如何影响我们，感动我们，让我们感到愉悦或悲伤。即使我们没有经历过故事中那些看似琐碎的人际关系，那么这些故事是如何让我们联想起自己的生活呢？""透明"是指孩子们将自己置于故事的叙述之中，这样故事和孩子的生活"在一瞬间就融合在一起，彼此都是透明的"。最后一项"表演"是指幼儿的阅读理解，往往是由观众驱动的，是孩子们利用（甚至颠覆）文本作为他们自发的游戏平台的反应。赛普将他所观察到的幼儿在教室内阅读文学作品的反应解释为受三种冲动驱使，包括：掌握文本信息的愿望，将文本与自己的精神世界相关联的个性化愿望，以及审美和创造性表达的愿望。

在赛普的这个对儿童文学理解的解释框架下，我们看到的是研究者对于儿童为自己的理解而阅读时向传统课堂和传统成人与儿童关系提出的挑战；这同时也是图画书这种图文形式助力下的挑战。赛普归纳的儿童对图画书理解的解释框架，显然是基于读者反应理论的思考。这与当下中国学前教育回归学习者的改革方向异曲同工。在从"以教定学"到"以学定教"的教学取向转变中，教师、学习者、学习对象（文本）之间的关系发生了改变。教师的任务不再是把一个有着固定唯一解释的文本展示给学习者，并要求学习者获得一致理解；而是因应学习者的需要和兴趣，选择适合他们的阅读文本并且期待他们能够对文本做出独特的、具有个性的、多样化的解释。学习者在文本面前获得了更大的决定权，包括选择权、解释权、质疑的权利以及对他人的观点发表看法的权利。这种理念的进步，教、学关系的转变，强烈地呼吁着新的教学形式出现。一所以"倾听、观察、追随幼儿"为核心教育主张的幼儿园，尝试着用一种新的方式创设幼儿的阅读场域。

教师把一些新书放到幼儿园班级的阅读区域里，给予幼儿充足的时间请他们随意翻阅，并且在旁边记录他们翻阅时提出的问题、自言自语和彼此间的对话。在记录中，教师发现如同赛普所观察到的一样，孩子们会倾向于努力收集和整理文本信息，为自己提供解释文本的依据；将文本内容与自身进行关联，从而做出对意义和价值的判断；做出审美批评，并因此影响自己阅读的意愿。有时，当教师请孩子们选出自己最想请教师读哪本书并且说明理由时，他们会很快投票选出最想要教师读的书，并根据得票数排列讲读的优先顺序。孩子们给出的理由很多，例如：这个看起来很搞笑；这个故事我喜欢；这个封面看起来有点可怕，我就喜欢可怕的故事；这个封面我没看懂，我想知道里面讲了什么故事；这只小猫很可爱，我想听它的故事……对教师而言，这些信息不仅验证了赛普的理论，更提供了理解幼儿园阅读趣味的重要信息。在后续的逐本阅读中，教师依旧把倾听和收集幼儿的问题当作重要工作。把之前以单向的教师讲图文为主，或者以教师引导幼儿观看教师认为重要的画面信息为主，改为以幼儿观看图画、提出问题为主，教师用图画书的文字和图画以及自己对图画书的理解来回应幼儿的提问，或鼓励幼儿之间进行持续讨论。教师依然可以是提出问题的人，但更多时候，幼儿读者才是不断通过提问来建构意义的人。

教师记录了这样一个场景。

跳跳拿了《我的神奇马桶》坐了下来，晨晨拿着《小粽子，小粽子》坐在他旁边，翻到各种各样的马桶那一页时，跳跳说："有火箭马桶！有河马马桶！有滑梯马桶！哈哈哈哈！"他的声音很大。晨晨探过头来看。看到马桶森林这一页的时候，跳跳指着画面说："你看，这么多马桶。"他声音更大地说："还有马桶杯子！"他一个一个指过去，柯柯走过来坐在他的旁边一起看这本书。教师也被吸引加入了他们的行列，说："你觉得这本书里什么最好玩啊？"跳跳说："里面有马桶车，马桶还很高。老师，为什么他们坐马桶还要脱鞋子？"教师说："我也不知道。和我们平时不一样是吗？"晨晨说："老师，我看的小粽子的书也好玩。"教师说："怎么好玩了，说说看。"晨晨说："小粽子都没有皮了。"跳跳说："皮就是它的衣服，剥了就可以吃了。"

在这样的教学场景中，我的那种强烈的"被冒犯的读者"的感觉终于得到了纾解，因为我看到了读者对文本积极主动的探索，看到了读者在两个阅读场域间自由地游走。我看到了一个原本完整的图文故事在幼儿读者以图为主的阅读下，根据幼儿现有的、独特的、具象的经验被问题化、碎片化拆解；但又随着持续地对话被重新组织建构。此时的图画书恰恰回到了其图文共同构建的多义性本质，固定的、唯一的意义在对话中被消解，又被不断重新建立。

回归儿童、回归学习者是我国学前教育当前的追求。无论是图画书的文学阅读，还是其他幼儿需要的学习经验，都在努力摆脱原有的成人传授为主，集体授课为主，整齐划一行动的思维方式。幼儿被视为有能力、有个性、主动探究的行动个体，他们在自己的学习历程中发出声音，这越来越成为教育者的共识，然而，"耐心倾听、积极追随"依旧是我们稀缺的教育品质。毕竟，想要不冒犯一个真正的读者，我们需要的不是说得更多，而是听得更多，并且能够听懂他们的声音，识别他们的意图，为他们创造持续提问和对话的机会。而这正是未来幼儿园与图画书、文学阅读乃至各种学习经验相关的教学活动最应该思考的教学形式的变革方向。无论是在教室里还是在家庭的卧室中,那些年幼的、很容易"被冒犯的读者"们有权利享受"真正的"阅读。

(本文于 2019 年首发在南京大学出版社出版的《画里话外:儿童的想象》一书中)

# 参考文献

### 英文

1. McGill-Franzen A. Kindergarten literacy：matching assessment and instruction in kindergarten［M］. Scholastic Inc.，2006.
2. Nettles D H. Comprehensive literacy instruction in today's classrooms：the whole，the parts，and the heart［M］. New York：Pearson Education Inc.，2005.
3. Yopp R H，Yopp H K. Literature-based reading activities［M］. 3rd ed. New York：Pearson Education Inc.，2001.

### 中文

1. 周兢. 早期阅读发展与教育研究［M］. 北京：教育科学出版社，2007.
2. 亚隆戈. 幼儿文学：零岁至八岁的孩子与绘本［M］. 叶嘉青，译. 台北：心理出版社，2008.
3. 黄瑞琴. 幼儿园读写萌发课程［M］. 上海：华东师范大学出版社，2018.
4. 康长运. 幼儿图画故事书阅读过程研究［M］. 北京：教育科学出版社，2007.
5. 松居直. 幸福的种子：亲子共读图画书［M］. 刘涤昭，译. 南昌：二十一世纪出版社，2003.
6. 松居直. 我的图画书论［M］. 郭雯霞，徐小洁，译. 乌鲁木齐：新疆青少年出版社，2017.
7. 朱自强. 儿童文学概论［M］. 北京：高等教育出版社，2009.
8. 陈世明. 图像时代的早期阅读［M］. 上海：复旦大学出版社，2008.
9. 张明红. 给幼儿园教师的101条建议·语言教育［M］. 南京：南京师范大学出版社，2007.
10. 维果茨基. 思维与语言［M］. 李维，译. 北京：北京大学出版社，2010.
11. 方卫平. 儿童·文学·文化：儿童文学与儿童文化论集［M］. 南昌：二十一世纪出版社，2009.
12. 虞永平. 生活化的幼儿园课程［M］. 北京：高等教育出版社，2010.

# 后 记

在撰写这本书的过程中，我每写一段话都要向左边看看。左边，是我堆满了图画书的书架、厚厚的听课笔记、孩子们五彩缤纷的作品，还有一位始终面对我微笑的"小霞老师"。

"小霞老师"不是"一个"人，她是来自中华女子学院附属实验幼儿园、北京市石景山区八角北路幼儿园、碧桐书院双语幼儿园、全国社区少儿图书馆联盟的很多年轻教师、阅读推广人、故事姐姐、故事妈妈以及我自己——一个在早期阅读与幼儿教育领域刚刚开始学习、研究和实践的研究者的集合。因此，当你在阅读这本书时，你看到的不是一个完美的理论框架，也不是一位经验丰富的老教师在循循善诱。你看到的是一群年轻人的学习和探索过程，是一个和你一起成长的过程。

在这本书里，你看到了我们在与孩子、家长，与图画书，与图画书作者、出版人、推广人，与幼儿教师以及研究者的不断交流和相互学习中理解到的什么是早期阅读、什么是图画书、什么是早期读写教育、什么是早期读写课程。我们相信，真正的早期阅读会带给孩子游戏般的愉悦感受，带给孩子终身难以磨灭的美好记忆，带给孩子走向终身阅读的强大动力；我们相信，真正的早期阅读教育来自爱读书的教师，来自相信孩子可以在阅读中主动成长的教师，来自愿意给予孩子自主阅读环境的教师。

本书得以完成，我首先要感谢我的儿子李佳舜，是他一直在为我提供源源不断的儿童阅读反应案例，是他教会了我儿童是如何阅读的，也是他让我深刻地认识到，幼儿是有能力的学习者，也是有能力的读者。向理论学习，可以让我们理清思考的脉络，而向儿童学习，才能让我们明了自己努力的方向。

还要感谢南京师范大学虞永平教授，是他帮助我明白：写作，就是把自己想说的话讲出来，而不是告诉别人正确的东西。正确，不存在于一本已经完成的书里，而是存在于每位读者在阅读后的思考、尝试、探索和批判中。

感谢中国轻工业出版社万千教育编辑部帮助我完成这本书的出版工作，希望这本书可以带给读者启发和鼓舞。让我们都像小霞老师一样，在幼儿园和孩子一起阅读，一起成长，永远年轻，永远充满热爱。

我希望本书能够成为热爱阅读的年轻教师的朋友、伙伴，陪伴你们在自己的实践中寻求真知，发现属于自己的理论，发现实践的力量。

孙莉莉

2023 年 6 月